民国中国文化史要籍汇刊（影印本）

近代稀见旧版文献再造丛书

侯杰 主编

第十二卷

王云五 编纂中国文化史之研究

陈安仁 中国文化建设问题

陈安仁 中国文化演进史观

陈国强 物观中国文化史（上、下）

南开大学出版社

图书在版编目(CIP)数据

民国中国文化史要籍汇刊. 第十二卷 / 侯杰主编
. —影印本. —天津 : 南开大学出版社，2019.1
(近代稀见旧版文献再造丛书)
ISBN 978-7-310-05712-2

Ⅰ. ①民… Ⅱ. ①侯… Ⅲ. ①文化史—文献—汇编—中国 Ⅳ. ①K203

中国版本图书馆 CIP 数据核字(2018)第 278073 号

南开大学出版社出版发行
出版人:刘运峰
地址:天津市南开区卫津路 94 号 邮政编码:300071
营销部电话:(022)23508339 23500755
营销部传真:(022)23508542 邮购部电话:(022)23502200
*
北京隆晖伟业彩色印刷有限公司
全国各地新华书店经销
*
2019 年 1 月第 1 版 2019 年 1 月第 1 次印刷
148×210 毫米 32 开本 15.25 印张 4 插页 440 千字
定价:180.00 元

如遇图书印装质量问题，请与本社营销部联系调换，电话:(022)23507125

出版说明

一、本书收录民国时期出版的中国文化史著述，包括通史性文化著述、断代史性文化著述和专题性文化史著述三大类；民国时期出版的非史书体裁的文化类著述，如文化学范畴类著述等，不予收录；同一著述如有几个版本，原则上选用初始版本。

二、个别民国时期编就但未正式出版过的书稿如吕思勉的《中国文化史六讲》和民国时期曾以文章形式公开发表但未刊印过单行本的著述如梁启超的《中国文化史·社会组织篇》，考虑到它们在文化史上的重要学术影响和文化史研究中的重要文献参考价值，特突破标准予以收录。

三、本书按体裁及内容类别分卷，全书共分二十卷二十四册；每卷卷首附有所收录著述的内容提要。

四、由于历史局限性等因，有些著述中难免会有一些具有时代烙印、现在看来明显不合时宜的内容，如『回回』『满清』『喇嘛』等称谓及其他一些提法，但因本书是影印出版，所以对此类内容基本未做处理，特此说明。

南开大学出版社
二〇一八年十一月

总序

侯　杰

中国文化，是世代中国人的集体创造，凝聚了难以计数的华夏子孙的心血和汗水，不论是和平时期的锲而不舍、孜孜以求，还是危难之际的攻坚克难、砥砺前行，都留下了历史的印痕，闪耀着时代的光芒。其中，既有精英们的思索与创造，也有普通人的聪明智慧与发奋努力；既有中华各民族儿女的发明创造，也有对异域他邦物质、精神文明的吸收、改造。中国文化，是人类文明的一座巨大宝库，发源于东方，却早已光被四表，传播到世界的很多国家和地区。

如何认识中国文化，是横亘在人们面前的一道永恒的难题。虽然，我们每一个人都不可避免地受到文化的熏陶，但是对中国文化的态度却迥然有别。大多离不开对现实挑战所做出的应对，或恪守传统，维护和捍卫自身的文化权利、社会地位，或从中国文化中汲取养料，取其精华，并结合不同历史时期的文化冲击与碰撞，进行综合创造，或将中国文化笼而统之地视为糟粕，当作阻碍中国迈向现代社会的羁绊，欲除之而后快。这样的思索和抉择，必然反映在人们对中国文化的观念和行为上。

中国文化史研究的崛起和发展是二十世纪中国史学的重要一脉，是传统史学革命的一部分——传统史学在西方文化的冲击下，偏离了故道，即从以帝王为中心的旧史学转向以民族文化为中心的新史学，又和中国的现代化进程有着天然的联系。二十世纪初，中国在经受了一系列内乱外患后，千疮百孔，国力衰微；与此同时，西方的思想文化如潮水般涌入国内，于是有些人开始对中国传统文化产生怀疑，甚至持否定态度，全盘西化论思潮的出笼，更是把这种思想推向极致。民族自信力的丧失既是严峻的社会现实，又是亟待解决的问题。而第一次世界大战的惨剧充分暴露出西方社会的弊端，其文化取向亦遭到人们的怀疑。人们认识到要解决中国文化的出路问题就必须了解中国文化的历史和现状。很多学者也正是抱着这一目的去从事文化史研究的。

在中国文化史书写与研究的初始阶段，梁启超是一位开拓性的人物。早在一九〇二年，他就深刻地指出：『中国数千年，唯有政治史，而其他一无所闻。』为改变这种状况，他进而提出：『历史者，叙述人群进化之现象也。』而所谓『人群进化之现象』，其实质是文化演进以及在这一过程中所进发出来的缤纷事象。以黄宗羲『创为学史之格』为楷模，梁启超呼吁：『中国文学史可作也，中国种族史可作也，中国财富史可作也，中国宗教史可作也。诸如此类，其数何限？」从而把人们的目光引向中国文化史的写作与研究。一九二一年他受聘于南开大学，讲授「中国文化史」，印有讲义《中国文化史稿》，后经过修改，于一九二二年在商务印书馆以《中国文化史稿第一编——中国历史研究法》之名出版。截至目前，中国学术界将该书视为最早的具有史学概论性质的著作，却忽略了这是梁启超对中国文化历史书写与研究的整体思考和潜心探索之举，充满对新史学的拥抱与呼唤。

与此同时，梁启超还有一个更为详细的关于中国文化史研究与写作的计划，并拟定了具体的撰写目录。梁启超的这一构想，部分体现于一九二五年讲演的《中国文化史·社会组织篇》中。在这个关于中国文化史的构想中，梁启超探索了中国原始文化以及传统社会的婚姻、姓氏、乡俗、都市、家族和宗法、阶级和阶层等诸多议题。虽然梁启超终未撰成多卷本的《中国文化史》（其生前，只有《中国文化史·社会组织篇》等少数篇目问世），但其气魄、眼光及其所设计的中国文化史的书写与研究的构架令人钦佩。因此，鉴于其对文化史的写作影响深远，亦将此篇章编入本丛书。

此后一段时期，伴随中西文化论战的展开，大量的西方和中国文化史著作相继被翻译、介绍给中国读者。桑戴克的《世界文化史》和高桑驹吉的《中国文化史》广被译介，影响颇大。国内一些学者亦仿效其体例，参酌其史观，开始自行编撰中国文化史著作。一九二一年梁漱溟出版了《东西文化及其哲学》，这是近代国人第一部研究文化史的专著。尔后，中国文化史研究进入了一个短暂而兴旺的时期，一大批中国文化史研究论著相继出版。在二十世纪二三十年代，有关中国文化史的宏观研究的著作不可谓少，如杨东莼的《本国文化史大纲》、陈国强的《物观中国文化史》、柳诒徵的《中国文化史》、陈登原的《中国文化史》、王德华的《中国文化史略》等。在这些著作中，柳诒徵所著《中国文化史》被称为『中国文化史的开山之作』，而杨东莼所撰写的《本国文化史大纲》则是第一本试图用唯物主义研究中国文化史的著作。与此同时，对某一历史时期的文化研究也取得很大进展。如孟世杰的《先秦文化史》、陈安仁的《中国上古中古文化史》和《中国近世文化史》等。在宏观研究的同时，微观研究也逐渐引起学人们的注意。其中，中西文化交流史研究成绩斐然，如郑寿麟的《中西文化之关系》、张星烺的《欧化东渐史》等。一九三六至一九三七年，商务印书馆出版了由王云五等主编的《中国文化史丛书》，共有五十余种，体例相当庞大，内容几乎囊括了中国文化史的大部分内容。

此外，国民政府在三十年代初期出于政治需要，成立了『中国文化建设会』，大搞『文化建设运动』，致力于『中国的本位文化建设』。一九三五年十月，陶希盛等十位教授发表了《中国本位文化建设宣言》，提出『国家政治经济建设既已开始，文化建设亦当着手，而且更重要』。因而主张从中国的固有文化即传统伦理道德出发建设中国文化。这也勾起了一些学者研究中国文化史的兴趣。

同时，这一时期又恰逢二十世纪中国新式教育发生、发展并取得重要成果之时，也促进了『中国文化史』课程的开设和教材的编写。清末新政时期，废除科举，大兴学校。许多文明史、文化史的著作因非常适合作为西洋史和中国史的教科书，遂对历史著作的编纂产生很大的影响。在教科书撰写方面，多部中国史的教材，无论是否以『中国文化史』命名，实际上都采用了文化史的体例。而这部分著作也占了民国时期中国文化史著作的一大部分。如吕思勉的《中国文化史二十讲》（现仅存六讲）、王德华的《中国文化史略》、丁留余的《中国文化史问答》、李建文的《中国文化史讲话》、范子田的《中国文化小史》等。

二十世纪的二三十年代实可谓中国学术发展的黄金时期，这一时期的文化史研究成就是有目共睹的，不少成果迄今仍有一定的参考价值。此后，从抗日战争到解放战争十余年间，中国文化史的书写和研究遇到了困难，陷入了停顿，有些作者还付出了生命的代价。但尽管如此，仍有一些文化史论著问世。此时，综合性的文化史研究著作主要有缪凤林的《中国民族之文化》、陈安仁的《中国文化史》、王治心的《中国文化史类编》、陈竺同的《中国文化史略》和钱穆的《中国文化史导论》等。其中，钱穆撰写的《中国文化史导论》和陈竺同撰写的《中国文化史略》两部著作影响较为深远。钱穆的《中国文化史导论》，完成于抗日战争时期。该书是继《国史大纲》后，他撰写的第一部系统讨论中国文化史的著作，专就中国通史中有关文化史一端作的导论。因此，钱穆建议读者『此书当与《国史大纲》合读，庶易获得写作之大意所在』。不仅如此，钱穆还提醒读者该书虽然主要是在专论中国，实则亦兼论及中西文化异同问题。数十年来，『余对中西文化问题之商榷讨论屡有著作，而大体论点并无越出本书所提主要纲宗之外』。故而，『读此书，实有与著者此下所著有关商讨中西文化问题各书比较合读之必要，幸读者勿加忽略』。陈竺同的《中国文化史略》一书则是用生产工具的变迁来说明文化的进程。他在该书中明确指出：『文化过程是实际生活的各部门的过程』，『社会生产，包含着生产力与生产关系。这本小册子是着重于文化的过程。至于生产关系，就政教说，乃是权力生活，属于精神文化，而为生产力所决定』。除了上述综合性著作外，这一时期还有罗香林的《唐代文化史研究》、朱谦之的《中国思想对于欧洲文化之影响》等专门性著作影响较为深远。

不论是通史类论述中国文化的著作，还是以断代史、专题史的形态阐释中国文化，都包含着撰写者对中国文化的情怀，也与其人生经历密不可分。柳诒徵撰写的《中国文化史》也是先在学校教习之用，后在出版社刊行。鉴于民国时期刊行的同类著作，有的较为简略，有的只可供学者参考，不便于学年学程之讲习，所以他发挥后发优势，出版了这部比较丰约适当之学校用书。更令人难忘的是，柳诒徵不仅研究中国文化史，更有倡行中国文化的意见和主张。他在《弁言》中提出：『吾尝妄谓今之大学宜独立史学院，使学者了然于史之封域非文学、非科学，且创为斯院者，宜莫吾国若。三二纪前，吾史之丰且函有亚洲各国史实，固俨有世界史之性。丽、鲜、越、倭所有国史，皆师吾法。夫以数千年丰备之史为之干，益以近世各国新兴之学拓其封，则独立史学院之自吾倡，不患其异于他国也。』如今，他的这一文化设想，在南开大学等国内高校已经变成现实。正是由于有这样的文化观念，所以他才自我赋权，主动承担起治中国文化史者之责任：『继往开来……择精语详，以诏来学，以贡世界。』

杨东莼基于『文化就是生活。文化史乃是叙述人类生活各方面的活动之记录』的认知，打破朝代观念，将各时代和作者认为有关而又影响现代生活的重要事实加以叙述，并且力求阐明这些事实前后相因的关键，希望读者对中国文化史有一个明确的印象，而不会模糊。不仅如此，他在叙述中，尽力坚持客观的立场，用经济的解释，以阐明一事实之前因后果与利弊得失，以及诸事实间之前后相因的关联。这也是作者对『秉笔直书』『夹叙夹议』等历史叙事方法反思之后的选择。

至于其他人的著述，虽然关注的核心议题基本相同，但在再现中国文化的时候却各有侧重，对中国文化的评价也褒贬不一，存在差异。这与撰写者对中国文化的认知，及其史德、史识、史才有关，更与其学术乃至政治立场、占有的史料、预设读者有关。其中，既有学者之间的对话，也有学者与读者的倾心交流，还有对大学生、中学生、小学生的知识普及与启蒙，对中外读者的文化传播，及其跨文化的思考。他山之石，可以攻玉。二十世纪二十年代日本学者高桑驹吉的著述以世界的眼光，叙述中国文化的历史，让译者感到：数千年中，我过去的祖先曾无一息与世界相隔离，处处血脉流转，气息贯通。如此叙述历史，足以养成国民的一种世界的气度。三十年代，中国学者陈登原不仅将中国文化与世界联系起来，而且还注意到海洋所带来的变化，以及妇女地位的变化等今天看来都亟待解决的重要议题。实际上，早在二十世纪二十年代，就有一些关怀中国文化命运的学者对十九世纪末到二十世纪初通行课本大都脱胎于日本人撰写的《东洋史要》一书等情形提出批评：以外人目光编述中国史事，精神已非，有何价值？而陈旧固陋，雷同抄袭之出品，竟占势力于中等教育界，垂二十年，亦可怜矣。乃者，学制更新，旧有教本更不适用。为改变这种状况，顾康伯广泛搜集文化史料，因宜分配，撰成《中国文化史》，脉络分明，宗旨显豁，不徒国史常识可由此习得，即史学门径，亦由此窥见。较之旧课本，不可以道里计，故而受到学子们的欢迎。此外，中国文化的海外传播、中国对世界文化的吸收以及中西文化关系等问题，也是民国时期中国文化史撰写者关注的焦点议题。

围绕中国文化史编纂而引发的有关中国文化的来源、内涵、特点、价值和贡献等方面的深入思考，耐人寻味，发人深思。孙德孚更将翻译美国人盖乐撰写的《中国文化辑要》的收入全部捐献给因日本侵华而处于流亡之中的安徽的难胞，令人感佩。

实际上，民国时期撰写出版的中国文化史著作远不止这些，出于各种各样的原因，没有收入本丛书，也是非常遗憾的事情。至于已经收入本丛书的各位作者对中国文化的定义、解析及其编写体例、使用的史料、提出的观点、得出的结论，我们并不完全认同。但是作为一种文化产品值得批判地吸收，作为一种历史的文本需要珍藏，并供广大专家学者，特别是珍视中国文化的读者共享。

感谢南开大学出版社的刘运峰、莫建来、李力夫诸君的盛情邀请，让我们徜徉于卷帙浩繁的民国时期中国文化史的各种论著，重新思考中国文化的历史命运；在回望百余年前民国建立之后越演越烈的文化批判之时，重新审视四十年前改革开放之后掀起的文化反思，坚定新时代屹立于世界民族之林的文化自信。

感谢与我共同工作、挑选图书、撰写和修改提要，并从中国文化中得到生命成长的区志坚、李净昉、马晓驰、王杰升等香港、天津的中青年学者和志愿者。李力夫全程参与了很多具体工作，表现出一位年轻编辑的敬业精神、专业能力和业务水平，从不分分内分外，让我们十分感动。

总目

陈国强　物观中国文化史（上、下）

第十三卷　丁留余　中国文化史问答

姚江滨　民族文化史论

缪凤林　中国民族之文化

第十四卷　王治心　中国文化史类编（上、中）

第十五卷　雷海宗　中国文化与中国的兵

蒋星煜　中国隐士与中国文化

第十六卷　孟世杰　先秦文化史

罗香林　唐代文化史研究

第十七卷　陈安仁　中国上古中古文化史

第十八卷　陈安仁　中国近世文化史

第十九卷　朱谦之　中国思想对于欧洲文化之影响

第二十卷

张星烺　欧化东渐史

郑寿麟　中西文化之关系

梁启超　中国文化史·社会组织篇

吕思勉　中国文化史六讲

王云五《编纂中国文化史之研究》

王云五（1888—1979），名鸿桢，字日祥，号岫庐。广东香山人，出生于上海，出版家、商务印书馆总经理。曾任振群学社社长、闸北留美预备学堂教务长、英文《民主报》主编及北京大学、国民大学等校英语教授。一九二一年起任职于商务印书馆编译所，任职二十五年间，以『教育普及、学术独立』为出版方针，出版了世人瞩目的《万有文库》《中国文化史丛书》《大学丛书》等大型丛书，以科学的管理手段、平民化的出版视角、商业化的经营手段，繁荣了商务出版。

《编纂中国文化史之研究》共一册，正文原在《张菊生先生七十生日纪念论文集》中发表，一九三七年在商务印书馆正式出版。全书主要分为六部分：文化与中国史、中国文化史料之丰富、中国文化史料之缺点、外国学者编著的中国文化史（分类录出欧、美、日等国学者的著作二百三十四种）、外国学者编著的世界文化史（分十五类录出近百种书目）和编纂中国文化史应用如何方法。这些问题的系统提出并以专著的形式进行详细论述，标志着中国文化史的研究已进入自觉成熟的阶段。

陈安仁《中国文化建设问题》

陈安仁（1889—1964），字任甫，广东东莞人，一九一〇年加入同盟会。辛亥革命后，任广东新军军部秘书。后曾任国民革命军总政治部编审委员、国民政府侨务委员、国立中山大学史学系教授，其间，在东莞创办多所学校。抗战爆发后，任第九战区少将参事、中国史学会理事、教育部史地教育委员会委员。撰写《文明家庭教育法》《中国政治思想史大纲》《中国近世文化史》等专著。

陈安仁所著《中国文化建设问题》共一册，一九四三年由重庆国民图书出版社出版，收录三篇论文：《民族文化中心理论之认识》《民族本质与文化本质之相互关系》《从民生史的观点论中国文化的特质》。书中承认近代以来『中国之民族与世界之民族比较，有多不如人』，因而强调扫除传统的不良文化、建设现代的中国文化，是『急不容缓的』。

陈安仁《中国文化演进史观》

陈安仁所著《中国文化演进史观》共一册，是作者在中山大学讲授『近代中国文化』课程的讲义，一九三五年成书，一九四二年由文通书局再版，共三章，分别是『中国经济与中国文化』『中国民族与中国文化』『中国社会与中国文化』。书首附有作者原序、再版序言，书尾有吴康轩的跋。书中认为中国传统中存在优秀的文化值得学习与弘扬，反对以往文化史家『把他们作为美观古董的陈列』；尤其强调中国文化建设应当以文化大众化为基础，推广白话文学、改革文学意识，以提高整体国民素质。

陈国强《物观中国文化史》（上、下）

陈国强所著《物观中国文化史》共上、下两册，一九三一年十二月由神州国光社及其印刷所印刷、出版，出版者曾献声。全书由导言与正文三章组成。导言论述了文化史编写的问题，第一章『古代文化演进之概况』叙述从商代到战国时代的文化史，第二章『帝权时代之文化』叙述从秦汉到清中叶的文化史，第三章『帝国主义势力侵入后之中国文化』叙述近代中国文化史。本书最为显著的特征是，运用唯物史观理论研究文化史。作者认为，文化就是人类依赖其物质生活条件而创造、而展开之精神生产的成果之总和。此外，他还注重叙述各个时代的文化史特征，如说魏晋南北朝『在文化上亦衰落萎靡，达于极点』，盛唐文化的贡献则是『国势的伸张』『租庸调的实行』与『对宗教艺术均取奖励的政策』等。

附
中國文化史叢書第一輯書目
及其合售預約零售特價辦法

編纂中國文化史之研究

商務印書館印贈

二十六年二月

編纂中國文化史之研究

王雲五

（一）文化與文化史

Civilization 一語，我國譯爲文化。易賁卦彖傳曰：「文明以止，人文也。……觀乎人文，以化成天下。」文化之譯語當由此而來。孔穎達易正義曰：「觀乎人文以化成天下，言聖人觀察人文則詩書禮樂之謂，當法此教而化成天下也。」程伊川易傳曰：「人文，人倫之倫序，觀人文以教化天下，天下成其禮俗。」觀吾國之舊說，已知所謂文化者，即指詩書禮樂人倫之倫序與其成爲禮俗者也。清人彭申甫謂：「大而言之，則國家之禮樂制度，小而言之，即一身之車服，一家之宮室。」（見彭氏編輯之易經傳義解注辨正）其言頗合。蓋文化指一民族之進化，無所不包蘊，非一端一節所能標示也。近世史學者及人類學者對於文化之意義，大抵釋爲「生活之樣式」（life mode）。其義乃指營生活於地球上之人類，分爲若干人種或人羣，各以相異之式而營求生活；此各自相異之式之生活範圍，名曰生活圈（life cycle），於文化上爲一地理的單位。同在一生活圈內所營生活，有種種方面，例如衣食住也，政治也，宗教也，各有其特殊形式；此生活形式，即爲構成文化要素之一單位。如由人類學分析之，約可別爲學藝、社會、言語、信仰等類。中國之文化，亦莫能外；是如所謂詩書禮樂，人倫倫序，禮俗云云，亦不過謂中國之人，在其生活圈之一單位內，表示其學藝、政治、社會、信仰等之文化云爾。

中國文化，實爲東方文化之中心；北自西伯利亞，南迄南洋羣島，東至日本，西至西域，無不被其影響。然中國文化又何自而來耶？文化人類學者，對於文化夙有一源說與多源說之歧異，實則兩說各有是處，不能執一而概論。近世對於文化之移動，又有北線、南線、中線諸說；而中國文化則屬於文化移動之中線。所謂中線者，謂由西至東之一線，中國殆即此中線之中心。綜合諸學者就此問題研究之結果，則拉克伯里（Terrien de Lacouperie）之巴克族移住說（Theory of the Bak），及晚近之安特生（J.G.Andersson）與巴克斯頓（L. H. Dudley Buxton）之彩色土器分布說（Theory of Distribution of Printed Pottery）皆可證明中國與西亞細亞文化之關聯。拉克伯里斷定西亞爲中國文明之發源地，而漢族即巴克族。彼謂：「中國傳說皆暗示其起源於西方，就其史料觀察，彌覺可信。漢族當由西北而入中國；中國今日之大，實由微小積累而成。所謂巴比倫古帝 Nak-hunte，其音與黃帝相近，蓋即巴克族之大酋長，率其族人入中國土耳其斯坦（新疆）向東而進者也。」拉氏既以 Nak-hunte 爲黃帝，則不能不認迦勒底之 Sargon 爲神農，而以巴克之名即中國語之百姓。此說究不免穿鑿附會，在今日已少有贊成者。然今之學者，主張由西移東之文化移轉線說，實濫觴於拉氏之說，則拉氏之貢獻，固非毫無價值矣。至於彩色土器分布說，見解較新，即巴克斯頓之所主張也。彼謂：「近人發掘土耳其斯坦之阿瑙（Anau）所得彩色土器，最近在中國亦發見之，故中國與土耳其斯坦應劃入同一文化圈內。」其說蓋本於安特生之記載。安氏於其近著之古代中國一文化（J. G. Andersson: "An Early Chinese Culture," Bulletin of the Geological Survey of China, No. 5, 1919）中，述遼寧省沙鍋屯及河南省仰韶村所發見之土石器，而謂仰韶發見之土器與歐洲新石器時代後期及石銅並用時期爲一致，對於分布土耳其斯坦之阿瑙及北部希臘伽里西亞（Galicia），及特里波里采（Tripolitza）之物，亦甚近似。阿瑙與仰韶相距固甚遠，但交通非不可能。漢代與西域之交通歷史已載之，前此固亦未始不可通行也。西亞此類土器，公元前四、〇〇〇年乃至前一、五〇〇年尙使用之，其時固可由中國土耳其斯坦以入中國也。此類土器因在仰韶發見，故稱爲仰韶文化云。以上所引西人之說，謂中國文化由西而來，雖不可盡信，然謂上古絕無往來，殆亦不然。汲冢所出穆天子傳，雖祇能視爲戰國初之小說，然謂殷周之時，絕無東西移動之文化，亦未敢斷定也。

如前所述，中國之文化，一部分由西而來，似無可否認，然文化之一源說與多源說固相輔並行，不可執一而定論；試觀我國周口店發見之北京人，即其明證。北京人之生存，或謂在二十萬年前，或謂在四十萬年前，雖尙待詳考，然其爲中國特有文化之徵象，則無可疑也。據步達生（Dr. Davidson Black）在英國皇家學會會報（Proceedings of the Royal Society）及比較神經學報（Journal of Comparative Neurology）所發表之研究報告，北京人小腦之右部較左部爲發達，而其大腦之左部則較右部爲發達，此可指示北京人已有運用右手之習慣。夫人類開始運用右手，竟遠在四十萬年前之北京人，誠饒有興趣之事實也。且北京人腦積左側下前部特殊發達；此爲與言語有關者，故又暗示北京人已有充分發出明晰口語之神經機能矣。人類學家遂以北京人廁於猿人曙人之列，而謂猿人出現於爪哇，北京人出現於中國之周口店，曙人出現於西歐。凡此三型各出於遼絕之地，是即多源說所益持爲文化多源之證者也。然此三型之分見三地，更明示人類最初之出現，必非僅止此三處；故最初之中必更有最初者，換言之，則多源之上或更有一源；於是一源說又可據以張目矣。要之，在極古時代，所謂人類或已遠非今之人類；然其由一而分，由分而又各自創造，且又因交通移轉之故，而互有仿效，以遞禪而傳於今之人類者，殆可爲定論矣。就北京人之文化言之，彼能言，能用右手；其發見之跡在前期舊石器時代，屬於早期更新統，所用石器經發見者皆甚粗魯。然稍後又於周口店發見晚期舊石器時代之北京人，其文化又較前期北京人進步，能治石英及石器與骨器之工業。故謂周口店之北京人爲世界人類之起源，固屬不可；然中國爲中國人類之發祥地與其文化之起源，則殆無可疑也。

中國人類文化之先史時代，固尚有待乎詳加考證。若夫中國文化史之古，則就以上所述，已有明白之證實矣。蓋文化西來之說，後世或因交通及民族移轉，而有幾分之可信；然中國人類有獨自創造之文化，後且傳播於東西遼遠之地域，則更屬可信也。腓得烈希爾特（Friedrich Hirth）嘗謂中國民族與其文化皆出自本土；其他西方學人持此說者亦不少。故中國文化史，至少亦當代表東方之文化，而爲世界文化史鼎足之一。夫世界文化史者，固述世界人類進化之歷史，然亦於其中專述一種族一國家進化之歷史者也。桑戴克氏（Lynn Thorndike）世界文化史之導言曰：

「文化之發展也，逐漸累進，變遷繁賾。又常無規律，易言之，卽某一人羣或某一時期之文化，有一方面異常進展，而別一方面大退步者。例如挨斯企摩人（Eskimo）製作器物，頗見巧思；而其政治組織，社會生活，處處猶存初民渾噩之風。又如古代亞美利加洲中之馬雅人（Mayas），有極宏麗之建築物，有書法，亦有美備之畫法；但不用家畜，其冶金之術亦甚陋，所知猶視今日阿非利加洲之黑人爲遜也。且吾人今日之文化，未嘗不雜有昔時野蠻鄙陋之俗；易言之，其遠勝於舊日文化之點雖多，然有數點或竟退化而失其固有之美也。此所以文化史之研究最爲切要；不僅藉知今日文化之由來，且欲改正今日文化之程途，而定其趨嚮。當一民族或全世界發生大變化之際，或值新文化開始之時，常人易爲熱烈感情所驅使，或心中橫梗有偏見誤解，致有盲目無識之舉動發生。其結果成爲倏忽之變化，使一時才智蔽塞聰明，其爲害有未能逆睹者。然在有史學修養之人，窮究今古，用心無頗，持學者批評態度，守史家嚴正眼光，自能識文化發展之程途，而測其變遷所底止。」

桑氏之言，不僅爲世界文化史言之，卽關於一民族一國家之文化史，亦莫能外是。可以知研究文化史之切要矣。

（二）中國文化史料之豐富

中國文化之由來，其悠久已無待論。然更有足貴者，卽中國自古迄今，文化史料又甚豐富。今試分述如左：

（甲）石器陶器等物之發見也　西方學者嘗謂中國無舊石器之發見，因而有中國民族及其文化自西方傳來之說。孔子亦以「夏殷文獻不足徵；」而謂「周監於二代，郁郁乎文哉，吾從周。」此但謂極盛之文化至周代而始有燦爛之章物可尋究耳，不能解爲前此絕無可見也。及至近年，中西學者發掘上古文化遺物之結果，竟發見前期及晚期舊石器之遺物，足證前此學者中國無舊石器之見解大誤。及至新石器發見，益以石銅期並存之遺物及陶器貝器玉器先後出土；於是中國古文化由太古綿延以至夏商之際，更多實物之佐證。中國周口店已發見粗魯之前期舊石器，爲初期舊石器時代之明徵；稍後同地又發見晚期舊石器，其中有燧石器，有硅石器、有骨器，有裝飾物，又有魚骨貝類之屬。其後相繼發見者，於寧夏、鄂爾多斯、榆林之黄土層中，則有或穿孔或刮磨之石用具及兵器；於宣化、萬全則有劍石及火石製成之用具；於外蒙古則有舊石器新石器時代之石器與陶器及新石器時代之灰色絳色陶器，並有花紋作絞線形或幾何圖形。凡此諸物，爲時均在數十萬年前乃至數萬年前。

中國新石器蔓延更廣，遍於南北。如雷斧、雷楔、霹靂礌等，皆新石器時代之遺物也。中國北部東北自遼寧中至河南，西至甘肅，皆有重要之發見。石器有石刀、小石斧、石錐、石削、石矛、石鏃、石環、石珠、石杵、石針、石鋤、石鐮、石紡織輪等。陶器有單色及彩色；其物有碗、罐、鼎、鬲、瓶、尊、爵、簠、簋、壺、杯、鉢、甗、瓿、及陶紡織輪等；花樣有席紋、繩紋、回紋、十字紋、狗、羊、豕、馬、牛首、人、鳥等紋。骨器有錐、針、鑿、鋤、獸牙雕刻器等。貝類有貝環、貝瑗等。此類產品至近亦當距今三千七百年以上，即夏商之際。其器物有極精工者。甘肅並發見銅器，且有帶翼之銅鏃。

（乙）殷商文字之發見也　殷商文字發見於河南安陽縣小屯村之殷墟，爲殷商之故都，其文字皆刻於龜甲獸骨之上，供占卜之用。卜文中已以六十甲子紀日，且以十干爲人名，男女皆同。其卜文可表現殷代之文化；蓋殷人每事必灼龜以卜，而記其文於甲上，如祭祀、告享、行止、佃漁、征伐、俘獲、問晴、求雨、祈年、卜旬等事，皆可於龜甲上考見之。吾人於此可以知殷代先王先公及其時氏族邦國之名；可以知其時之禮制，社會、風俗等；對於文化史料實甚有益。近人從事研究者頗多，出版之書最著者有鐵雲藏龜、鐵雲藏龜之餘、殷商貞卜文字考、殷墟書契前後編、書契考釋、殷墟文字類編等，不可勝述。研究此類書籍，不第可知殷代文字之要略，於中國文字之變遷，亦至有用也。

（丙）金石竹簡書卷之發見也　古代之金文，以周爲最盛。孔子有言：「郁郁乎文哉，吾從周」，亦於此見之。蓋周代鼎彝鐘鎛近來出土者甚多；雖殷商爲石器銅器並用時期，其銅器發見於今世者亦間有之，然究不敵周金之足資文化探討也。漢代亦時有周代鼎彝發見；惟爲數尚少，識古文者亦無多。故阮元積古齋鐘鼎彝器款識序曰：「漢代以得鼎爲祥，因之改元，因之立祀。六朝唐人不多見，學者不甚重之。迨北宋後，古器始多出，復爲世重，勒爲成書。南宋元明以來，至我朝（清）西清古鑑，美備極矣。且海內好古之士，學識之精，能辨古器，有遠過於張敞鄭衆者。而古器之出於土田榛莽間者，亦不可勝數。」此皆實語；蓋自清代以來，金石之學，除宋代有歐陽修集古錄，趙明誠金石錄，及宋呂大臨考古圖，王黼等宣和博古圖，王復齋鐘鼎款識，王俅嘯堂集古錄，薛尚功鐘鼎款識，及清代之西清古鑑；外清室所編尚有寧壽鑑古，西清續鑑甲編等。雖宋代所著不專屬銅器；然清室所編，及清代私人所編如阮元之積古齋鐘鼎彝器款識，吳榮光之筠清館金文，潘祖蔭之攀古樓彝器款識，方濬益之綴遺齋彝器款識，端方之吉金錄等皆專志金文。其金石並記者，則有王昶之金石萃編，陸心源之金石續編，陸增祥之八瓊室金石補正，要皆多至一二百卷。其編列之文固有在周以後者，然搜羅亦勤矣。他如古玉、古泉、符牌、印璽、瓦當之類，著者益夥；凡此皆足資古代文化之考證者也。至若歷代之石文，則有孫星衍之寰宇訪碑錄以及各省志中之金石志等，尤數之不能盡者耳。

竹簡之文，則晉初發見之竹簡多至數十車；今已不可見，僅留傳穆天子傳及殘本竹書紀年而已。近年新疆發見之琅玕，皆當時戍守人以竹片互相問候之遺文，亦罕見者也。古以縑帛寫書，故有書卷之稱；今於燉煌石室中發見北朝及唐以來紙寫之書卷，雖多屬宗教經典，然亦可考其時之文化，且有各體之書，彌可貴也。

以上皆爲實物之發見者，而其中以現代發見爲尤多；此誠考古文化者之幸事。然歷代之文化究以見於今日通行之書籍爲最重要；蓋紙本之流傳，終勝於遺物之散見也。茲續述於下：

（丁）羣經　詩、書、易、春秋、皆周代所編輯；書經所載有上及周以前者，仍以周爲最詳。然欲考周代文化之盛，當以周禮爲薈萃。周禮一書或謂周公所作，或謂出於戰國時，要其屬於周代無疑也。此書分爲六官，雖皆記王朝之制；然如朝祭聘享之儀，教育賓興樂舞之典，宮室衣服車旗幣玉之制，田獵征伐之禮，鄉道都邑之別，授田治軍理民之則，刑獄訴訟之法，食飲牧養之規，以及醫藥考工之方，莫不備載。他若儀禮雖多記士禮（亦有諸侯之禮，如公食大夫禮、聘禮等；）禮記為漢儒所纂，然皆紀周代之文化者，固可備考也。

（戊）史志政書　此皆記漢代迄於清代之制度，或斷代為書，或通貫前後，要皆分別部居，備具始末，最為研究中國文化者所必需也。斷代之書，首稱漢書，迄於明史及清史稿，其間志目，多同少異。例如漢書之志，分律歷、禮樂、刑法、食貨、郊祀、天文、五行、地理、溝洫、藝文諸目。後漢書則分為律歷、禮儀、祭祀、天文、五行、郡國、百官、輿服等。其他大抵相若，或分禮樂為兩志（始自晉書，）或稱百官為職官（亦始於晉書）。他若郡國或稱州郡，或仍稱地理。宋史始作河渠志，即漢書之溝洫志也。清史稿始有外交志，猶金史之有交聘表也。宋書始有祥瑞志，魏書則謂之靈徵；此即因五行志而增出者也。唐書始有選舉志兵志，則從百官志刑法志析出者也。魏書有官氏志，記官制與氏族，而唐書則有宰相世表，遼史有皇族表部族表，金史之黑白姓，則備載於百官志。故觀其目之大同，亦可證檢尋之便易矣。

至於通貫前後之通史，首推史記。史記八書曰禮、樂、律、曆、天官、封禪、河渠、平準；實為漢書所本（前四書漢書併為禮樂律歷二志；後四書漢書易稱天文、郊祀、溝洫、食貨。）後世能循史記八書之體而擴爲專箸，留傳至今者，當以唐杜佑之通典爲最顯矣。通典亦分八門。曰：食貨、選舉、職官、禮、樂、兵刑、州郡、邊防。上溯黃虞，下暨唐之天寶，源流畢貫。次之則爲宋鄭樵之通志；其著此書，實欲仿史記之通史體，故兼有紀傳；然爲世所稱許者，乃在其二十略。曰：氏族、六書、七音、天文、地理、都邑、禮、謚、器服、樂、職官、選舉、刑法、食貨、藝文、校讎、圖譜、金石、災祥、昆蟲草木。其略目別具手眼，可謂前無古人。又次之爲元初馬端臨之文獻通考，分田賦、錢幣、戶口、職役、征榷、市糴、土貢、國用、選舉、學校、職官、郊社、宗廟、樂、兵、刑、經籍、帝系、封建、象緯、物異、輿地、四裔各門。是書仿通典例，自上古迄於南宋，分類既詳，檢尋尤便，故最爲通行。以上三政書，世所謂三通者也。明王圻有續文獻通考，實欲併續通志，故兼有列傳；然體例頗雜糅。自清乾隆勅撰之續三通及皇朝三通出現，而王氏續通考遂廢。近年劉錦藻有續清朝文獻通考之作，記載迄於清末，於是一代之文獻亦大略可睹矣。

（己）諸家著作　此等著作，尤爲夥賾，或考訂文獻，或補苴缺漏，或彙集專書，皆極有裨於吾人之檢討。試分別言之。第一類屬於考訂範圍者，則如四庫全書總目所列雜家之雜考類，凡五十七部。其屬於補苴範圍者，雜品之屬十一部，雜纂之屬十一部，雜編之屬三部，雜事之屬八十六部。此皆著錄者。至以存目言，則有雜考之屬四十六部，雜品之屬二十六部，雜纂之屬一百九十六部，雜編之屬四十五部，雜事之屬一百一部；而藝術類之目猶未及焉，可謂多矣。夫四庫總目止於乾隆時，乾隆以後諸家著作其精要者尤多後勝於前，如書目答問及晚近諸家目錄所載者皆是，未遑縷述。

（二）中國文化史料之缺點

中國文化史料之發見，自舊石器新石器直至銅器，誠極蓬勃。以空間言，從西伯利亞之葉尼塞河起南迄南洋羣島東播於朝鮮半島日本羣島西至西域；皆爲與中國文化有關係之區。以時間言，上自四十萬年前之周口店北京人下至於目前；皆可探索中國文化之連鎖。空間之廣闊，時間之悠久；再加以歷代書籍之繁夥，是則中國文化總可編成一有系統之文化史矣。而抑知其缺點固甚多也。此等缺點於中國文化史之研究，殊多滯礙；今大略分別言之：

（甲）實物之尚待搜集與考查也　中國史料之實物出現雖多，要皆零星散播於各地域。在邊遠者無論矣，即就本部言之，自甘肅、綏遠、山西、河南、陝西、山東、南至廣西之武鳴皆有發見。近則江蘇亦發見周初之奄城；其他續有發見之可能者尚多。故欲察中國連貫之線索，尚宜繼續努力，勤加探檢。且發見之物尚不免有時代之殊，種族之異，與夫僞造之蒙混。撰文化史者苟不加考察，比而同之，轉失中國文化史之眞相矣。

（乙）古籍之散佚也　古籍之散佚，自昔已然。孔子嘆夏殷文獻不足徵，即抱斯感想。秦以來書益多，散佚益甚。隋牛弘謂書有五厄：「其一，則秦始皇下焚書之令，三代墳籍掃地皆盡。其二，則西漢王莽之末，長安兵起，宮室圖書，並成煨燼。其三，則東漢董卓之亂，驅迫遷都，圖書縑帛，甚至取爲帷囊；偶有剩餘，值西京大亂，一時播蕩。其四，則西晉劉石憑淩，京華覆滅，朝章闕典，從而失墜。其五，則蕭梁之季，侯景渡江，祕省經籍，皆付兵火。尚有文德殿書，爲蕭繹所收，江陵失陷，十四餘萬卷，繹悉焚之。」是也。牛弘所言後此仍續演不已。隋代藏書三十七萬卷，都覆於砥柱。唐代聚書四部，分藏十二庫，一毀於安史之亂，再毀於黃巢之亂，至朱溫遷洛，蕩然無遺。宋代營求，亦數萬卷，悉佚於靖康之禍。南宋又致力搜羅，及宋末而遂無餘。元代亦有巨著，如經世大典，大元一統志之屬，今皆無存。明代文淵閣之書，今少有傳者。所纂永樂大典萬餘卷，一再毀佚，至清季義和團事變，殘餘之本，中外匱存千不獲一。清代庋藏四庫全書之文滙文宗文源三閣，皆燬於兵燹；宮中天祿琳瑯之古本書，亦都散亡。此歷代官藏之遭厄者也。若夫私家所藏，同茲多厄，或子孫之不肖，或水火之相尋，或兵禍之迭起。宋以前無論矣。若宋趙明誠有書二萬卷，金石刻二千卷；迭經兵燹，存者無幾。至如北宋之南都戚氏，歷陽沈氏，廬山李氏，九江陳氏，番陽吳氏，皆號藏書之富。又如王仲至，田鎬所藏各三四萬卷，其後皆罹兵燹。南宋至明清藏書家亦夥。而清代尤盛起，有多至十萬卷者，尤喜搜羅宋元版本，或親爲題跋，或鏤印叢書，輯補遺佚。其爲時人耳目所熟習者，若天一閣范氏，絳雲樓錢氏，汲古閣毛氏，述古堂錢氏，傳是樓徐氏，知不足齋鮑氏，士禮居黃氏，粵雅堂伍氏，玉函山房馬氏，皕宋樓陸氏，八千卷樓丁氏等，指不勝屈。然此後多已散佚。甚至售諸海外；亦可慨矣。

（丙）清代焚禁之烈也　清代文字之獄，常至門誅，連及親友官吏。高宗藉纂四庫全書之機會，廣徵全國遺書，爲一網打盡之計。開四庫館時，除已焚燬禁行各書外，凡有進呈之書，由四庫館臣編訂查辦違礙書籍條款云：（一）自萬歷以前，各書偶有涉及遼東及女直女眞諸衞……語有違礙者，仍行銷燬。（二）明代各書內，有涉及西北邊外部落者……若有語涉偏謬，仍行銷燬。（三）但涉及三藩年號者……應查明簽出。（四）錢謙益、呂留良自著之書，俱應燬除外，若各書有采用其議論詩詞者，各條簽出抽燬。（五）凡類書及紀事之書，應將其某門某類抽出銷燬。（六）凡宋人之於遼金，明人之於元……語句乖戾者，俱應酌量改正。如有議論偏激過甚者，仍應簽出撤銷。

由此可知四庫之書，其經抽燬刪改者，自宋以下之書皆不能免焉。乾隆以來，禁書燬書之目錄，經軍機處、四庫館、各省奏准全燬抽燬之書，蓋不下數千種。僅江西省所獻應燬禁書已八千餘通。章炳麟有哀焚書一文曰：『初下詔時，切齒於明季野史。其後四庫館議，雖宋人言遼金元，明人言元，其議論偏頗尤甚者，一切議燬。及夫隆慶以後，諸將相獻臣所著奏議文錄……絲袠寸札，靡不然爇，雖茅元儀武備志，不免於火。其在晚明，則袁繼咸、黃道周、張煌言諸著作；明之後，孫夏峯、顧炎武、黃宗羲等諸著作，多以詆觸見燼。其後紀昀作提要，孫顧諸家，始稍入錄……然隆慶以後至於晚明，將相獻臣所著，靡有孑遺矣。其他遺聞佚事……被焚燬者，不可勝數也。』觀章氏之言，其有害於中國文化史之探討者，曷有既耶？

（丁）紀載之偏見與缺陷也　我國士夫之著作，要皆偏於廟堂之制度，號爲高文大册。其有關於閭閻之瑣屑，足以表見平民之文化者，皆不屑及焉。唐李翰爲杜佑通典序曰：『夫五經羣史之書，大不過本天地，設君臣，明十倫五教之義，陳政刑賞罰之柄，述禮樂制度之統，言治亂興亡之由，立邦之道，盡於此矣，非此典者，謂之無益世教，則聖人不書，學者不覽，懼冗煩而無所從也。』『通典非聖人之書，乖聖人之旨，則不錄焉，惡其煩雜也。事非經國、禮法、程制，亦所不錄，棄無益也。』通典杜佑自序云：『不達術數之藝，不好章句之學，所纂通典，實采羣言，徵諸人事，將施有政。』然則通典之作，不過備士大夫施政之參考耳。其後通考與夫續通典、通考，清通典、通考之流，要皆本此旨而行。歷朝史志，亦莫能外是。僅通志二十略於文字、音韻、藝術、尚有關切；然亦士大夫之所流覽，而於平民文化無與焉。然則歷代政書，祇能謂其於政制可備參稽，而其他之遺漏，實不尠也。

（戊）諸家著作之無系統也　史記政書，既不能探求中國文化之全體，則惟有索之於諸家著作矣。顧諸家著作，雖極浩繁，而實難覓一有統系之書。即如類書，太平御覽多至一千卷，册府元龜亦一千卷，玉海二百卷，淵鑑類函亦有四百五十卷。此皆卷帙宏富，分門別類，朝分代系之書也。而以清之古今圖書集成一萬卷，分彙編六，曰曆象、方輿、明倫、博物、理學、經濟。又分三十六典，曆象彙編分四典，曰乾象、歲功、曆法、庶徵；方輿彙編分四典，曰地輿、職方、山川、邊裔；明倫彙編分八典，曰皇極、宮闈、官常、家範、交誼、氏族、人事、閨媛；博物彙編分四典，曰藝術、神異、禽蟲、草木；理學彙編分四典，曰經籍、學行、文字、文學；經濟彙編分八典，曰選舉、銓衡、食物、禮儀、樂律、戎政、祥刑、考工。凡分部一千六百有九；每部中有彙考、總論、圖表、列傳、藝文、外編。似此詳密繁夥，宜可供中國文化史之史料而有餘矣。豈知諸書或因襲前作，事不連貫；或徒錄文字，仍需復檢；大抵祇供科舉之用，文詞之采。雖圖書集成之編輯，較永樂大典爲有進步，然仍未脫前書之故習；如天文之錄各史天文志，醫書術數之類則整部錄入，各書氏族一典，亦不過鈔錄通志及諸譜系之書而已。故此等書籍，外似浩繁，而中實無統系。欲編文化史者，不能不檢尋及此。然或所得有限，或竟毫無所得；則編纂之事未免閣筆無所措手已。其他零星雜記，雖亦有專記一派一藝之學者，如書、畫、金石、文學、儒學、文字、音韻、樂律、陶瓷之類，較易考究；然其未能成爲統系，則無疑也。

（己）後人臆解及僞造也　此尤爲撰文化史者之阻礙。蓋我國文化最古，前代文物，易代則毀；馴至學者亦不復追識，遂不免於臆解。例如周之弁冕、衣裳、履舄、圭璧、宮室、琴瑟之制，漢代已不盡知。鄭康成以漢制解經，武梁石室諸石刻之畫以漢人冠服繪古代，而如殷章甫周犧尊之類，皆出以臆測；許叔愼說文之古文，亦多不合文字之衍變，如謂「一古文弌」之類，錢大昕汗簡跋謂是晚周古文。按古文字形亦有變遷，見淸方濬益綴遺齋彝器款釋所考。今有甲骨文鐘鼎文出現，而益徵實。漢代衣幘食用之具，亦非六朝所知，遺風在唐代屢有存者。然如閻立本繪明妃出塞圖，身著冪䍦，此乃隋唐之際，波斯婦女之飾傳入中國者也，漢代何自有耶？馴至唐人之詩詠其時婦女著繡行纏，鴉頭襪者，明淸人即引爲唐時婦女已纏足之證；又豈知行纏即行縢，古者男女皆用之；而鴉與丫同，乃指歧頭襪，如今日日本男女所著者耳。自宋至淸，古風又大變；而諸家解釋古書，仍皆以今制釋古裝。淸代漢學家蜂起，皆仍墨守漢人許鄭之說，謂爲家法，如淸季黃以周之禮書通故，考核古禮備極精詳，爲研究古文化不可多得之作；然彼寧信鄭說犧尊象尊爲畫牛象之形，黄目爲尊上繪一㔶目，以及單曰履，複曰舄之說。於宋聶崇義之三禮圖亦崇信之，其圖繪惡劣，使三代文化淪於鄙野；而於近今鐘鼎彝器之實物，則反不信焉。迄於今日，仍有不信鐘鼎彝器甲骨之文，謂爲僞造者，益可憫也。至漢晉以來，僞造之書，誠亦極多；經如尚書僞古文；雜史小說如西京雜記之類，顧反有信之者焉，滋足異矣。然於文化史編纂之阻礙，不愈甚乎？

（四）外國學者編著之中國文化史

海通以還，歐美日本學者對中國文化研究漸多，半世紀間以各國文字編著之中國文化史，無慮數百種。茲舉較著者，依其性質分列於左：

一般文化史

ANDERSSON, J. G. An Early Chinese Culture (Bulletin of the Geological Survey of China, October, 1919, pp. 1–68) 1919

後藤朝太郎 支那文化之研究 1925

MUSSO, G. D. La Cina ed i Cinesi (2 vols. Milan) 1926

FORKE, A. Die Gedankenwelt des chinesischen Kultur-kreises (Handbuch der Philosophie, Berlin) 1927

MASPERO, HENRI La Chine Antique (Paris) 1927

WILHELM, R. Ostasien, Werden und Wandel des chinesischen kultur-kreises

(Potsdam) 1928

GOODRICH, L. C. & FENN, H. C. — Sullabus of the History of Chinese Civilization and Culture (New York) 1929

GRANET, MARÇEL — La Civilisation Chinoise (Paris) 1929

WILHELM, R. — Short History of Chinese Civilization (Trans. from German, New York) 1929

GROUSSET, RENÉ — Les Civilisations de l'Orient, Tome III, La Chine (Paris) . . 1930

濱田耕作 — 東亞文明之黎明 1930

高桑駒吉 — 支那文化史講話 1931

GALE, E. M. — Basis of the Chinese Civilization (New York) 1934

LATOURETTE, K. S. — The Chinese: Their History and Culture, 2 vols. (New York) 1934

HAUER, E. — Chinas Werden im Spiegel der Geschichte d. Wissenschaft u. Bildung (Berlin) 1934

京都帝大文學會 — 東方文化史叢考 1936

內藤虎次郎 — 東洋文化史研究 1936

桑原隲藏 — 東洋文明史論叢 . . . . ?

哲 學 總 論

PFIZMAIER, A. — Die philosopfischen Werke Chinas in dem Zeitalter.der Thang

	(Sitzungs-berichte diphil.-hist Classe d.k. Ak.d. Wis. Vienna Bd 89, Jan. 1878)	1878
SUZUKI, D. T.	Brief History of Early Chinese Philosophy (London)	1914
BRUCE, J. P.	Chu Hsi and His Masters (London)	1923
橘惠勝	東洋思想史概論	1923
ZENKER, E. V.	Geschichte der chinesischen Philosophie, 2 vols. (Reichenberg)	1926
FORKE	Geschichte der alten chinesischen Philosophie (Hamburg)	1927
HACKMANN, H.	Chinesische Philosophie (Munich)	1927
WIEGER	History of the Religious Beliefs and Philosophical Opinions in China	1927
齋伯守	支那哲學史概說	1930
境野哲	支那哲學史研究	1930
渡邊秀方	支那哲學史概論	1931
高瀨武次郎	支那哲學史	?
宇野哲人	支那哲學史講話	?
遠藤隆吉	支那哲學史	?
中內義一	支那哲學史	?

哲學各論

FRANKE, O.	Über die chinesische Lehre von den Bezeichnungen (Leyden)	1906

今關壽麿	宋元明清儒學年表	1919
BRUCE, J. P.	The Philosophy of Human Nature by Chu Hsi (London)	1922
WILHELM, R.	Chinesische Lebensweisheit (Darmstadt)	1922
宕橋通成	東洋倫理思想概論	1922
三浦藤作	東洋倫理學史	1923
宇野哲人	儒學史上	1924
荻原擴	支那道德文化史	1927
DUYVENDAH, J. J. L.	Historie en Confucianisme	1930
森本竹城	清朝儒學史概說	1930

經　學

本田成之	支那經學史論	1927
諸橋轍次等	經學史	1933

宗　教　總　論

EDKINS, JOSEPH	Religion in China (Boston)	1878
CHENNELL, W. T.	The Historical Development of Religion in China (London)	1881
LEGGE, J.	The Religions of China (London)	1881
GROOT, J. J. M. de	The Religious System of China, Its Ancient Forms, etc., 4 vols. (Leyden)	1892–1901

GROOT, J. J. M. de — Sectarianism and Religious Persecution in China, 2 vols. (Amsterdam) 1903

GRUBE, W. — Religion und Kultus der Chinesen (Leipzig) 1910

WIEGER, L. — Histoire des Croyances Religieuses et des Opinions philosophiques en Chine depuis l'Origine jusqu'à nos jours 1917

CREEL, H. G. — Sinism: A Study of the Evolution of the Chinese World View (Chicago) 1920

GRANET, M. — La Religion des Chinois (Paris) 1922

SCHNIDLER, B. — Development of the Chinese Conception of Supreme Beings (London) 1922

宗教各論

HACKMANN, H. — Der Buddhismus (Halle) 1906

BROOMHALL, M. — Islam in China (London) 1909

D'OLLONE — Recherches sur les Musulmans Chinois (Paris) 1911

WIEGER, L. — Taoism (Shanghai) 1911

WIEGER, L. — Boudhisme Chinois, 2 vols. (Hochienfu) 1910–1913

SOOTHILL, W. E. — The Three Religions of China (London) 1913

STEWART, J. L. — Chinese Culture and Christianity (New York) 1915

HODONS, L.	Buddhism and Buddhists in China (New York)	1924
DORÉ, HENRI	Recherches sur les Superstitions en Chine, 15 vols. (Shanghai)	1914–1926
PRABODH CHANDRA BAGCHI	Le Canon Bouddhique en Chine, les Traducteurs et les Traductions (Paris)	1927
JOHNSON, O. S.	A Study of Chinese Alchemy (Shanghai)	1928
LATOURETTE, K. S.	History of Christian Missions in China (New York)	1929
MONLE, A. C.	Christians in China from the Year 1550 (London)	1930
REICHELT, K. L.	Truth and Tradition in Chinese Buddhism (Shanghai) . . .	1930
SHRYOCK, J. K.	The Origin and Development of the State Cult of Confucius (New York)	1932
BERNARD, H.	Aux Portes de la Chine les Missionaires du XVI Siècle (Shanghai)	1935
境野哲	支那佛教精史	1935

經　濟

VISSERNG, W.	On Chinese Currency, Coin and Paper Money (Leiden) . . .	1877
KANN, E.	The Currencies of China (Shanghai)	1901
VISSERNG, G.	On Chinese Currency—Preliminary Remarks about the Monetary Reform in China (Batavia)	1912

田中忠夫	支那經濟史研究	1922
田崎仁義	支那古代經濟思想及制度	1924
Böhme, K.	Wirtschaftsanschauungen chinesischer Klassiker (Hamburg)	1926
Kato, S.	A Study of the Suan-fu, the Poll Tax of the Han Dynasty (Memoirs of the Research Department of the Toyo Bunko, No. 1, pp. 51–68).	1926
來原慶功	東洋政治經濟思想淵源	1928
Gale, E. M.	Public Administration of Salt in China: A Historical Survey (The Annals of the American Academy of Political and Social Sciences, November 1930, pp. 241–251)	1930
Wittfogel, K. A.	Wirtschaft und Gesellschaft Chinas. Erster Teil, Produktivkrafter Produktions- und Zirkulations-prozess (Leipzig) .	1931
台灣總督府	中華民國茶業史	1931
青柳篤恆	支那近世產業發達史	1931
Tawney, R. H.	Land and Labour in China	1932
森谷克己	支那社會經濟史	1935

政　　治

Dingle, E. V.	China's Revolution, 1911–1912 (Shanghai)	1912

WEALE, PUTNAM The Fight for the Republic in China (New York). . . . 1917

VINACKE, H. M. Modern Constitutional Development in China (Princeton) . . 1920

吉野作造 支那革命史 1921

SEUFERT, VON WILHELM Urkunden zur staatlichen Neuordnung unter der Han-Dynastie (Berlin). 1922

原田政治 中華民國政黨史 1925

北一輝 支那革命外史 1925

FERGUSON, J. C. Political Parties of the Northern Sung Dynasty (Journal of the North China Branch of the Royal Asiatic Society, 1927, pp. 36–56) 1927

ROTOURS, ROBERT DES Les grands Fonctionnaires des Provinces en Chine sous la Dynastie des T'ang (T'oung Pao, 1928, pp. 219–332) . . 1928

HOLCOMBE, A. N. The Chinese Revolution (Cambridge) 1930

FRANKE, O. Staatssozialistische Versuche im alten und mittelalterlichen China (Philosophische-historische Klasse, 1931, XIII, pp. 218–242). 1931

法　　制

淺井虎夫 支那法制史 1905

東川德治 支那法制史研究 1924

外　交

CORDIER, H. — Histoire des Relations de la Chine avec les Puissances Occidentales, 860–1900, 3 vols. (Paris) 1901–1902

MORSE, H. B. — The International Relations of the Chinese Empire (New York) 1910

LATOURETTE, K. S. — History of Early Relations between the U. S. A. and China, 1784–1844 (New Haven) 1917

CORDIER, H. — Histoire générale de la Chine et de ses relations avec les pays étrangers, 4 vols. (Paris) 1920

WILLOUGHBY, W. W. — Foreign Rights and Interests in China (New York) 1927

窪田文三 — 支那外交通史 1928

稻坂硈 — 近世支那外交史 1929

植田捷雄 — 支那外交史論 1933

中外交通與貿易

SPRENGER, A. — Die Post- und Reise-routen des Orients (erstes Heft, pp. 79–91, Leipzig, 1864, Abhandlungen der Deutschen Morgenländischen Gesellschaft IIIBand) 1864

HIRTH, F. — China and the Roman Orient (Shanghai) 1885

CHAVANNES, E. Les Pays d'Occident d'après le Heou Han Chou (T'oung Pao, 1907, pp. 149–234) 1907

淺井虎夫 支那日本通商史 1907

HERMAN, ALBERT Die alten Seidenstrassen zwischen China und Syrien (Quellen und Forschungen zur alten Geschichte und Geographie, Berlin). 1910

CHAVANNES, E. Documents chinois d'éconverts par Aurel Stein dans les Sables du Turkestan Oriental (Oxford) 1913

FERRAND, GABRIEL Relations de Voyages et Textes Géographiques Arabes, Persans et Turks relatifs à l'Extrême-Orient du VIIIe au XVIIIe Siècles (Paris). 1913

LAUFER, B. Arabic and Chinese Trade in Wal-rus and Narwhal Ivory (T'oung Pao, pp. 315–370) 1913

MORSE, H. B. The Trade and Administration of China (London) 1913

ROCKHILL, W. W. Notes on the Relations and Trade of China with the Eastern Archipelago and the Coasts of the Indian Ocean during the 14th Century (T'oung Pao) 1913–1915

YULE, A VON COL. Sir Henry: Cathay and the Way Thither, Vol. I (London) . 1915

FERRAND, GABRIEL Voyages du Marchand Arabe Sulaymân, en Inde et en Chine

	rédigé en 851 saivi de Rewarques par Abû zard Hasan (vers 916, Paris)	1922
GROOT, T. T. M. de	Chinesische Urkunden zur Geschichte Asiens, 2 vols. (Berlin)	1921–1926
REMER, C. F.	The Foreign Trade of China (Shanghai)	1926
木宮泰彥	日支交通史	1927
LE COQ, A VON	Buried Treasures of Chinese Turkestan (London)	1928
STEIN, M. AUREL	Inndermost Asia, 4 vols. (Oxford)	1928
矢野仁一	支那近代外國關係研究	1928
HERMANN, A	Lou-lan, China, Indian und Rom in Lichte der Ausgrabungen am Lobnor (Leipzig)	1931
HUDSON, G. F.	Europe and China: A Survey of Their Relations from the Earliest Times to 1800 (London)	1931
STEIN, M. AUREL	On Ancient Central Asian Tracks (London)	1933

拓　殖

ROCKHILL, W. W.	China's Intercourse with Korea from the XVth Century to 1895 (London)	1905
MASPERO	Le Royaume de Champa (T'oung Pao)	1911
MACNAIR, H. F.	The Chinese Abroad (Shanghai)	1924
PARKER, E. A.	A Thousand Years of the Tartars (London)	1924

MOSOLFF, H. Die chinesische Auswanderung (Rostock) 1923

MAYBON, CH. B. La Domination Chinoise en Annam (111 av. J.C.—939 ap. J.C.) ?

中國文化西漸

MARTINO, P. L'Orient dans la Littérature Francaise an XVIIe et au XVIIIe Sèicles (Paris) 1906

SÖDERBLOM, N. Das Werden des Göttesglaubens (pp. 324–360, Leipzig) . . . 1916

LAUFER, B. Sino-Iranica, Chinese Contributions to the History of Civilization in Ancient Iran, with Special Referance to the His. Cultivated plants and Products. (Chicago) 1919

REICHEVEIN, A. China and Europe: Intellectual and Artistic Contacts in the 18th Century. Trans. by Powell (New York) 1925

PINOT, V. La Chine et la Formation de l'Esprit Philosophique en France, 1640–1740 1932

教育

BIOT, E. Essai sur l'Histoire de l'Instruction Publique en Chine (Paris) 1847

中島半次郎 東洋教育史 1911

MONROE, PAUL A Report on Education in China (New York) 1923

GALT, M. L. The Development of Chinese Educational Theory (Shanghai) 1929

社 會

SMITH, A. H. Village Life in China (New York) 1899

MORSE, H. B. The Gilds of China (London) 1909

稻葉君山 支那社會史研究 1922

WARD, J. S. M. AND STERLING, W. G. The Hung Society, 2 vols. (London) 1925

語 文

KARLGREN, B. Le protochinois, langue flexionnelle (Jena) 1920

KARLGREN, B. Sound and Symbol in China (London) 1923

KARLGREN, B. Philology and Ancient China (Oslo) 1926

大島正健 支那古韻史 1929

天 文

新城新藏 東洋天文學史研究 1928

SAUSSURE, L. de Les origines de l'astronomie chinoise (Paris) 1930

農 業

KING, F. H. Farmers of Forty Centuries (Madison) 1911

WAGNER, W. Die Chinesische Landwirtschaft (Berlin) 1926

BUCK, J. L. Chinese Farm Economy (New York) 1930

工　業

CARTER, T. F. — The Invention of Printing in China and Its Spread Westward (New York) 1931

中山久四郎 — 世界印刷通史支那篇 1931

醫　學

蓼溫仁 — 支那中世醫學史 1931

一般美術

BUSHELL, S. W. — Chinese Art, 2 vols. (London) 1910

MÜNSTERBERG, O. — Chinesische Kunstgeschichte, 2 vols. (Esslingen) 1910

FENOLLOSA, E. F. — Epochs of Chinese and Japanese Art, 2 vols. (London) . 1912

PELLIOT, PAUL — Notes sur Quelques Artistes des Six Dynasties et des T'ang (T'oung Pao, 1923, pp. 215–291) 1923

SEGALEN, VICTOR, GIBERT DE VOISINS ET JEAN LARTIQUE—Mission Archéologique en Chine, 1914–1917, 2 vols. Paris 1923–1924

TIZAC, H. d'ARDENNE DE—L'Art Chinois Classique (Paris) 1926

ROSTOVTZEFF, M. I. — The Animal Style in South Russia and China (Princeton). . 1929

SOULIE, C. G. — History of Chinese Art from Ancient Times to the Present

Day, Trans. by G. C. Wheeler (New York) 1929

COHN, WILLIAM Chinese Art (London) 1930

SIRÉN, O. Histoire des Arts Anciens de la Chine, 6 vols. (Pairs) . 1929–1932

FISCHER, OTTO Die chinesische Malerei der Han-Dynastie (Berlin) . . . 1931

澤村專太郎 東洋美術史の研究 1932

大村西崖等 東洋美術史 1932

繪畫

BINYON, L. Painting in the Far East (London) 1908

中村不折等 支那繪畫史 1914

GILES, H. A. An Introduction to the History of Chinese Pictorial Art (London) 1918

FISCHER, OTTO Chinesische Landschaftsmalerei (Munnich) 1921

WALEY, Arthur An Introduction to the Study of Chinese Painting (London) 1923

金原省吾 支那上代畫論研究 1924

東方文化學院京都研究所—支那山水畫史 1934

書法

有谷靜堂 支那書道史概說 1930

彫　塑

CHAVANNES, E. Six Monuments de la Sculpture chinoise (Paris) 1914

LAUFER, B. Chinese Clay Figures (Chicago) 1914

LE COQ, VON Die buddhistische Spätantike in Mittel-Asien, Vol. I, Die Plastik (Berlin) 1922

ASTON, Leigh An Introduction to the Study of Chinese Sculpture (London) 1924

SIREN, O. Chinese Sculptures from the 5th to the 14th Century, 4 vols. (London). 1925

LAUFER, B. Chinese Grave Sculptures of the Han Period (London). . . 1926

HENTZE, C. Chinese Tomb Figures: A Study in the Beliefs and Folklore of Ancient China (London) 1928

陶　磁　器

BRINKLEY, F. China: Its History, Arts and Literature, Vol. 9 (Boston) . . 1902

LAUFER, B. The Beginnings of Porcelain in China (Chicago) 1917

SCHMIDT, R. Chinesische Keramik von der Han-zeit bis zum XIX Jahrhundert (Frankfurt am Main) 1924

HOBSON, R. L. AND HETHERINGTON, A. L.—The Art of the Chinese Potter from the Han Dynesty to the end of Ming (London) 1923

ARNE, T. J. — Painted Stone Age Pottery from the Provinces of Honan, China Palaeontologia Sinica Series D. Vol. I, Fas. 2 (Peking) . . . 1925

HOBSON, R. L. — The Later Ceramic Wares of China (London) 1925

上田恭輔 — 支那陶器之時代的研究 1929

渡邊素舟 — 支那陶磁器史 1929

銅器

KOOP, A. T. — Early Chinese Bronzes (London) 1924

VORETZCH, E. A. — Altchinenesische Bronzen (Berlin) 1924

ROSTOVTZEFF, M. — Inlaid Bronzes of the Han Dynasty (Paris) 1927

音樂

COMANT, M. — Essai Historique sur la Musique Classique des Chinois (Paris) 1912

WILHELM, R. — Chinesische Musik (Frankfurt a.M.) 1927

田尙邊雄 — 東洋音樂史 1935

建築

BOERSCHMANN, ERNST — Chinesische Architektur, 2 vols. (Berlin) 1925

IREN, O. The Imperial Palaces of Peking, 3 vols. (Paris) 1926

伊東忠太 支那建築史（東洋史講座） 1931

文學總論

久保天隨 支那文學史 1908

GILES, H. A. A History of Chinese Literature (London) 1909

GRUBE, W. Geschichte der chinesischen Literatur (Leipzig) 1909

兒島獻吉郎 支那大文學史 1910

兒島獻吉郎 支那文學考 1920

ERKES, E. Chinesische Literatur (Breslau) 1922

兒島獻吉郎 支那文學史綱 1922

WILHELM, R. Chinesische Literatur (Wildpark-Potsdam) 1927

西澤道寬 支那文學史概說 1928

水野平次 支那文學史 1932

寺內淳二郎 漢文學史概論 1932

文學各論

JOHNSTON, R. F. The Chinese Theatre (London) 1921

鈴木虎雄 支那詩論史 1925

宮原民平 支那小說戲曲史概說 1929

澤田總淸 支那韻文史 1929

ARLINGTON, L. C. The Chinese Drama from the Earliest Times until Today . . 1930
青木正兒 支那近世戲曲史 1930

考 古

LACOAPERIE, T. de Western Origin of Chinese Civilization (London) 1887
LAUFER, B. Jade, a Study in Chinese Archaeology and Religion (Chicago) 1912
CHAVANNES, E. Mission Archeologique dans la Chine Septentrionale, 1909–1915 (Paris) 1915
GRUNWEDEL, A. Alt-Kulscha (Berlin) 1920
PELLIOT, PAUL Les Grottes Touen-houang, 1914–1921 (Paris) 1921
STEIN, SIR AUREL Serindia (London) 1921
LE COQ A. von Die Buddhistische Spatantike in Mittelasien (Berlin) . 1923–1933

民 族

SHIROKOGOROFF, S. M. Social Organization of the Manchus (Shanghai). 1924
SHIROKOGOROFF Anthropology of Eastern China and Kwangtung (Shanghai) 1925
SHIROKOGOROFF Anthropology of Northern China (Shanghai). 1925
SHIROKOGOROFF Social Organization of the Northern Tungus (Shanghai) . . 1925

| FRANKE, O. | Geschichte des chinesischen Reiches (Berlin) .... | 1930 |
| 和田清 | 支那民族發展史 .... | |

上表都二百三十四種，皆歐、美、日本學者之著作國人之以他國文字編著者不與焉。此固非詳盡之書目，然重要之作，殆鮮遺漏。按其性質得三十有二類，計一般文化史十八種，哲學總論十五種，哲學各論十種，經學二種，宗教總論十種，宗教各論十七種，經濟十四種，政治十一種，法制二種，外交八種，交通與貿易二十一種，拓殖六種，文化西漸五種，教育四種，社會四種，語文四種，天文二種，農業三種，工業二種，醫學一種，一般美術十三種，繪畫七種，書法一種，雕塑七種，陶磁器八種，銅器三種，音樂三種，建築三種，文學總論十一種，文學各論六種，考古七種，民族六種。再歸納之，則一般文化史僅占十八種，自餘二百十六種盡屬分科文化史。二者之比，殆爲一與九。足見分科文化史之著作，視一般文化史爲易。至以內容論，則一般文化史中，除一二種堪稱佳構外，大都失之簡略。而分科文化史則佳構不在少數，又足見分科文化史之著作，較一般文化史易著成績。惟已有之各科文化史，體例不一，詳略不等，且重要科目多未編著；此其最大之缺憾也。

（五）外國學者編纂之世界文化史

世界文化史浩如煙海，然大別之，不外綜合的與分科的二類。綜合的文化史，固不乏佳作；惟既須貫通各民族，又須綜合各科目；非失諸蕪雜，則稍嫌簡略。其編纂之困難，視一國或一民族之文化史尤甚。至分科的文化史，規模鉅而體例佳者，就著者所知，當推法國出版之人類演進史叢書(L'Evolution De L'Humanite)，主編者爲 Henri Barr 氏。全書五十餘巨冊，每冊敘一專題。自一九二〇年開始刊行。越五年，英國繼起而有同樣之編輯計畫。其體例與法國之人類演進史叢書無二致，而規模益大，定名爲文化史叢書（History of Civilization）。主編者爲劍橋大學之 C. K. Ogden 氏，而以美國之 Harry Elmer Barnes 教授爲編輯顧問；俾於英美二國同時發行。全書擬編爲二百餘種，迄今已出版者九十八種，每種一鉅冊。其中譯自法文之人類演進史叢書者四十二種；餘皆自行編著。已出版各書別爲十五類，列舉於左，其非譯自法文者別加星符爲記。

1. 導論及史前文化史

RIVERS, W. H. R. — *Social Organization

PERRIER, EDMOND — The Earth Before History

MORGAN, FACQUES DE — Prehistoric Man

RENARD, G. — *Life and Work in Prehistoric Times

CHILDE, GORDON V. — *The Dawn of European Civilization

VENDRYES, F. — Language: a Linguistic Introduction to History

FEBVRE, L. A Geographical Introduction to History
PITTARD, E. Race and History
CHILDE, V. GORDON *The Aryans
MORET, A. AND DAVY, G. From Tribe to Empire
BURNS, A. R. *Money and Monetary Policy in Early Times
SMITH, G. ELLIOT *The Diffusion of Culture

2. 古帝國文化史

MORET, A. The Nile and Egyptian Civilization
DELAPORTE, L. The Mesopotamian Civilization
GLOTZ, G. The Ægean Civilization
BURN, ANDREW ROBERT *Minoans, Philistines, and Greeks

3. 希臘文化史

FARDÉ, A. The Formation of the Greek People
GLOTZ, G. *Ancient Greece at Work
SOURDILLE, C. The Religious Thought of Greece
DEONNA, W. AND RIDDER, A. DE Art in Greece
ROBIN, L. Greek Thought and the Scientific Spirit
GLOTZ, G. The Greek City and its Institutions
FOUGUET, P. Macedonian Imperialism

4. 羅馬文化史

HOMO, LEON	Primitive Italy and Roman Imperialism
GRENIER, A.	The Roman Spirit in Religion, Thought, and Art
HOMO, LÉON	Roman Political Institutions
DECLAREUIL, F.	Rome the Law-Giver
TOUTAIN, F.	Economic Life of the Ancient World
CHAPOT, VICTOR	The Roman World
LOUIS, PAUL	*Ancient Rome at Work
HUBERT, H.	The Celts

5. 羅馬世界以外文化史

HUBERT, H.	Germany and the Roman Empire
HUART, CLEMENT	Ancient Persia and Iranian Civilization
GRANET, M.	Chinese Civilization
GRANET, M.	The Religion of China
HUDSON, G. F.	*Feudal Japan
PARKER, E. H.	A Thousand Years of the Tartars
HUDSON, G. F.	*Nomads of the European Steppe
(ED.) LÉVI, S.	India
SIDBANTA, N. K.	*The Heroic Age of India

GHURYE, G. S. — *Caste and Race in India

THOMAS, E. H. — The Life of Buddha as Legend and History

THOMAS, E. H. — *The History of Buddhism

6. 基督教起源史

LODS, ADOLPHE — Israel, to the Middle of the Eighth Century

GUIGNEBERT, C. — Jesus and the Birth of Christianity

GUIGNEBERT, C. — The Formation of the Church

GUIGNEBERT, C. — The Advance of Christianity

LABRIOLLE, P. DE — *History and Literature of Christianity

7. 羅馬帝國崩潰時代文化史

LOT, FERDINAND — The End of the Ancient World

DIEHL, C. — The Eastern Empire

HALPHEN, L. — Charlemagne

LOT, FERDINAND — The Collapse of the Carlovingian Empire

(Ed.) BOYER, P. — The Origins of the Slaves

BAYNES, NORMAN — *Popular Life in the East Roman Empire

PHILLPOTTS, B. S. — *The Northern Invaders

8. 教權昌盛時代文化史

DOUTTÉ, E. — Islam and Mahomet

BARRAU-DIHIGO, L. The Advance of Islam
ALPHANDÉRY, P. Christendom and the Crusades
GENESTAL, R. The Organization of the Church

9. 中古藝術史

LORQUET, P. The Art of the Middle Ages
STRONG, E. *The Papacy and the Arts

10. 君權改造時代文化史

Petit-Dutaillis, C. The Foundation of Modern Monarchies
MEYNIAL, E. The Growth of Public Administration
MEYNIAL, E. The Organization of Law

11. 社會與經濟演進史

BOURGIN, G. The Development of Rural and Town Life
BOISSONNADE, P. Maritime Trade and the Merchant Gilds
CARTELLIERI, OTTS *The Court of Burgundy
BOISSONNADE, P. *Life and Work in Medieval Europe
POWER, EILEEN *The Life of Women in Medieval Times
(ED.) NEWTON, A. P. *Travel and Travellers of the Middle Ages
(ED.) PRESTAGE, EDGAR *Chivalry and its Historical Significance

12. 學術演進史

HUISMAN, G.	Education in the Middle Ages
BRÉBIER, E.	Philiosophy in the Middle Ages
REY, ABEL AND BOUTROUX, P.	Science in the Middle Ages

13. 中世與近代過渡史

LORQUET, P.	Nations of Western and Central Europe
(ED.) BOYER, P.	Russians, Byzantines, and Mongols
RENAUDET, G.	The Birth of the Book
HUGHES, C. HARTMANN	*The Grandeur and Decline of Spain
SEATON, M. E.	*The Influence of Scandinavia on England
GREGORY, T. E.	*The Philosophy of Capitalism
Mrs. RUSSELL, BERTRAND	*The Prelude to the Machine Age
RENARD, G. AND WEULERSSE, G.	*Life and Work in Modern Europe
GEORGE, M. DOROTHY	*London Life in the Eighteenth Century
REICHWEIN, A.	*China and Europe in the Eighteenth Century

14. 分科文化史

CUMSTON, C. G.	*The History of Medicine
SUMMERS MONTAGUE	*The History of Witchcraft

SUMMERS, MONTAGUE	*The Geography of Witchcraft
GREGORY, T. E.	*The History of Money
ISAAC, F.	*The History of Taste
POWYS MATHERS, E.	*The History of Oriental Literature
GRAY, CECIL	*The History of Music

15. 人種史

DUDLEY, L. H. BUXTON	*The Ethnology of Africa
DUDLEY, L. H. BUXTON	*The Peoples of Asia
FOX, C. E.	*The Threshold of the Pacific
KARSTEN, RAFAEL	*The South American Indians
MACLEOD, F. G.	*The American Indian Frontier
HODSON, T. C.	*The Ethnology of India
BENDANN, E.	*Death Customs

以上係據原出版者之分類，茲爲便利比較計，別按第四項之分類；其結果除一般文化史占七種，分國文化史占二十一種外，自餘七十種皆屬分科文化史。計哲學占一種，宗教十二種，政治七種，經濟五種，法律二種，教育二種，社會十一種，語文一種，科學二種，醫學一種，藝術四種，文學一種，地理二種，民族十七種。除分國史因本叢書爲世界文化史，不得不特別編著外，其間一般文化史種數與分科文化史比較，適爲

矣。一與十之差別。足見文化史欲謀編纂之便利與完善，有不得不傾向於分科編纂者

（六）編纂中國文化史應用如何方法

如前所述，中國文化如是悠久，其史料又如是繁複；欲爲綜合的編纂，既非一手一足所能任，尤苦組織困難。旁覽外人所著之中國文化史，則泰半采分科編纂方法，以避難而就易；甚至外國學者編著之世界文化史，亦如出一轍。蓋文化範圍廣汎，即在史料完整之國家，以少數人綜合廣汎之史料，終不若以多數人分理各專科之史料爲便，其他更無論矣。梁任公敘清代學者整理舊學之總成績爲：一、經學，二、小學及音韻學，三、校注先秦諸子及其他古籍，四、辨僞書，五、輯佚書，六、史學，七、方志學，八、譜牒學，九、曆象及自然科學，十、地理學，十一、政書，十二、音樂學，十三、金石學，十四、佛學，十五、編類學，十六、叢書及目錄學，十七、筆記及文集，十八、官書。凡此之成績均非一人一時之力；蓋亦分科研究而後有此者也。晚近國內學人頗有編著分科文化史者，一方面利用清代學者局部整理之遺產，他方面取法歐美新穎之體例，各就所長，分途程功；惟成書僅少數科目，無以蘊文化之全範圍。而外國學者數十年來編著之我國分科文化史種數號稱數百，然側重藝術政治經濟交通數科目，餘多缺略，除取材純疵不一外，即以範圍論，亦未能窺我文化史之全豹也。顧以視我國現有之出版物，猶覺彼

勝於此，此我國之恥也。竊不自揣，欲有以彌此憾而雪斯恥；爰博考外人編纂之我國文化史料與前述法英兩國近年刊行文化史叢書之體例，並顧慮我國目前可能獲得之史料，就文化之全範圍區爲八十科目。廣延通人從事編纂；亦有一二譯自外籍者，則皆删訂，務期翦實。歷時已久，彙集成編，分期刊行，用供衆覽。斯皆萃一時之閎雅，發吾國之輝光，分之爲各科之專史，合之則爲文化之全史。當代君子，其亦有取於斯乎？

附擬編中國文化史叢書八十種目錄於左：

（一）中國目錄學史　（二）中國圖書史
（三）中國經學史　（四）中國倫理學史
（五）中國理學史　（六）中國道教史
（七）中國佛教史　（八）中國回教史
（九）中國基督教史　（十）中國社會史
（十一）中國風俗史　（十二）中國政治思想史
（十三）中國政黨史　（十四）中國革命史
（十五）中國外交史　（十六）中國藩屬史
（十七）中國經濟思想史　（十八）中國經濟史

（十九）中國民食史
（二十）中國財政學史
（二一）中國田賦史
（二二）中國鹽政史
（二三）中國公債史
（二四）中國貨幣史
（二五）中國法律思想史
（二六）中國法律史
（二七）中國中央政制史
（二八）中國地方政制史
（二九）中國軍學史
（三十）中國水利史
（三一）中國救荒史
（三二）中國教育思想史
（三三）中國教育史
（三四）中國交通史
（三五）中國西域交通史
（三六）中國日本交通史
（三七）中國南洋交通史
（三八）中國西洋交通史
（三九）中國殖民史
（四十）中國禮儀史
（四一）中國婚姻史
（四二）中國婦女生活史
（四三）中國文字學史
（四四）中國訓詁學史
（四五）中國音韻學史
（四六）中國算學史
（四七）中國度量衡史
（四八）中國天文學史
（四九）中國曆法史
（五十）中國科學發達史

（五一）中國農業史

（五二）中國漁業史

（五三）中國畜牧史

（五四）中國工業史

（五五）中國建築史

（五六）中國鑛業史

（五七）中國商業史

（五八）中國醫學史

（五九）中國文具史

（六十）中國兵器史

（六一）中國陶瓷史

（六二）中國印刷史

（六三）中國食物史

（六四）中國金石史

（六五）中國書法史

（六六）中國繪畫史

（六七）中國音樂史

（六八）中國武術史

（六九）中國游藝史

（七十）中國韻文史

（七一）中國散文史

（七二）中國駢文史

（七三）中國戲曲史

（七四）中國小說史

（七五）中國俗文學史

（七六）中國史學史

（七七）中國考古學史

（七八）中國地理學史

（七九）中國疆域沿革史

（八十）中國民族史

張菊生先生七十生日紀念刊之一

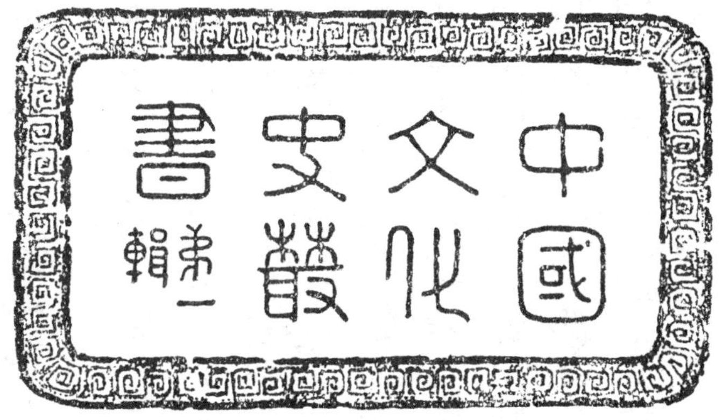

整理我國史料　揭示文化全貌

王雲五　傅緯平　主編

全輯發售預約　零冊發售特價

商務印書館發行

中國文化史叢書第一輯

商務印書館印行

我國文化發達甚早，史料至爲豐富，除散見於官私載籍外，近年古器物與古文字之相繼發現，所以表彰古文化者日多。惟迄今尚無一部完備之文化史可資研究，則以史料雖富而雜亂殊甚，且編纂文化史者多采綜合方式，以如是浩瀚之史料，由一二人整理，其難益甚。晚近國內頗有編印分科文化史者，以一專家就其所長，擔任一專科史料之整理，其結果自較良好。惟出版科目無多，仍無以窺我國文化之全貌。敝館竊不自揣，願有以彌此缺憾，就文化之全範圍，區爲八十科目，分請專家擔任編纂，視範圍之廣狹，每科目分別以七八萬字乃至二十萬字，爲有系統而詳盡的敍述，定名爲中國文化史叢書，分之爲各科之專史，合之則爲文化之全史。現在業已脫稿者將及半數，先取其中二十種付手民，訂爲第一輯，卽日開始發售預約。餘輯當陸續發行。第一輯書分裝二十四册，定期刊行。其已出版者，隨訂特價單售，合購分購，均無不便。

中國文化史叢書

第一輯二十種

分購合購　均極便利

全輯發售預約

冊數　第一輯二十種・分裝二十四冊，六開版式，道林紙印，硬布面精裝。

出書期　四期出齊，已出前三期書十五種十八冊，餘書於廿六年三月初續出。

定價　每部定價三十元。（零冊定價合計四十元）

預約價　一次付款二十一元。分期付款，訂購時先付十七元，取第四期書時，續付五元。

郵費　國內及日本二元，香港澳門五元六角，郵會各國十三元四角。躉購十部以上者，郵運費另計。

預約期　廿五年十二月一日起，至廿六年二月底止，遠地展期至三月底止。

零冊發售特價

每期出版之書，各售特價四個月，概照定價七折計算。第一期書特價於廿六年三月三十一日截止，第二期書特價於五月二日截止，第三期書特價於年五月三十日截止。第四期書特價於三月初開始發售。

商務印書館編印

中國文化史叢書第一輯

第一期書

中國經學史 一冊定價一元 特價七角 國內郵費一角零五厘

馬宗霍著 著者自序：「經者，載籍之共名，非六藝所得專；六藝者，羣聖相因之書，非孔子所得專」。故其書取材範圍，不自孔子始，而起於孔子以前；凡所論列，亦間涉六藝以外。全書都十二篇，按時分述，考證周贍，持論允當，於歷代經學盛衰異同之故，尤能抉微發隱。冀於經學研究轉變之今日，將已往史實作一總結。

中國法律思想史 二冊定價三元 特價二元一角 國內郵費一角五分半

楊鴻烈著 起自殷商，迄於今日，將我國數千年來所有法律思想之派別條分縷析，並考訂其影響於當時及後世法制之情形，使讀者深知法律思想實為一切法制之淵源。義蘊宏深，問題繁複，幾涉及中國思想之全部。

中國婚姻史 一冊定價一元五角 特價一元零五分 國內郵費一角零五厘

陳顧遠著 婚姻為社會現象之一，又為法律現象之一。本書以社會學與法學之立場，搜集史料，兼備兩義。內容分婚姻範圍、婚姻人數、婚姻方法、婚姻成立、婚姻效力、婚姻消滅等六章，盡取縱斷為史之法，以明各主要問題之因果變遷。

中國民族史 二冊定價三元六角 特價二元五角二分 國內郵費一角五分半

林惠祥著 全書分十八章：首二章為總論，先由橫的方面，論中國民族之分類；次由縱的方面，論中國民族事迹在歷史上之分期。自第三章以下為各論，每章述一民族，詳考其種族起源、名稱嬗變、支派區別、勢力漲落、文化變遷，並及各族相互間之接觸混合等問題。敍述事實時，直接引用史書原文，以保真相；理論則博考中外學者新說，而以己意決定之。

以上各書特價一期律於廿六年三月一日截止

D109(7)-26:2

商務印書館編印

中國文化史叢書第一輯

第二期書

中國理學史 一冊定價一元五角 特價一元零五分 國內郵費一角零五厘

賈豐臻著 書分上古、中古、近世三期敘述，尤詳于周、宋、明三代。上古時代之材料，多取自六經、四書、諸子，以下則以諸家本身之著作爲本；書籍之明知其爲僞作者，概不附和。著者於徵引原文之後，每依己見，附加評語，但不遽作肯定，留待讀者之自擇。

中國田賦史 一冊定價一元五角 特價一元零五分 國內郵費一角零五厘

陳登原著 本書詳敘中國田賦之起源、演變，以及今制。所設實助徵之關於稅制者，不關田制；均田制、從口稅、魚鱗册，爲一時之作，均道前人所未道；後來更陳今時田賦積弊，以及清丈、陳報、改良征收手續等等，力求明通，亦可作匡時濟弊之助。

中國鹽政史 一冊定價一元八角 特價一元二角六分 國內郵費一角三分

曾仰豐著 書分鹽制、鹽產、鹽官、鹽禁等四章，將歷代有關鹽政之史料，窮探展搜，融會貫通，以明顯之方法，爲系統之記載；於各時代制度因革之故、得失之道，均能闡述無遺。

中國政黨史 一冊定價一元三角 特價九角一分 國內郵費一角零五厘

楊幼炯著 對於近三十餘年來我國各派政黨之主張，組織及分合趨勢，源源本本，爲系統的敘述，而於各時代政黨與政治之關連，各加以確切之剖析。關於中國國民黨之主義、組織之演進，及黨與政府之關係，更有詳盡之說明。

中國商業史 一冊定價二元四角 特價一元六角八分 國內郵費一角三分

王孝通著 分上古、中古、近世與現代三篇，於我國歷代商業政策、幣制、商稅以及國內外貿易概況等，俱有系統之紀述，餘如交通、工業與著名商人之事蹟，亦有扼要之紹介。

中國陶瓷史 一冊定價一元五角 特價一元零五分 國內郵費一角零五厘

吳仁敬、辛安潮著 關於中國數千年來陶瓷之起源，各代對於陶瓷之發明，陶瓷之種類，製陶瓷之名窰，釉色之變遷，裝飾之進步，製陶瓷之名家，品陶瓷之著作等，作有系統之記述。以明中國陶瓷之興廢盛衰及其原因。編首列有彩色及單色圖九十六幅。

以上各書特價一律於廿六年五月二日截止

商務印書館編印

中國文化史叢書第一輯

第三期書

中國交通史 一册定價一元七角 特價一元一角 國內郵費一角三分

白壽彝著　內容包含五篇：（1）先秦時代之交通，注重當時交通與各民族混合運動之關係；（2）秦漢時代之交通，注重秦漢大一統之局面與交通之關係；（3）隋唐宋時代之交通，注重當時經濟中心南遷與交通之關係；（4）元明清時代之交通，注重海運在當時交通上之地位；（5）現代中國之交通，注重此時交通與中國外交之關係。對於各時代水陸交通路線、制度、工具，均有扼要之敘述。

中國殖民史 一册定價二元 特價一元四角 國內郵費一角五分半

李長傅著　書分五章，首述中國殖民之意義，次分期敘述中國歷代殖民之史實。溝通中西史料，考證詳明。新發現之史實不一而足，糾正舊史之謬誤者亦有多處。

中國算學史 一册定價一元七角 特價一元一角 國內郵費一角三分

李儼著　著者以研治中算史馳名中外，此書爲最近傑作，內容分十章，一百零二節，羅列最新中算史料，徵引宏博，組織謹嚴，附圖二十餘幅。

中國繪畫史 二册定價三元六角 特價二元五角 國內郵費二角三分

俞劍華著　著者以名畫家兼通畫史，且歷任美術專科學校教授有年，茲本其研究與經驗所得，著爲此書，以朝代分章，每朝更分總論、畫家、畫論諸節，文筆簡括，論斷精當，條目清晰，力矯夾敘夾議眉目不清之弊。附銅版精印插圖七十餘幅。

中國駢文史 一册定價一元 特價七角 國內郵費一角三分

劉麟生著　駢文爲吾國文學中特殊之產物，佽助美文，由來已久。本書以歷史進化觀念，闡發駢文之演變與其流別，對於駢文已往之貢獻及其利弊，與今後之展望，言之尤詳。持論不偏，敘述扼要，客觀評判，煞費苦心。

以上各書特價期均於廿六年五月三十日截止

商務印書館編印

中國文化史叢書第一輯

第四期書

中國南洋交通史 一冊定價一元七角 特價一元二角 國內郵費一角三分

馮承鈞著 是編鉤稽中國載籍關於南海交通諸文，參以大食人與近代歐洲日本學者的考訂，爲之整理排比，分上下二編：上編研究南海交通之重要事蹟，下編輯史傳與記文，按時代之先後，分別比附。

中國文字學史 二冊定價四元 特價二元八角 國內郵費二角三分

胡樸安著 本書將文字學分爲四個時期：自漢至隋，爲文字書時期；自唐至明，爲文字學前期；清爲文字學後期；自清末至現在，爲古文字學時期。每一時期皆能指出重要之中心，與其變遷之形迹。根據三百餘種之文字學書，提要鉤玄，以明文字學說之派別，確爲文字學史，而非文字史。

中國度量衡史 一冊定價二元四角 特價一元六角八分 國內郵費一角五分半

吳承洛著 上自黃帝，下迄清末，於歷代度量衡，分五個時期，縱述綜論，反復闡明；而其制度與標準之相互關係，並其設施，以及變遷之因果關鍵，更作精密論述。載籍以外，復取據古器多種，互相推證，尋出相通之根據。民國以來度量衡，亦經提綱挈領，述其概要。

中國醫學史 一冊定價一元八角 特價一元二角六分 國內郵費一角三分

陳邦賢著 書分五篇：前四篇分述上古、中古、近世、現代的藥劑、證治、醫事制度，及醫學發明之進步，並注意各時代外國醫藥的輸入；第五篇爲分科疾病史，引徵繁博，考核周詳。

中國考古學史 一冊定價二元 特價一元四角 國內郵費一角五分半

衛聚賢著 本書分章敍述歷代學者對於考古的總成績，作一概括的介紹，並敍及歷代政府對於古物保存及毀壞的概狀。首章緒論，爲考古方法的檢討。末章餘論，爲供研究史學的參考。後附錄近四五年各地發現古物的消息及考古法令。

以上各書於廿六年三月初開始發售特價

中國文化史叢書第一輯書目（書名上之數字示出書之期次）

書名	著者	册數	定價（元）	特價（元）
(1)中國經學史	馬宗霍	一	一·〇〇	·七〇
(2)中國理學史	賈豐臻	一	一·五〇	一·〇五
(2)中國田賦史	陳登原	一	一·五〇	一·〇五
(2)中國鹽政史	曾仰豐	一	一·八〇	一·二六
(1)中國法律思想史	楊鴻烈	二	三·〇〇	二·一〇
(2)中國政黨史	楊幼炯	一	一·三〇	·九一
(3)中國交通史	白壽彝	一	一·七〇	一·一九
(4)中國南洋交通史	馮承鈞	一	一·七〇	一·一九
(3)中國殖民史	李長傅	一	二·〇〇	一·四〇
(1)中國婚姻史	陳顧遠	一	一·五〇	一·〇五
(4)中國文字學史	胡樸安	二	四·〇〇	二·八〇
(3)中國算學史	李儼	一	一·七〇	一·一九
(4)中國度量衡史	吳承洛	一	二·四〇	一·六八
(4)中國醫學史	陳邦賢	一	一·八〇	一·二六
(2)中國商業史	王孝通	一	二·四〇	一·六八
(2)中國陶瓷史	吳仁敬 辛安潮	一	一·五〇	一·〇五
(3)中國繪畫史	俞劍華	二	三·六〇	二·五二
(3)中國駢文史	劉麟生	一	一·〇〇	·七〇
(4)中國考古學史	衛聚賢	一	二·〇〇	一·四〇
(1)中國民族史	林惠祥	二	三·六〇	二·五二

D103(12)-26:2

中國經學史

第一篇　古之六經

六經先王之陳迹。此爲莊生所述老子之言。陳迹者。史實也。後儒六經皆史之說。蓋從是出。是故伏羲畫八卦。以通神明之德。以類萬物之情。（見易繫辭）即易之始也。制嫁娶以儷皮爲禮。（見譙周古史攷）即禮之始也。作瑟五十絃。樂名立基。一曰扶來。（見世本及孝經緯）即樂之始也。造駕辯之曲。作網罟之歌。（見王逸楚辭注及元結補樂歌）即詩之始也。（鄭玄詩譜序。謂詩之興也。諒不于上皇之世。似不信伏羲時爲有詩。然自大庭以還。又疑其有。大庭神農之別號。是亦在三皇之世也。）是易詩禮樂。三皇已肇其端矣。及黃帝時而有書契。於是左史記言。右史記事。亦有其具。事爲春秋。言爲尙書。故白虎通溯春秋之始。謂自黃帝以來。隋書經籍志溯尙書之始。謂與文字俱起。蓋五帝時六經皆有萌芽矣。三皇無文。或由書契已後。仰錄其事。若唐虞之世。則煥乎其有文章。故易詩禮樂之用尤顯。考之尙書言九江納

中國理學史

第一編　緒言

什麼叫做理學？就是從古至今一般人說的性理之學。漢人治經，專講訓詁，無所謂理學；到了兩宋時代，方纔疏明其道理，然後有理學的名稱；但以歷史的眼光觀察，應當從上古時代說起；左傳楚史倚相能讀三墳五典八索九丘，稱為良史；三墳就是三皇的書；就是伏羲神農黃帝的書。五典就是五帝的書；就是金天氏顓頊氏帝嚳氏陶唐氏有虞氏的書。八索就是八卦書；就是夏的連山商的歸藏周的周易。九丘就是九州志；就是禹貢。但是上古之事，荒略而不可考；太史公說得好：「學者多稱五帝，尚矣；然尚書獨載堯以來；而百家言黃帝，其文不雅馴，薦紳先生難言之。孔子所傳宰予問五帝德及帝繫姓，儒者或不傳。」可見引證古典，亦非容易的事；祇有尚書大禹謨所載「人心惟危；道心

中國田賦史

第一編　前論

一　田賦與國家社會之關係

甚矣，古人之輕視田賦也，陳平語漢文『陛下問決獄，責廷尉；問錢穀，責治粟內史。』（史記五六陳平世家）蓋謂宰相不必問錢穀也。黃宗羲徐漢廣墓志銘云：『夫儒者均以錢穀非所當知，徒以文字華藻給口耳之求；不顧郡邑之大利大害。』（南雷文約卷四）良以『明季士大夫，問錢穀不知，問甲兵不知，』（明史二五二贊文）故梨洲於以非之。然士人不必知錢穀，則又以黃說而具知之。

然政治家之論，亦有殊於此者。唐楊炎云：『夫財賦，邦國之大本，生民之喉命，天下理亂輕重皆由焉。是以前代歷選重臣主之，猶懼不集，往往覆敗。大計一失，則天下動搖。』（舊唐書一一八本傳）王叔文亦言

中國鹽政史

第一章 鹽制

中國鹽制，代有變更。而一代之中，或因時而屢易，或因地而各殊，紛紜複雜，誠不勝其枚舉，然歸納言之，要不外無稅、徵稅、專賣三種制度。無稅制，謂鹽爲人生日用所必需，對於吾人身體上之健康至有關係，且無他物可以代替，非惟不宜專賣，且不宜徵稅，應聽人民之自取自給；行此制者，爲三代以前及隋代唐初是也。徵稅制，謂鹽雖爲人人日用不可缺，然所需之量甚微，其負擔之加諸民者雖創痛而非深鉅，其徵收時視他稅爲簡易，而所入至豐，宜榷之以爲軍國之用。大率在產地徵收，國家徵稅以後，任民自由販運買賣，不加限制。行此制者，若夏、商、周三代秦及漢初與東漢六朝是也。專賣制，謂鹽爲大企業，不宜由商擅其利，居間剝削，應收歸國有，以國有營業代租稅，既可免資本家之專

中國法律思想史上册

第一章　導言

定義和範圍　中國法律思想史倘是一部嘗試的創作，我且大膽替牠下一個定義說：

「中國法律思想史是研究中國幾千年以來各時代所有支配法律內容全體的根本原理；同時並闡明此等根本原理在時間上的「變遷」與「發達」及其在當時和後代法律制度上所產生的影響。」

這裏所說「法律內容全體」是指整個的「中國法系」而說；著者不相信程樹德先生中國法制史所說如下的一段話是真確：

「……自晉氏失馭，天下分爲南北，於是律分南北二支：南朝劉宋南齊沿用晉律，……及陳

中國政黨史

第一章　緒言

第一節　我國政黨之產生

近代政黨之形成，實爲十九世紀立憲政治之產品。立憲政治既以多數國民之意志爲從違，則人人皆有參與政權之機會，即人人皆可要求其自己意見之實現；故政黨者，即國民各以政見，主義相結合，求實現其一定政見或主義之團體也。十九世紀以來，民主立憲政治盛行，各國政黨政治肇興。自選舉制度備，而立憲國之議員，與民主國之大總統，莫不出於政黨。選舉之始，各派務爲聯結，以增殖其勢力，反對者又恐爲其獨占也，則亦別樹一幟，遙爲抵抗，政黨之發達，靡不由此，政黨之與選

中國交通史

第一篇　先秦時代之交通

第一章　先秦交通與民族混合運動

一

先秦時代，包含夏后殷商宗周，以及春秋戰國。夏后氏以前，我們雖不敢說中國沒有交通，但夏以前的事情太渺茫難稽了，我們實無從談起。夏后氏底交通，我們雖也不敢說，能找着眞實的材料作憑藉，但古老的傳說是可供給搜尋者一些輕淡的脚印的。所以，我們談先秦交通實際也可說是談中國交通，可以從夏后氏時期開始。

中國殖民史

第一章 總論

【中國殖民之意義】 殖民一名詞，係由英德文之 colonization, kolonisation，翻譯而來，一有譯作植民者。殖民地英文作 colony，其字原為拉丁文之 colonia，而 colonia 則自 colonus（farmer, cultivator, planter or settler in a new country 之意）而來，又 colonus 則自 colo（to cultivate the ground or farm 之意）而來者。故 colonia 一字，羅馬時代用作耕地地產及定居地（farm, landed estate or settlement）之稱，其後再擴而兼作耕作者、地產者、定居者（farmer, landholder or settler）之稱。而農民與定居者意義相近，以農業為目的而遷移定居於他鄉時，則稱為 colonia 焉。此殖民字源之由來也。

中國婚姻史

第一章　婚姻範圍

易序卦云，『有天地然後有萬物，有萬物然後有男女，有男女然後有夫婦，有夫婦然後有父子，有父子然後有君臣，有君臣然後有上下，有上下然後禮義有所錯。』描寫社會進化之階段，層次劃然不紊，莫能否認。顧生民之初，男女雖有性的結合，實基於人類保種之自然法則所致，尚不得遽以夫妻名，亦不得即以婚姻論。此種兩性關係之表現，與其稱爲社會現象，無寧稱爲自然現象也。迨人類知識發展以後，男女結合漸有軌範，乃構成婚姻上之種種制度或可稱曰婚俗；於此，有男女然後始確有夫婦矣。社會學家所謂『婚姻乃經過某種儀式之男女結合，爲社會所許可者，此種制度必以社會之許可爲其特徵，到處皆然』云云是也。（註一）由社會現象更進一步，而有法律現象，對於

中國商業史

緒論

我國爲世界文明之古國，神農、黃帝之間，商業規模已備。綜計世界諸國，惟埃及開國，較我爲先；他若希伯來、腓尼基、巴比倫等，世所稱爲商業發達最早者，猶俱在我國之後；至如近世著名商業國之歐、美諸邦，當時商業，尚未萌芽，而我國今日反不能立足於商戰舞臺者，其原因有四：

一、物產之豐盈　我國地處溫帶，氣候寒燠適宜，黃河、揚子江流域，物產殷饒，人民無俟外求，力農足以自給，故中古以上，人民多老死不相往來，而競爭之念自絕。競爭爲進步之母，無競爭則無進步，此爲商業不發達之第一原因。

二、交通之阻梗　西哲有言：『水性使人通，山性使人塞。』我國多高山峻嶺，道路阻梗，古所謂

中國陶瓷史

第一章　原始時代

發明陶瓷之起源——燧人氏神農氏爲製陶之鼻祖——黃帝始設陶正之官——甯封之神話——甯封昆吾所製之器——陶器之裝飾

上古之民，穴居野處，茹毛飲血，與禽獸無異，毫無知識可言，其對於一切之努力，大都以飲食爲中心耳。食物既爲當時努力之中心，則凡對於飲食有關係者，初民必當竭盡精力以求之，於是釜甑之屬，因需要之急迫，漸有發明矣。初民，因生食之致病也，乃求熟食之方，因食物之易腐敗也，乃思久藏之法。其初，則摶土爲坯，日曬乾之，成爲土器，及神農伏羲時，則掘土爲穴灶，以火燒土，使成爲素燒（土坯乾後，未上釉藥，卽以火燒成，謂之素燒。）之陶器，用以烹飪，用以貯藏。考路史云：「燧人氏范金合土爲釜，」周書：

中國繪畫史上册

第一章　傳說時代之繪畫

自三皇五帝以至唐虞，時間約計五百四十餘年。（公曆紀元前約二九五二——二二〇九）

人類發生，既在遠古，考之歷史，固無所紀載，即今日之地質學考古學所定之時代，亦未免出於臆測。人類文化，隨生民以俱來，雖榛榛狉狉，無知無識，然以或出於游戲，或由於摹倣，或迫於實用，器物之發明漸繁，人智之發展日進，而雕刻繪畫建築等藝術，亦漸萌芽，縱無顯著之作品，詔示於後，但其孕育胚胎，樹後日藝術之基礎，固可知也。

生人之始，地質學家言約在新生代，距今自五十萬年至百萬年，其繁殖分布，形貌生活，今鮮可考知。

中國駢文史

第一章　別裁文學史與駢文

別裁文學史與文學中之別裁　別裁二字，始見於杜詩。少陵戲爲六絕句云：「未及前賢勿更疑，遞相祖述復先誰？別裁僞體親風雅，轉益多師是汝師」。讀此詩可以窺見我國詩聖對於文學上之觀念：其胸襟浩大，虛懷若谷，猶足爲今人則傚。至別裁文學，究爲何物，不可不略論及之。

別裁者，以正宗爲對象者也。作者昔時講授文學史時，學子每以正宗文學之定義相質難，當時媿無滿意之答復，今恐仍不能爲滿意之答復。姑立論曰：凡體裁雅正，氣勢高妙，一時人士所奉爲矩矱之文學作品，皆得謚爲正宗文學。異乎此者，則爲別裁。然此爲相對的而非絕對的，如初唐四傑之在當時，固爲正宗文學，不待昌黎文起八代之衰，四傑已失去其正宗地位。故杜老喟然嘆息，以爲

中國民族史上册

第一章　中國民族之分類

第一節　古今學者之分類

欲求明瞭中國各民族過去之史實不能不先理清其種族之分類。此項分類古代學者固曾提出，略舉一二則於下：

『東方曰夷，被髮文身，有不火食者矣。南方曰蠻，雕題交趾，有不火食者矣。西方曰戎，被髮衣皮，有不粒食者矣。北方曰狄，衣羽毛穴居，有不粒食者矣。』（小戴記王制篇）

『職方氏辨其邦國都鄙，四夷、八蠻、七閩、九貉、五戎、六狄之人民』（周官）

中國算學史

第一章

第一 上古期

1. 緒言 中國算學史，自遠古迄清末，可分爲五期：第一，上古期，自黄帝至周秦，約當公元前二七〇〇年，迄公元前二〇〇年；第二，中古期，自漢至隋，約當公元前二〇〇年，迄公元後六〇〇年，第三，近古期，自唐至宋元，約當公元後六〇〇年，迄一三六七年，第四，近世期，自明初至清初，約當公元後一三六七年，迄一七五〇年，第五，最近世期，自清中葉迄清末，約當公元後一七五〇年，迄一九一二年.

2. 結繩 兹先述上古算學．上古之初，未有文字，先以「結繩」爲記．易繫辭云：「上古結繩而治，後世聖人，易之以書契」．莊子胠篋篇云：「昔者容成氏，大庭氏，伯皇氏，中央氏，栗陸氏，驪畜氏，軒轅氏，赫胥氏，尊盧氏，伏羲氏，神農氏，當是時也，民結繩而用之」．莊子爲哲理學家，昧於史實，其所臚列諸氏，尚待考證，而上古已有結繩之制，則無可疑．前此日本能登駿河二

中國文化史叢書

第二輯書目預告

本叢書擬出八十種，分爲四輯，陸續發行。除第一輯二十種，業已分期出版外，茲將第二輯書目及著者預告於后：

中國目錄學史　姚名達著

中國圖書史　蔣復聰著

中國倫理學史　蔡元培著

中國政治思想史　楊幼炯著

中國地方政制史　聞鈞天著

中國經濟思想史　壽勉成著

中國經濟史　壽毅成著

中國音韻學史　張世祿著

中國曆法史　朱文鑫著

中國農業史　萬國鼎著

中國疆域沿革史　顧頡剛著

中國日本交通史　王輯五著

中國西域交通史　曾問吾著

中國地理學史　王　庸著

中國史學史　何炳松著

中華民國三十二年九月

中國文化建設問題

陳安仁著

國民圖書出版社印行

中國文化建設問題

陳安仁著

國民圖書出版社印行

中華民國三十二年九月

中國文化建設問題

目次

序

中國文化建設問題序

中華民族是偉大的，中國民族文化，是偉大的。從前者說：中國幾千年來綿延於東亞大陸，其數目之多，爲環居民族所不可及。從後者說：中國具有幾千年來之歷史文化，其文化之博大精深，又爲環居民族之文化所不可及。然而自世界交通以來，中國之文化與世界之文化比較，已瞠乎其後。近世以來，中國之民族與世界之民族比較，又多不如人。自 國父領導國民革命數十年來，革命文化，逐漸次磅礴全國，中國民族遂如大夢初醒，奮起自救；中國文化，遂踏上更生之路。抗戰軍興，由 蔣委員長之領導，從事於歷史以來所未有之神聖戰爭，而三民主義之文化，亦瀰漫全國。三民主義的文化與革命的文化，是一物而二名。三民主義的文化，一方是排除過去不良的殘餘的文化；一方是建設現代的科學的文化。由三民主義的文化，而建設中國現代的科學的文化，目前是急不容緩的。本書選集具有專門性之理論三篇：（一）爲「民族文化中心理論之認識」。（二）爲「民族本質與文化本質之相互關係」。（三）爲「從民生史的觀點論中國文化的特質」。對於三民主義的文化，三致意焉，世有賞識，其進而教之。

民國三十一年元月廿四日陳安仁序於中山大學文學院。

民族文化中心理論之認識

民族之鬥爭，要依着文化的鬥爭而並軌同馳，有了民族的鬥爭，而沒有文化的鬥爭，則民族的鬥爭，失却助力。有了文化的鬥爭，而沒有民族的鬥爭，則文化的鬥爭，失去方向。今日中國的民族奮起神聖的抗戰，在茲生死存亡絕續之交，要樹起民族戰士的旗幟，而欲樹起民族戰士的旗幟，必要樹起民族文化衛鋒的信號。

（一）

作者以爲文化而失去民族之涵義，與民族之連繫，則文化成爲空中之樓閣，可遠觀而未有實際。中國文化在上古中古時期如漢唐之世，文化皆冠絕於當時鄰居的民族，然當時的文化，不以民族爲中心，故文化隨政治力量之昇降而爲昇降；政治之權力薄弱，而文化遂隨之不振。千年來環居中國之異族，常倂力以侵奪，致元清以異民之勢力，遂隨中國之領土。中國雖經二次亡國，終能奮發有爲，光復故國，不能不說在歷史上受了中國文化淵源之所賜。然在敎育上，學術上，思想上，不以民族文化爲中心的政策，以民族之品質，不能與時改進，民族之生命，不能與時擴展，民族缺少自尊心與自信力，而自私性，保守性，渙散性，又復潛伏於民族之本身，未能成爲一獨立自尊之偉大民族，遂招致外敵的侵侮；而今爲民族更生的時代，不能不揭櫫大義，以爲號召，所以期民族之能起死回生，出九淵而升諸九天也。三民主義，以民族主義爲首，並以民族之自由獨立爲目的。一方爲民族本質之改進，一方爲民族物質之建立，一方爲民族生存地位之確定，而所以能達到目的者，以「民族文化」爲手段，爲方法，而民族文化乃以民族主義爲核心，此其一。

（之二）

民族文化，所以提揭民族復興之力量，而又集中其力量者。民族復興之力量，非是復古，復古是把民族之力量而衰老之，漢唐之。復興，是光復民族本身之光榮時代，一激發組織之力量，達到獨立自由之指標，創造一新生時代光榮境地之謂也。民族文化以[illegible]的，而又以此爲手段爲方法，開發民族本身之力量，而以文化爲精食糧，爲此的生活素，使民族常少壯而不衰老，常進取而不退抑，常創造而不保守，常主動而不被動，以此能集中其力量，而無堅不摧也。歐洲近代文化，在人類文明史上發見其光輝，表而來觀，如培根之發表科學方法，牛頓之發明萬有引力，一七六四年哈格里佛士，發明汽機，一七九二年運特尼氏之發明棉札機，一八〇四年道爾頓氏之創原子論，一八〇七年富爾頓氏之實用汽船，一八九五年樂琴氏之發明愛克斯光線，一九〇三年來特氏之製成飛機飛船等……不可以一一數，論者歸功於科學文化之創造，其說似也。然而一二百年來，歐洲各國民族本身之爭進奮發，給以民族最大之努力，而爲民族熱烈之復興運動，所以大日耳曼主義，大士拉夫主義，大不列顛主義，爲其文化激進之生活素，而使民族本身噴發其萬丈之熱力，而集中其力量，以資爲民族之復興與文化之復興。換言之：歐美之所以在二十世紀而突進於新生時代，乃以民族文化爲其內燃機也，此其二。

（三）

民族文化，是具有獨立性的，民族失却獨立性，則民族不成其爲民族；文化失却獨立性，則文化不成其爲文化。民族能獨立，則文化才可獨立起來；文化能獨立，則民族才可獨立起來。故民族與文化，成爲不可解之緣，有成爲單一名詞的趨勢，一個民族之復興運動，由於歷史文化的陶冶薰染，深入於民族的心靈，而後可以成爲偉業；否則民族被征服了，征服的民族，對於被征服的民族，往往以民族文化的權威，消滅他民族的文化特徵，使失去民族的警覺性。當德國略取亞爾薩斯羅蘭時，在小學校中，禁止敎習法語，在社會上禁止法報之發行，禁止法國的服飾，禁止法國游歷者之入境，第一次世界戰後，法國收回兩省，也採同一之手段，對付德人。羅馬尼亞人，在濟白羅苯

（DOBRUDJA）的地方，雖佔人口僅十分之一，然羅馬尼亞政府，竟封閉二百以上的保加利亞學校，而採羅馬尼亞化的政策。推而溯之，日寇之奪朝鮮，台灣及東北四省，無一不以文化之力量，而傾覆被征服者的民族文化。我們知道失去獨立性的民族，他的文化，也同時失去獨立性，因此民族之本身，喪失自覺的意識，而文化亦黯淡無光，甚或湮沉歷史；故民族文化之提倡，乃所以高舉獨立的旗幟，樹民族於堅強不拔之基礎者也。國父曾說過：「觀中國歷史上之所示，則知中國民族有獨立性質與能力，其與他民族相遇，或和平而相安，或狎習而與之同化；其在政治不修及軍事廢弛之時，雖不免暫受他民族之蹂躪與宰制，然卒能以力勝之。觀於蒙古宰制中國，垂一百年，明太祖終能率天下豪傑之士，以光復故國，則知滿洲之宰制中國，中國終能驅除之；蓋民族思想，實吾先民所遺留，初無待於外鑠者也」。（見中國革命史）民族文化，所以呵護民族之意識，而培育長大之，而達到民族獨立之鵠的者，此其三。

中國文化建設問題

彥

（四）

民族文化，是具有戰鬥性的，民族文化，非是依仰俛仰，阿媚取容，化百鍊之鋼，為繞指之柔者。民族文化，是具有冰霜凜然不可侵犯之態度的。他對於戰爭，是讚頌的；對於苦鬥，是謳歌的。漢初之匈奴，控弦之士三十萬，梟雄絕世，於文景之世，屢為邊患，武帝能戰勝環境，克服困難，遂大張撻伐，收復河南河右地，且斷匈奴右臂，使匈奴不能南下而牧馬，漢族文化，因此遂宣揚於西域。希臘在紀元前四世紀之間，為彈敵波斯三次侵略，希臘之斯巴達王尼阿利達斯（LEONIDAS）統五千餘人抗波斯軍三十餘萬，為波斯軍前後夾攻，全軍壯烈殉國，其後波斯大將，又侵希臘之士巴達與雅典，戰於布拉的（PLATOED），波斯軍全數傾覆，由是雅典文化，成為西洋文化發達的淵源。第一次歐戰德軍圍攻凡爾登時，法國國勢之危急，為歷史上所未有，而瑪因河最後一役，德國名將魯登道夫，傾全軍以攻略，法國聯軍總帥福煦，計行反攻，是役血，且登將軍之選全國教師，並下級軍官，須隸兵士，並將凡爾登要塞，以致德國半年總攻三次，卒不能下，於是德得「凡爾登教師」之無上美名。可知民族文化，是具有戰鬥性，表現天上地下惟我獨尊的氣概者。反觀史乘，晉代老莊之學盛行，棄其精神，取其糟粕，士大夫之間，主放任，尚清談，而民俗之浮奢，氣節之墮落，尤爲此時特色，加以玄理丹鼎符籙占驗之風盛極一時，而消極思想，彌漫其間，遂貽積柔懦弱之弊，此五胡十六國之亂，所以日深也。故民族文化之運動與高揚，所以排除民族之消極性，而提倡前進之戰鬥性的，此其四。

民族文化，是具有創造性的。不是保守的，固執的，因襲的，而是創造的。中國民族之社會習慣，是謳歌古代之黃金世界的，是崇拜古代之英雄豪傑的，是墨守幾千年之傳統的。然幾千年來在文化之創作中，亦有許多之表現，而不可以抹煞。春秋戰國之世，百家爭鳴，學術思想，以創造而發揮精□。秦代長城之建築，爲世界偉大工程之一，建築，以創造而見稱於世。又張衡，研覈陰陽，作渾天儀，候風地動儀，唐鄭□，李淳，蘇相[illegible]郎雅光，先後繼映，天文，以創造而顯著[illegible]。當歐洲黑暗時期，我國印刷術，已有萌芽，唐末益州已有墨版，五代之際，印刷術大盛，文明利器，由創造而流入歐洲。火藥發明，我國最古，魏勝創砲車火石，已始於十世紀中葉，軍火利器，以創造而傳播歐陸。降及近世紀以來，民族以受異族之統制，而文化陷入於宛靡不振，於是祇見歐美科學之昌明，而我國遂瞠乎其後，此提倡「民族文化」迎頭趕上，發揚固有之文化，極力吸收歐美文化創造世界共進之文化，此誠民族再生之轉捩點。

二十世紀以來，歐美文化之特色，更爲彰著，一九一〇年得普里斯之蛻變論，一九〇三年，剌得福的鐳射氣，一九〇三年來得的最早的飛機，一九〇五年愛因斯坦的特別相對論，一九〇五年的維他命，一九〇七年最初之無線電，一九〇八年原子論的證實，一九〇八年諾可斯基的空間和時間之統一論，一九〇九年彌立根對於電子的測量，一九一〇年居禮對於鐳的說數，一九一五年愛因斯坦的普通相對論，一九二〇年發光量的測量，一九二三年愛因斯坦光的曲折的證實，一九二四年分光論的證實，一九二五年彌立根對於光線之研究，諸如此類，不妨縷指，試問在科學的舞台，我們國家民族之所貢獻若如何？我們民族之所創造者如何？民族文化是具有創造性的，表見歷史上之文化創造價值而光大之，與歐美並駕齊驅，此其五。

（五）

民族文化，是繼續數千年來之傳統文化精神的。中國傳統文化精神，即是指優良文化之價值而言，此優良文化的價值，即是中國幾千年來民族對外的不屈服精神。此種對外不屈服之精神，是中國民族立國之精神，東晉以前歷史對外爭持，東晉以後中國陷於外族之侵凌者，幾三百年，然三百年以後，民族崛起而爲隋唐之興盛時代。隋唐興盛過去之後，由天寶到五代的八百年間，外族擾亂中國，不久有宋太祖起來統一中國。宋代東北與西北受異民族之包圍進侵，繼之蒙古族之勢力控制中國，差不多有一百年，不久又有明太祖領導中國民族，抵禦外族的逆襲。明代末年，滿族長驅中國，垂三百年，末年寬着神之帝國勢力，更有猶不浴自之勢。中國民族繼續在爭扎之苦鬥中。此種對異族不顧屈服之傳統文化精神，是民族之遺寶，是文化之遺寶。這民族文化之遺寶，要繼續不斷而光大的。此其六。

民族文化是以中國優良民族性為基礎的。中國優良之民性是什麼？一個民族有其優良之民族性，而後足以立國於大地。沒有深厚優良之民性，此盡民族不能與自然界爭扎，不能與外族爭扎。中國優良之民族性，是刻苦，是耐勞，是堅忍，是樸實，是節儉。此種民族性數千年來植基之厚，培育之深，固足與世界各國强盛之民族比較而沒有遜色。故民族文化，以培養此優良之民族性有以發展之，光大之。一方以文化之力量，克服不良之民族氣質。一方以文化之力量，陶冶民族之優良氣質，使全民族之發奮向上，養成泱泱大國之風氣，養大至剛之正氣，而後中國民族能與世界共其悠久，不可以摧毀也。此其七。

民族文化是以團結國內其他之特族，造成統一之中華民族而水乳相融的，中國漢族之外，有滿蒙回藏苗傜獞儸及其他雜系的特族，此等特族或以地理環境而表示其特異之風俗習慣，此因文化落後之民族，地理之間隔，教育之不振，有以致之，此文化落後之民族，理應以民族文化統一之力量而同化之，教導之，使能與漢族一致匯流，得到同化純一之中華民族。此同化純一之中華民族，以民族之新氣質，新力量，新生命，而調合之，而完成為中國偉大之民族，立國於世界，成為民族復興文化復興之源流。此其八。

民族文化，是與偉大時代相配合的。民族文化，不是向復古文化，保守文化，而造成一古董之氣息，而是與大時代相配合，與時代進展之車輪相并馳的，今日偉大的時代，是中華民族之再生運動，完成中華民族再生運動之偉大工作；一方是抗戰，一方建國，民族文化，一方是抗戰文化，又可說是國防文化；一方是建國文化，又可說是科學文化，沒有國防文化，則民族文化，沒有力量，沒有科學文化，則民族文化，沒有實質。沒有力量沒有實質之民族文化，則民族文化，失却意義，失却精神。而民族文化不成其為民族文化也。民族文化，是與偉大時代相配合的。偉大時代是以中華之血與汗相配合的。運用民族之血，培育民族文化之成果。此其九。

民族文化是以民衆爲基礎。民族文化，不能脫離大多數的民衆；大多數的民衆，是結成統一民族的基點，民族之向上奮發，全賴大多數的民衆爲骨幹，失却大多數的民衆，則民族沒有基礎；失却推廣大多數的民衆文化，則民族文化，也沒有基礎。故民衆文化水準之提高，與民衆智識之學術化，誠民族文化設施之一個重要對象。此其十。

（六）

民族文化，以建立三民主義之現代國家爲目的的。其一，要具有文化之中心政策。如蘇俄以完成其社會主義的國家爲中心政策，義大利以建設法西斯主義國家爲中心政策，吾國宜以建立三民主義國家爲中心政策，舍此外，不有其他主義之中心政策。其二，文化之推廣，以全民爲中心對象，全國之民衆，人人有受教育之機會。其三，文化之實施，以生產教育爲方法，掃除過去不切實際不能生產之教育。其四，文化水準之提高，極力避免多設研究科學之機關，糾正過去偏於少數人研究機關之弊。其五，文化之均衡發展，使純粹科學，與應用科學，人文科學，與自然科學，能並軌兼進。其六。積極推進文化實施之訓導綱領：(一)訓練全國青年，服務於前方後方，增加抗戰力量，(二)適應抗戰，養成各種專門技術，分配於戰區非戰區。(三)改訂教導之教材，適合於戰時教程。(四)注重國民道德之訓練，提供研究學術科學之種種設備。其七，文化之改進，為全體的，一致的，將軍事、政治、經濟、道德、思想、宗教、藝術、文學、哲學、法律等，力圖更新，以適應民族生存有為標準。民族文化必如上述之設施，然後足以適應抗戰建國之進行，然後足以保障民族生存之地位，然後足建立民族更生之命運。此其十一。民族文化所包涵之獨立性，戰鬥性，創造性，而表現於另一方式，即是革命的類型。換言之：民族文化是具有革命之機能與效用者，革命是一個歷史與時代的變動，而民族文化，是積時代與歷史的革新的工具。是故民族的文化，能與革命的實踐力行，而後文化復興之大道，可以達到。蔣總裁於力行哲學演講中言及：「如果有了民族精神，即使國家滅亡，也可復興起來，所以我們不怕日本人怎樣侵略，只怕我們自己沒有民族精神。「民族精神，即民族之挽救，只有此唯一的生路。

（原載民國三十年四月六日中山日報星期專論）

二　民族本質與文化本質之相互關係

（一）

民族本質之意義，即是說明一個民族之品質才能力量，在民族行爲上活動上表現者如何？文化本質之意義，即是說明一個民族之品質才能力量，表現於創作上的文化形態與文化質性者爲如何？在這意義弄清楚，而後民族本質與文化本質之相互關係，才可以說明。人類學家威士拉(Blark Wissler)曾說：「一切混合組成文化之物，自身都是內在行爲之表現發展，或者是部分之修整」。法國歷史家及政治家居佐(Guizot)曾論及：「文化即是暗示進步觀念，及增進人民生活之觀念」。所謂內在行爲之表現發展，當然是指個人的創造力量而言；在集體方面是一個民族之創造力量而言。美國愛爾活(Bharles Aellwood) 在其所著文化進化論第一章論及：「如果我們要了解人類生活的性質，及其可能的發展，即了解他起源方向和命運等；那末，我們必須了解這個文化的特殊界素，和支配人生前途的發展」。這是說明文化質素和力量影響於人類生活者爲如何。我們知道民族之本質力量，與文化之本質力量，是互相爲因，是互相爲果的。有時由前一種爲主動力量，而後一種爲被動力量；有時後一種爲主動力量，而前一種爲被動力量。重視前一種力量，而忽視後一種力量不可，單說一種力量，而抹煞其他一種力量，也不可。

（二）

舊的歷史家文化史家，都是按着個人的動機，來判斷文化歷史的。他們以爲決定文化爲歷史發展的，是那些偉大人物個人的力量和企圖；不錯，偉大人物個人的力量，他對於歷史發展文化發展，有相當的力量，但在實際上某些傑出的人物，他本身的力量，是大部分由民族全體的力量促進的，或整個民族生活所要求而推動他決定的意志，發動他個人的力量的。由民族全體的意識，促進個人的意識，由民族全體的生活，促進個人的生活」，蓋就個人的品質言：大部分，也爲民族的本質所決定也。恩格斯在「費爾巴哈論」中曾指出：「在歷史人物動機的背後，自覺地，總隱藏着一種動力，這動力，也許是歷史的眞正的基本的動力，其意義却不是指個人的動機，而是指推動廣大羣衆的力量」。所謂推動廣大羣衆力量者，是由整個民族的意志，與民族的意識。但是恩格斯此說，爲一般唯物思想家誤解，以爲全由於社會經濟的發展也。翻開中國歷史來看，表面上我們看見許多個人的活動，或歷史帝王個人的發動。在歷史上，我們看見許多偉大人物，這許多偉大人物，他有特別的天才與能力，爲一個時代的領導，然他不能脫離羣衆的偉大力量爲基礎。先說秦始皇罷，史記說「秦已幷天下，乃使蒙恬將三十萬衆，北逐戎狄，收河南，築長城，因地形，用險制塞」。有秦一代的武功，表現於對外的抗戰，而此種武功，不全屬於秦皇蒙恬，而屬於數十萬衆外攘夷狄之民族意識所推動。漢武先平東甌、閩越、南越，繼平西南夷及匈奴，衞青，霍去病李廣利等之出師征討，亦賴有數十萬衆爲之前驅，威宣西域，國勢外振，何莫非民族意識爲之推動。我們不能否認個人對歷史表演的偉大作用，但也不能否認民族全體力量，對歷史發展文化推動的偉大作用。

（三）

人類歷史文化的發展，實具有一般的法則的，這發展的法則，是具有相同之類性的。然各民族和國家之發展條件與空間時間之差異，常給以各民族不相同的特殊性，所以歷史文化的一般形態，固然要從一般的發展法則為前提，但只是理解世界人類歷史的一般規律性，而忽略一個國家一個民族的特殊性，是不能把握一個民族一個國家的本質的。所以我的斷案，民族本質之特殊性，與文化本質之特殊性，要從一般之規律性而分開研究，但也要從一般的法則而統一探究。從統一的探究中，不忘其異；從異的特殊性中，不忘其同。各民族之歷史文化中，有其具體的內容，此具體的內容中，是與世界各國之歷史文化有相異的；所以一國有一國的主義，一民族有一民族的文化；以他一國一民族之主義之文化，而要自己國家全部仿行，而不加以更改，是不可的。列寧曾說過：「在全部世界史底發展的一般規律性之下，絕未排除特殊；而是相反的，要求各個發展階級，樣着表現着這種發展底形式，或次序的特殊情況。」尊崇列寧主義的人，忘記列寧此說，而硬欲施行他國的主義於中國，是不可的。因此共產主義，有共產主義之特殊性；法西斯主義，有法西斯主義之特殊性；三民主義，有三民主義之特殊性，在世界文化史發展之一般規律性之下，有其相異發展之具體內容，有其自爲適應之配備條件，而不能張冠李戴也。但人類歷史的發展，也不能離了世界一般的發展法則，從一個國家一個民族之特殊形態中，在文化方面，可以互相交通，互相推進，互相吸收，而適應世界的普遍性。三民主義不但適應於中國本國，而且隨大同世界之最高理想之一般法則而推動。故三民主義從特殊性之看法，是適應於本國之民族性，文化性，特殊性，而從世界大同之全體性看法，是適應於將來人類歷史之最高理想。

(四)

民族本質之昇華作用，發生於民族之自覺。歐洲中世紀末期，起了民族之自覺運動。英法百年戰爭，引起民族之自覺性，英國與西班牙之戰爭，英國女皇伊利沙伯，雖保護新敎，迫害舊敎，而英國多數舊敎徒，受了民族觀念之推動，與保護舊敎之西班牙王腓立二世戰。德國受拿破侖之侵略，德國哲學家費希特以國民之真摯感情，而提起民族之自覺意識。十九世紀後半期，歐洲政治史上最大史實，是德意志及意大利之統一成功，此統一成功的歷史，就是民族自覺運動的實例。民族與種族，是有相互之關係，影響民族形式自然因素之一是種族，若由種族爲因素之觀點觀察民族，民族是血統團體，凡構成一民族的各員，大都屬於同一之種族，如說德意志民族，屬於頓種族，法蘭西民族，屬於拉丁種族，俄羅斯民族，屬於士拉夫種族。歷史上之種族，不外指在歷史之歷程上或征服或移住或雜婚，及自然的社會的，成了混交融合的種族而言。純粹之種族，是指身體方面之特色而言。種族在民族各條件中，有相反之兩種學說：（一）輕視種族因對民性之影響；（二）極重視此種影響。第一派論者，注意民族文化的因素，認民族依社會及遺傳陶冶成的，以爲各人種或種族，在能力上本來具若平等的，素質並無軒輊，至其差異，是由社會環境作用的結果，這學說是英國洛克（Locke）穆勒（Mill）等自由主義者，人道主義者，以及法國涂爾幹（Durkheim）輩社會論者所倡導，在法國隨革命以來自由平等思想，主張個人平等，人種均等，不承認人種及種族先天之差別，主張民族是歷史上之產物是文化的結果。第二派，是信人種有先天的差別，而主張人種先天有優劣的一派，如哥賓諾（J.A.Gobineau）與其徒何思頓（Heston）張伯倫（Cham-berlain）以及其他泛德意志者之主張。我們知道法蘭西民族，由十五個種族混合所組成，西班牙民族，由六個種族混合所組成；英國民族由四個種族混合所組成。無論何種民族，純粹立在人種之基礎上是很少的。民族之本質，除民族性質一意義而外，就是民族意識，民族意識，是一個觀念力的時候，不能不認民族是文化的產物，是社會環境的產物，民族之自動運動，是民族意識之自覺運動，又是民族本質之昇華作用。失却它一個民族之本身，是不能建立的。共同之語言文字，與種族之血緣關係是一樣，可算爲構成民族之一個要素。姻緣極遠之巴威住民，和東普魯士住民中間，因爲使用共同之言語，乃鞏固他們同類之共同感情。缺之種族類似及地理統一之北部意大利人，和南部之意大利人，因用意大利文化結晶之共同標準語，也結合他們之共同意識。一個民族之共同文化，且把言語的效果擴充，而延續到後代，依共同文字織成的共同傳說及詩歌，表現的各時代之回憶，對民族的傳統，起深刻的作用，且常形成其主要之內容。所以民族意識之自覺運動，與民族本質之昇華作用，從言語文字之契機，而堅强其意識。宗教也爲民族意識表現之一要素，波蘭之民族，是以加特力教結合其共同意識的。一九一九年巴黎會議中，以立陶宛及白俄羅斯地方的住民，是加特力教，要求併入領土，印度之回教徒與印度教徒，常因宗教之情感，而積不相能，甘地於一九二九年以後，常致力於兩教徒之融合運動。德國之新舊教徒與法國之新舊教徒，平日因宗教的隔膜，而表分歧，惟因民族意識之高强而結合。同一宗教，常可加強民族之結合力。民族主義第一講說：「宗教在造成民族的力量中也很雄大，像阿喇伯和猶太兩國，已經亡了許久，但是阿喇伯和猶太人，至今還是存在；他們國雖亡，而民族所以能夠存在的道理，就是因為各有各的宗教」。我國宗教，素不一致，平日已無純一的宗教，以統一民族的意志，故當以民族主義，以增強民族的意識，以民族的文化，結合民族的心理，使民族的自覺運動，可以達到昇華的作用。政治之統一，是文化之作用，為民族結合之必要條件，瑞士最初以三州為中心，而建立共同之獨立政府，逐漸以結合其他各州市，在特殊之聯邦組織下，經歷共同之政治生活，撈出濃厚之共同感情。用德語之阿爾薩斯族，被路易十四以政治力合併後，與法蘭西國民，完全同化，及一八七一年，為德國割讓，起極熾烈之民族感情的熱潮。政治之統一力量，是文化力量之表現，所以文化與政治的力量，常可促民族意識之結合而起自覺的運動，及民族本質之昇華作用。一個民族之本質，從文化之力量，而可以表現其精神作用，如A民族集團的心理組織，有a的形態，其精神作用，有1a2a3a的類似。B

民族的集團心理，有ㄅ的形態，有ㄅ的特徵，其心理活動有1ㄅ2ㄅ3ㄅ相類似的性質，我們看一個民族集團，從文化上起了精神的作用，他可以由藝術達到於團結，由偷安苟且，而達到於努力奮鬥，由自利自私進到於犧牲冒險，就是這個昇華的作用。

（三）民族本質與文化本質，常起相互之作用。有時本族之本質，可影響文化之本質，希臘民族有稱為希利尼人（Helene），內分多利亞人（Dorians），愛奧尼亞（Ionians）歐烏利亞（Oeolians）人，希臘三面臨海，島嶼星羅，國內多山，小邦分立，雖地理環境，適於互相競爭，惟人民有共通之明徵特性，加以血統相同，宗教相同，言語文字相同，故能發揮他文化的特質。希臘當文化全盛時期，在倫理派，有蘇格拉底，柏拉圖，亞里士多德等，發表人生之哲理。物質學派，有他利斯，（Thales）主唯物論，埃理亞（Elatic）主唯心論，畢他哥拉斯（Pythagoras）倡地圓說，地球旋轉說，恩皮狄克利（EmPedecles）倡進化論，狄摩里泰(Demoritus)立原子論。在科學上，醫學有希波格拉第(Hippocrates)爲刀圭術之祖(曾遊學巴比崙埃及)，創立醫學校，爲近世醫學校之起源。天文地理學，有歐特實西(Fudenis)，輸入埃及曆法，希拉克雷(Herakloihs)創地球自轉說，數理說，有歐幾里德(Fuclid)所著之幾何原理，阿基米德(Archimedes)著之幾何力學書，亞里士多德著之博物學。在藝術上，因希臘民族之天性優秀好美，能採取外國美術品之特長，國民得自由，能發展其美術性，所以在文化上表現之特點，(一)外觀美麗，(二)式樣新奇，(三)思想優雅，建築雕刻，更有可觀。羅馬文化，與希臘文化之特質不同，這由於希臘民族之本質與羅馬人之特質不同之故，若說希臘民族性優美，則羅馬民族性偉大；希臘民族重自由，羅馬民族重約束；希臘民族重進步，羅馬民族重實踐重紀律。羅馬民族，有拉丁人(Lotins)與希立薩賓人(Umpro-Sabellias)，他們之性勇敢好戰，生活質樸，集古代諸國民族性之特長，而文化亦是兼取拉丁希臘東方諸國之衆長而有之。牠的版圖內分三部，拉丁文化行於大西洋沿岸，希臘文化，行於地中海沿岸，東方文化行於多腦及來因河內域，而以希臘文化爲中樞，史家稱：「羅馬爲希臘文化之傳播者」語雖如此，然在羅馬文化之根本精神，在於尙法尙公也。羅馬在紀元前四五〇年，已有十二銅標法，羅馬法律所以發達之原因：（一）羅馬市及各州奉行法律極力。（二）歷代帝王之創製法律。（三）法家輩出。（四）領土廣大不得不討論統治之道。（五）社會制度，注重秩序。就羅馬吸收模仿希臘文化之特質而言之；則中國上古文化與希臘羅馬之上古文化其比較不同之點如下：（一）中國注重政治社會之發展，而希臘羅馬注重城市社會之發展。（二）中國注重神權思想之發展，而希臘羅馬注重哲理之發展。（三）中國注重玄學之發展，而希臘羅馬注重科學之發展。（四）中國注重道術之發展，而希臘羅馬注重美術之發展。（五）中國注重自然界之調和與欣賞，而希臘羅馬注重自然界之觀察與駕御。東方民族之性質，與西方民族之性質，有多少之差別，斯其文化，亦產生多少不同之特點也。

我們又看德國的民族，牠的民族性表現傳統的觀念極深，所以注重血統，注重感情，表示民族的自尊性，自信力，因此，在文化上認爲德國的文化高出其他民族文化之上，尼來哲學中超人的意志，完成德意志民族的獨立性，頑强性，此外，他們非常看重權力，因爲看重權力，所以非常注重組織與紀律，因而形成强有力之國家中心論，爲文化發展之標的，而期望完成第三帝國也。英吉利民族，生存於海外孤島，養成他獨立的特性，有這獨立性，所以表現個人主義，在教育上注重個性的發展，含有强烈自我不退讓的精神，他們雖孤懸海外，但有其統一性，有强固之組織力，能啓發合作的精神，每個人有團體犧牲的決心，因而形成民族共同的典型，成爲政治集中中央集權的國家。加以受海洋的恩賜，交通便利，商業繁榮，海外財富之爭取，更增加海上商權與海上霸權的發展，所以在文化上，養成統治世界領導世界的特質。片明(G. Le Bon)將英人比諸羅馬人，兩個民族有共同的精神，即是相信自己的實力與偉大。太納(H. Taine)說及：「在英人的心目中，只有他們的文化，是合理的，別的宗教與倫理，都是錯誤的。」這是表現英吉利民族之自尊性，與他的文化特質，是有重大的影響的。俄國的民族性，有堅强之忍耐性，能受任何的痛苦，一方表現服從，不能忍受痛苦時，就發表暴動與强烈之抵抗。

有説他的民族性含有神祕性的宗教的，所以有熱烈的情感，樸實的行動，實用的精神。俄人探討理論，其目的乃在行動；着重現實，深信證明，較量與計算；在思想演變上，着重於馬克斯的觀念論；在實踐上，着重於共產主義不妥協的行動；在文藝上，表現沉悶悲觀執着的民族個性，而暴露俄國帝政時代之虐政。如一八四二年哥哥爾（Gogol）之死靈魂，一八四五年多思防以維士基(Dostoievsky)之窮人，一八五二年屠格涅夫(Tourgueniev)之獵人日記，其著然者。從上引述可知民族本質與文化本質之相互關係也。

（六）

中國民族之本質與文化之本質，亦有相互之影響。國家之强弱，文化之盛衰，常受民族本質之影響，歐美人有歐美人的民族性，印度人有印度人的民族性，中國人有中國人的民族性。各民族承其本國幾千百年先哲文化遺澤，社會及自然之環境，以養成其特殊之性質，又由此特殊之性質，以胎結其特殊之文化。任何民族之性質，新與舊兼而有然，即在文化高揚時代，暗中亦可隱藏原始時代之信仰與禮俗。環境之物質因素，（爲形勢，疆域，土質，富源，氣候。）並非直接施力量於人類之身體，乃間接影響於人類之精神，而爲造成其行爲的動機。環境之土地因素及氣候，可以支配民族質性，而爲民族性發展的特殊因素，此爲 Ratzel 之主張。希臘翁波卡拉狄士（Hippocrates）及亞里士多德諸賢，以爲民族性質之不相同，應歸於地理環境之不同，尤須注意其氣候之各異。倫克爾（Buckle）於其所著英倫之文明史第二章，提出自然界之因素，如何影響人類之思想力與智力，並舉例謂印度之自然環境，令人生畏，是以印度人之冥想暴發，宗教熱情備興；希臘之環境，簡潔溫柔，是以其智力達於高度。我們知道中國民族各就地理的環境，以形成略爲殊異的性質，演生略爲殊異的文化，據地理分布狀況分析之，可分爲三大派：（甲）黃河流域的。黃河流域，氣候較寒，雨量復少。水旱爲災，時有饑饉，人民身體壯健，性情直爽，任俠好義之風，古來素著。（乙）揚子江流域的。揚子江流域，氣候温和，雨量豐足，物產豐饒，蠶桑絲茶之利，甲於全國，俗尙奢華，性嗜文蠻。(丙)珠江西江流域的。 珠江西江流域，位置益南，氣候愈暖，雨量愈豐，人民性情，較活浮動，惟具進取的精神。但就中國普通的大陸地帶言之，其民族性質，亦有相同之點，此相同之民族性質，有優劣之點，而影響於文化者甚大。德人溫德說：「向來沒有不加蓋民族印號的文化。」即此意也，就中國民族性之優點方面說：(甲)勤儉的性質。中國民族具有勤儉的性質，惟勤，故注重實際的生活，以保存目前經濟自足為目的。惟儉，故對於踵事增華，在所排斥。社會之教訓信條，注重養成此種德性，以此種德性的充實，為人格的標準。(乙)和平的性質。中國民族，帶有大陸泱泱大風的包容態度，素來主張以德服人，不主張以力服人，此性之發展，可以相容許多環住的民族，尚王道而不尚霸道。(丙)忠孝的性質。中國民族，提倡忠孝兩德，根於民族稱天性，遂形成日常的生活。歷史上之哲人提倡孝道，視孝為社會倫理之最高文化。提倡忠義，以忠義為維繫社會之根本信條。以忠孝為道德生活人性完美的表現，影響於文化者殊深，所以內中夏而外夷狄，為民族思想之本質，攘夷以免披髮左衽，為歷史上所稱道。宋朝之一，戰敗不屈，而願沉淪荒島者，多至十數萬人；元清兩代，竊踞中國，卒能致力於君父之仇，而光復故物也。(丁)中庸的性質。中國民族以「中」爲應事接物之法則，凡事以過無不及，爲量度的標準。在政治上，調和於治人治法之間。在法制上，折衷於禮教刑政之義。在生活上，調劑物質生活與精神生活。在國際上，平衡于揖讓征誅之局。在行動上表現樂天安命，缺少積極冒險之舉。在生產上，形成農業安分守己之態度，而缺少工商業進取發放之態度。根據此種民族性之特點，形成其文化之歸趨，而與西洋文化不同者如下：

(甲)中國文化：
(一)注重順應自然
(二)尚禮讓
(三)尚和平
(四)樂天安命

(乙)西洋文化：
(一)注重征服自然
(二)尚競爭
(三)尚戰爭
(四)勝天非命

（五）重格心	（五）重格物
（六）重達觀	（六）重樂觀
（七）重情	（七）重知
（八）重保守	（八）重進步
（九）重中庸	（九）重積極
（十）重一己	（十）重國家
（十一）重家族	（十一）重社會
（十二）重因襲	（十二）重創造
（十三）重理論	（十三）重實驗
（十四）重唯心	（十四）重唯物
（十五）重人治	（十五）重法治
（十六）重制欲	（十六）重順欲

(十七)重儉約	(十七)重豪奢
(十八)重善	(十八)重眞
(十九)重未來	(十九)重現在
(二十)重防禦	(二十)重侵略
(廿一)重王道	(廿一)重霸道
(廿二)傾向多神	(廿二)傾向一神與無神
(廿三)重潛藏自我	(廿三)重表示自我
(廿四)重人生哲學	(廿四)重人類科學
(廿五)重農業	(廿五)重工商業

以上中國文化，與西洋文化之比較，中國文化，固有許多是落後的，然中國文化向有其特點，當闡發而光大之，以期世界文化交流而並進的：(1)中國家族倫理，注重親親孝悌之道，表見家族純穆之風。(2)中國民族，對於正誼明道之道德精神，極爲重

視。（3）中國社會，極重視信約與寬恕待人之道，故雖沒有嚴密的組織，仍能保持生存的地位。（4）中國之人生哲學思想，注重為仁與做人的道理，而建立與天地並立的自尊人格。（5）中國之政治哲學，由內部之生活，擴張到外部的生活，由誠意正心修身，以擴張至治國平天下。（6）中國之文學詩歌音樂字書雕刻陶冶諸美術，仍能發揮其特性，可立足於世界文化之林。（7）在文化精神上，具有民族意識之醱酵素，而表現民族自求生存的觀念。（8）中國民族願與世界民族共存共榮之永久和平精神。（帝國主義之侵略民族除外）。至西方文化之偏向發展，太顧重肉而不顧重靈，太顧重物質而不顧重精神，偏於縱慾主義權力主義，而釀成資本主義之掠奪政策，帝國主義之侵略政策，發為戰爭之爆烈性，皆其缺點，所以西洋文化應以中國文化調劑之，或水乳交融，而共同致力於世界新文化之創造也。

（七）

民族變質與文化變質之相互關係。我們知道民族的性質，可以因環境之改變或時代之促進，文化之變遷而改易的。文化的形態與質量，也可以因環境之改變，時代之促進，民質之變遷而改易的。愛爾烏德（Ellwood）說：「文化是一種過程，由此過程，人類的精神原素，不僅逐漸變更物質環境，而且逐漸變更人類自身，牠實在是一種從物質中建築人類世界之過程，這種物質，由自然界所供給，他方而是由有機進化所形成的人性來供給」。「文化進化，像一切進化一樣，都是創造的，牠是一種由簡單變成複雜的過程，牠是一種擴張的過程，起於有機進化，和地理環境所供給的物質，而建築人類世界，向着我們此刻才開始看見的目標前進。」根據諸說，我引伸說：民族之變質，可以影響文化之變質，文化之變質，可以影響民族之變質的。換句說：民族之發展過程，與文化之發展過程，是互相為因，互相為果的。我對於文化之發展自來不主張一元說，而主張多元之交互作用說，何以故，因一元說，不足以解釋文化之全般體相也。譬方：（一）環境說，以環境可以供給了文化結構的建築，以許多的材料，但未不供給建築師的計劃，同一環境，常有不相同的文化者有之，劍橋大學教授哈登（A.C.Hadden）於人類之種族一書有說：「某民族之文化，全是根據於他們生活之方式，或是根據地理之環境。」其言有一面的道理，而不足爲全部的信論。今之人種學者，人類學者，認定世界卑下之民族，爲澳大利亞人（始Spencer.Herbert之說）予遊澳洲及南太平洋各羣島，其地理環境甚佳，動植物之資源甚富，何以英吉利人移殖而文化煥然改觀，而澳洲土民有此優良之環境，而不能改進呢？（二）種族說，文化的特質，由於種族的遺存而決定，此說似也，但種族遺傳的天賦，可以爲文化發展很好的條件，而不足爲全部的決定，倘種族而不能根據較好的環境，則雖有巧婦，難爲無米之炊也。（三）心理模仿說，如初民石器之製造，是偶然的事情，已被知道。則輾轉從而模仿，並由模仿過程而傳播。隋朝時代中國有一部之智識分子，因逃避國內戰爭而到日本，引起日人之模仿。日本奈良朝時代，多受中國隋唐文化之影響，冶鐵術，從中國輸入，官制，學制，田制，禮制，刑制，書法，音樂，建築各種文明，多仿自唐朝。然完全之模仿，亦人類史中未嘗有之事，因人類有自行的適應過程，有時不是純爲被動的。(四)習慣說，一切進化，都是對環境的適應，環境所供給的刺激，和反應刺激所養成的習慣，都是重要的事物，用此以解釋文化的進化。此說忽視人類行爲中，有產生文化的特質要素，與特殊的頭腦。(五)特殊本能說，以人類的各種本能，可以產生文化。然人類之本能，是文化發展的一條件，不是文化發展的總原因，祇是供給一種動力，可用之於文化發展的過程而已。(六)社會心理說，是用特別的人類特質，來解釋文化，主張人類有優秀的頭腦，有學習的能力，更發達一個更爲精密的交互刺激和反應的機關，而成立一種良好的交通方法，產生社會團體的文化，由個人心理與社會心理之交互作用，產生共同的學習過程而發展文化，然心理之交互傳達，乃是文化發展的重要條件，而非唯一的條件也。文化是有機進化和社會進化，二者以上之多元的產物，有機進化，供給創造文化的能力，社會進化，則發展這個能力。我們知道文化之變質，可以促民族之變質，民族之變質，可以促文化之變質。茲先從後者而說明之，民族之變質有變而良者，有變而劣者。中國民族一方因家族觀念的發展，形成依賴性，此依賴性，是中國民族性之一弱點，壯年人之依賴老年人，老年人之依賴少年人，個人之對社會，也是互相依賴，而失去獨立性創造性；且天人相與之間，以依賴天命爲信條，而不敢別有主張，有命之說，深入人心，而墨子非命，荀子否定天命之主張，素不爲社會所信仰；此種心理影響於民族性者至大，因而在文化上失去創作之獨立性也。其次是輕公重私的性質；中國民族是注重實利的民族，然因公德心的薄弱，很少注重國家的實利與社會的實利，而祇注重家庭的實利，與個人的實利；因爲過重家庭與個人的實利，遂陷於自私自利，而不能自拔。此種性習的發揮，往往放縱而行，損人利己，孜孜爲利，言不及義，舉凡公益事業，與文化事業之不能盡量發展，皆爲此自私自利之性質所貽誤；甚至國家之將亡，民族之危險，爲私人利益之故，可置諸腦後。抗戰以來，漢奸之普遍產生，此外發國難財者之多，可以概見。此外，保守的性與，也是爲文化發展的障礙而變質，中國之不能踏上科學之路，是爲述而不作信而好古的成見所貽誤。因爲保守，自信己國之文化，長此高出於其他民族之上，而因循坐誤，此文化之變質。中國的文化遂被詔爲古香古色的文化，而不是嶄新的文化。自革命運動開始至今，提倡進取革新的精神，對於保守的性習，漸漸衝破，而於歐美新文化，有廹頭趕上的行動了。其在後者的實例，文化之變質，可以促起民族之變質；在世界史例上，也是不少的。俄國與歐洲文化接觸，意文第三開始（IvanⅢ．1462—1505）及至大彼得時，模仿瑞典的政治，採取德國的軍制，建立許多專門學校，培植人才，文化上起了變質作用，東西俄羅斯，聯成一氣，及一九一七年後，經過轟轟烈烈的革命，由三次的五年計劃，使蘇聯科學的文化，有盡量的發展，蘇聯民族共同奮鬥的精神，堅强不屈的意志，由是而更加表現。我們又看歐洲之近代文化與現代文化，充分表現其本質之優良價值，與歐洲中世紀黑暗時代之文化，大異其趣。例如由玄學時代，而進於實證科學的時代，培根之發見科學方法，牛頓之發明萬有引力，一七六四年，哈格里佛之發明汽機，一七九二年，輝特尼氏之發明軋棉機，一八四〇年，道爾頓氏之創原子論，一八〇七年，富爾頓氏之實用汽船，一八七六年，富鄂爾氏之發明內燃機，科和氏之證明細菌致病說，一八七七年，愛迪生之發明留聲機，一八九五年，欒琴氏之發明愛克斯光綫，林得氏之製造液體空氣，一八九八年，居禮夫人之發現鐳質，一九〇三年，來特氏之製成飛機飛船等。其他文學哲學教育數學等，皆有卓越的進步，因此，歐洲文化起了變質的作用，與中世紀黑暗之時代，大不相同，文化上起了變質，歐洲民族遂到劃時代之創作，而民族之本質，懷實挺秀，生機煥發，發揮其駕馭天然的偉力，舉世之異色民族，乃仰其鼻息焉。在十九世紀之初，英國有布來克（Black）克拉比（Crable），司各脫（Scott）窩德窩士（Wordsworth）哥爾利治（Colenge）騷逖（Southey），葛德文（Godwin）厄治窩士（Edgeworth）諸學術家，煽起學術之風潮，以資激揚，自後學術日益發達，而英吉利民族益發皇光大，表見大國之雄風。然文化之變質劣，而民族之品質，亦從之而劣，此在歷史中，亦不少前例，西晉初年，北方胡人，逐次南下，二三十年間，把讀驅逐起來，漢人被他們壓迫，遭了悲苦，因此人心漸次流於厭世的放達的傾向。東晉時代，是中國一個大混亂的時代，北方完全陷於異族之手，這時詩人，非痛心於國破國亡，而以慷慨悲歌鳴其不平，即消極的追踪於虛無漂渺的神仙思想之中，以寄托他困頓無聊之思，而引起了時代之病。其次中國近代民族之革命運動，可說是民族本身上，起了變質作用，從優良的方面發揮文化的特質，此於下節，略爲說明之。

（八）

民族復興與文化復興之變質作用。民族復興，是指民族意識民族精神的强化，在民族的本身上，起了變質的作用，而使民族能夠强盛起來之謂。慕勒（Morley）於其所著政治與歷史中說：「十九世紀政治上最顯著的運動，就是民族獨立運動；民族的情感，並不是新奇的事情，新奇的地方，就是將這種情感，化爲政治思想。」又說「民族主義，是一種本能，由這種本能，變爲思想，由思想變爲抽象的原則，由此思想的原則，又變爲偏見，更由此偏見，而變爲政治信條」約瑟（B. Joseph）於所著民族特性與民族問題一書。有說：「第一、民族主義，表出一種實際的歷史程序，即是說，由民族的發展，而爲政治的整體：由民族的集團，進而爲民族的國家組織。第二、它是暗示與某種歷史的進程，和政治理論有關的一個特殊政黨的活動。第三、它代表那實際的歷史的程序，所含的原則或理想。這樣用法的時候，某種國家的政治哲學，便有民族主義的名稱。最後民族主義一字，是用來表示民族份子的一種心理，忠於「民族國家」，視爲一切忠的本原。」以上兩說，可以說明民族意識民族精神的強化，成了民族主義，復在於民族本身上，可以起了變質作用，使民族的復興，而文化自然可以隨之而復興。滿清入主中國，以政治力量，壓迫中國民族，使其本質之變劣，在那時候，孤臣遺老於國破家亡之後，或遁迹於巖穴之間，以寄其胸襟孤憤，或者靜待時機以圖匡復。有往來奔走，置身於實際行動，以期恢復故國者，如黃梨洲、顧亭林、張蒼水、朱舜水等，有以文章氣節爲重，講學不輟，著述不廢，以冀後來繼起者，如王船山、顏習齋、孫夏峯、學中學等。有感於禾黍之痛，發爲文字，以寄託胸中之抑鬱者，如莊廷鑨、戴名世、汪景祺、陸生柟等。此外寄託民族之意識者，在士大夫之間，有復社、幾社、以誌亡國之恨；在下等社會之間，有祕密結會，以誌復國之思。現代中國民族運動革命運動，得了此種民族之潛在意識，以爲民族復興之基礎，從而有三民主義文化之闡揚，民族精神之提倡，使民族起了優良之變質作用，遂能於抗戰年代，踏到民族更生之路。意大利至十五世紀以後，在古時代歷史文化的偉業，成爲煙消雲散之景，此時意大利表政治落後經濟落後軍事落後文化落後之狀，法奧勢力相繼侵入，意大利遂成爲四分五裂了。十九世紀歐洲民族主義勃興，意大利受影響，遂發生熱烈的復興運動，與統一運動，當時有瑪志尼（Mazzini）加富爾（Cavowr）等爲領導之中心人物。加氏以爲意大利必須統一，但統一必有中堅勢力，解除意大利之壓迫，必須尋求與國，故主張聯法攻奧，聯德攻法。意大利之前途，必須決於戰爭，故不惜對俄對奧對法宣戰，遂三戰而建國。歐戰後，意大利在慕沙里尼統治下，成爲法西斯蒂國家，繼而改正稅制，改善交通，整理財政，復興實業，改革教育，改正軍制，樹立外交政策，意大利國民族之復興，而文化亦從而復興。此起變質作用之例證一。德意志當一八〇六年拿破崙鐵騎踏破柏林，德人惶惶。哲學家非希特（Fichte）大聲疾呼，告德意志國民提起德意志的民族意識爲目的，而創造國家的新生命；德人遵其教訓，於一八一三年來比錫（Leipzig）之一戰，大破法人，因而獲得民族之自由獨立。其後文化發達，工業因煤鐵俱富，技術優良，進步更速；電氣及化學工業，超過世界各國之上；海軍與陸軍，極力擴張；遂達到世界一等强國的地步。第一次歐戰後，德國陷於四分五裂，人民的悲苦，隨惡劣環境而日甚，希特拉崛起其間，組織國家社會黨，國社黨之黨綱二十五條，其重要者，是提起德意志民族精神，組織大德意志國家爲基礎，廢除凡爾賽和約，恢復失地及殖民地。德意志民族之復興，與現代文化相策應，遂表現强度之國力。此民族復興與文化復興，起變質作用之例證二。十九世紀，世多稱土耳其爲東亞的病夫，二十世紀民族主義的思想，輸入土耳其，土國青年，組青年土耳其黨，以圖國家復興，及凱末爾當國，組土耳其國民黨，爲民族的領導，其有名之國民公約，所以期土耳其政治、經濟、財政各項，保持完全的獨立爲目的，所以一舉而廢除不平等條約，土耳其民族復興運動成功以後，乃整頓教育，改良司法，解放婦女，充實經濟的文化建設。國勢于今，日趨隆盛，此民族復興與文化復興，起變質作用之例證三。印度有四十五類不同之人種，一百七十種相異之語言，二千四百種之族別，這複雜異常的民族的不能由民族之統一意識而强化之，則印度之民族復興運動，是得不到結果的。印度之民族復興運動，可分爲極端與溫和兩派，極端派，主張採積極手段，取暴動形式，以推翻英國的統治。溫和派，主張用法律的手續，謀印度的自由，使與英國及其他殖民地享受平等的待遇。極端派中，有所謂右派者，如雷意(Rai)甘地(Gandhi)太哥爾(Tagore)等，此派主張印度獨立，但不主張即刻獨立，先從提高民族在智識上道德上的標準，增進經濟上的效率，然後再謀革命。此民族復興與文化復興，須起變質作用之例證四。梁啓超於中國歷史上民族之研究一文，曾提出中國民族本質之優點以爲：「我族夙以平天下爲最高理想，非爲古代部落觀念，在所鄙夷，即近代國家觀念，亦甚淡泊，懷遠之教勝而排外之習少，故不以固有之民族自域，而歡迎新分子之加入。地廣人稀，不容各民族不交互徙置，徙置之結果，能增加交感化合作用。我族愛和平，尊中庸，對於他族雜居者之習俗，恆表示相當的尊崇，坐是之故，能減殺他方之反抗運動，假以時日，同化自能奏效。同姓不婚之信條甚堅強，血族婚姻，既在所排斥，故與他族雜婚盛行，能促進彼我之同化。」梁氏所認為中國民族本質之優點，我以為尚有不足之處，須依民族品質之方面，而提倡抗鬥意識之民族文化，使民族與文化起變質的作用，達到民族復興與文化復興的目的。換言之：即達到民族之新生時代也。我在中國文化演進史觀一書曾說過：「民族之新生時代，是常少壯而不衰老之謂也；民族之少壯者，其於文化常呈蓬勃復興之景象，其於精神事功亦丕著，而臻於光明燦爛之時代，寖假文化衰老矣，則不能推演進行。國家社會民族必受影響而毫無活氣，甚或死氣沉沉，生機斷盡，即古人所謂哀莫大於心死之謂。是故評斷一國民族之盛衰，常可以文化之盛衰而推測之；評斷一國文化之興廢，常可以民族之興毀而證驗之。」民族復興與文化復興，起了優良之變質作用，而民族文化，乃光芒萬丈也。（原載「民族文化」第一卷第七期）

三　從民生史的觀點論中國文化的特質

(一)緒論

中國文化開展於數千年前，在數千年攸遠之時間中，有一二時期，比世界任何國家爲優異，然至近代遂日益衰落，斯則由於宋元明清之間文化停頓不進，有以致之。雖其間如宋代印刷術之發明，儒家思想之轉變，元代交通制度之推廣，戲曲小說之勃興，明代與外國交通之銳進，造船工業之進步，清代經史典籍之搜羅，西方學術之模彷，在一時代雖表現文化之特色，而物質文化精神文化，不能平均發展，未能與歐美文化銳進之國家，並駕齊驅，致影響於國家之衰落，斯則可慨已。我們知道中國文化至現代雖呈退落之象，然以其數千年氣脈之聯貫，洋洋大風，及今振衰救弊，吸收世界文化以爲本質之生活素，猶可迎頭趕上也。埃及文化由盛時到衰落，不過三千年，公元前三百年間，被希臘征服，漸漸希臘化，後又被回教徒征服，又阿拉伯化，今日世界上，沒有原來之埃及人，今日所謂埃及的一切文化，都是阿拉伯的一部分。巴比倫的文化，與埃及的壽命相同，也同時被希臘征服，後來又阿拉伯化。至希臘羅馬文化，壽命更短，由盛時到衰落不過二千年，今日的希臘，不是古代的希臘，今日的意大利，更不是古代的羅馬。惟我中國，由夏商到今垂四千年，文化雖有一時退落，而文化之生命本質，尚可滔滔增長也。歐洲近代與近代文化之進步，是由於十六世紀文化，獲得一新開展之途徑，十六世紀文化之新成分，有下列數種：（一）印刷術之發明，而知識之傳達甚廣；（二）因人文主義之產生，使文藝批評發達甚速；（三）十六世紀間，爲繪畫與建築之黃金時代；（四）各國國語文學之發揚光大；（五）近代自然科學之萌芽發生。中國近代以文化之發展，偏而不全，又中經異族統治，摧殘原有的文化，遂使文化之光芒暗澹，不是踏於歐洲十六世紀文化之新生時代也，歐洲十六世紀新生時代，文化非突然發現，是有所胎源，如希臘文學哲學之基本觀念，各種文學體裁，戲劇，史詩，建築，人體雕刻，羅馬之法律典章，凱旋門之建築，與中世紀經天主教直接指導之下，產生一種之基督教文化，重新研究古代希臘之哲學，各種通用文字，方言文學，民衆文學，莊嚴教堂之藝術，皆足爲十六世紀文化開導之前路。中國今後之文化運動與復興，亦當本中西文化之特長，一爐陶冶，以三民主義之文化設施，而爲文化基本之結構，則中國文化之新生時代，可以建立也，美人羅斯說：「古代中國文化，盛於東亞，屢致入中國，不久消滅，猶太人入開封，失其語言宗教，滿洲人入中國，亦失其語言文學，或謂中國如大海，凡流入之物，無不溶化。此言誠然。」英人羅素說：「中國文化有若干處，高於西國，至少亦西國之對手。」又說：「中國生於西國之前，或仍存於西國既亡之後，將來西國之興衰，在中國史上，不過佔數頁之地位，且不過言在某時代內，受西人侵擾，至某時代後，西人已衰，中國得享平安而已。」美人卜朗歷述中國古代文化發明有說：「在亞拉伯時代二百年以前，中國人已用火礮；在歐人之祖先茹毛飲血穴居野處時代，中國已用茶，用膠，造火藥，造陶器，以絲爲衣服，以屋爲居住；中國人發明活字印刷，在歐人發明活字印刷五百年以前：中國人發明拱形建築，至今爲西方建築家所採用，又知航海海洋不能不用之羅經，亦為中國所發明。」英人威爾斯說：「中國逐何奴西去，以速羅馬之滅亡，而救歐洲之停頓；中國給世界以紙章，使能印書印報，以立新世界之根本；中國教蒙古人何奴人以戰術，便幾乎征服歐洲，以惹起歐人，遂發現南非洲北美洲之機會。中國文化，有若干處，是植基於上古中古時代，可自豪於世界，惟千餘年來之停頓不進，故非更新新與三民主義之文化創造力量，不足與歐美現代之文化並流匯進也」。威爾斯說：「中國民族傳統的崇高精神，所蓄發的國民革命，三十年來做了若干偉大的事情，其中最偉大的，是指出國家獨立與團結的重要，而努力去達到這個目的；然而此外，仍有許多事情，正待他的努力。因為中國尚在一正在發展情形之下，同時也沒有其他根深蒂固思想，左右着他的特性的發展，所以他亦裸裸的解決一個普遍的人類問題。換句說話：中國對於整個的更新人類文化，供獻了一個已開墾的處女地。」美國林白氏之演講有說：「中國將來的富强，固然要靠民生主義來保證，就是世界的安定，人類的幸運，也將由他左右，他是國際問題人生問題的核心」。美國哈佛大學海孔教授說：「中國人是寓於政治能力的；中國以前是文獻之邦，可以證明中國的政治能力，正如同歐洲以前神聖羅馬，可以證明歐洲人的政治能力一樣。」又說：「孫先生建國計劃的長處，就在能夠融合進化與革命之長」。凡茲可以證明中國新生時代之新文化，當以三民主義之最高原則而建立。本篇所論。則單從民生史的觀點，來論中國的文化。

(二)民生史觀的解釋

民生史觀，是研究歷史理論所根據之一個觀點，與唯物史觀，心理史觀，科學史觀，社會史觀，偉人史觀，所採取之觀點不同。尤其是民生史觀與唯物史觀所採取之觀點是不同。牠是中國新興之史學理論，是根據　總理三民主義演講民生主義之理論爲指導原則。民生之意義，在中國古代解釋，是卽利用厚生之道。我們若了解社會全般的狀況，須了解民生的意義，我們了解民生的意義，才可了解社會的意義，才可了解人類歷史的意義。民生主義第一講有說：「我們常說甚麼國計民生，……我今天拿這個名詞，來下個定義，可說民生，就是人民的生活，社會的生存，國民的生計，羣衆的生命便是。」民生，是人類歷史進化的重心。人類自有歷史之初，社會便有相當之組織，這種相當之組織，是以社會集團的改善爲目的。人類社會集團的生活，即是羣衆結合之生活，這種羣衆結合的生活，倘能夠組織完善，則人類社會日臻於進化之境，否則社會的自身，必陷於衰落而消亡，這可以證明民生是人類社會進化的重心者一。中國幾千年政治的集團生活，爲專制的統治階級所支配，對於羣衆的生活，與國民的生計，非放棄則摧殘，政治上的設施與行動，未有了解到人類社會的進化，全依民生爲重心，是一個重要問題，這可以反證民生是社會進化的重心者二。民生主義第一講有說：「自從機器發明了之後，便有多人一時失業，沒有工作，沒有飯吃，這種大變動，外國叫做實業革命。工人便受很大的痛苦，所以近幾年來，便發生社會問題。」人民生活生計，沒有解決，影響的結果，必致國民的生計，羣衆的生命，有所危害，照表面看來是社會的問題，其實是民生的問題。這可以證明民生是人類社會進化的重心者三，國父曾說過：「所以社會問題之發生，原是來解決人民的生活問題，故專就這一部分的道理來講，社會問題，便是民生問題」。機器是生產的重要工具，機器生產，偏是屬之於特權階級，屬之於社會小部分的人，則社會必發生障礙，則一方阻止社會的進步，一方妨害羣衆的生活，這可以證明民生是人類社會進化的重心者四。人類之慾望由三種作用而表現之：(1)求生之作用，(2)保生之作用，(3)樂生之體用。由此三種之作用，而擴充慾望之範圍，其不好的人生慾望，則排除之抑制之。人生的慾望，不特在經濟上之充裕而已，若政治的，文藝的，學術的，道德的，美術的，都是求所以滿足慾望的。人生合理的慾望之表現與充足，卽是促進社會進化之一種動力，這可以證明民生爲人類社會進化的重心者五。從人類全般之歷史的解釋而解釋人類社會的變遷，可以說民生的觀點，爲最合於進化的理論，不是以唯物的觀點，所能解釋的。日本橋野昇說：「唯物史觀，却說社會組織和思想的變遷進步的原因，就是構成牠基礎的東西，是生產關係，而至於這個基礎上之社會組織，或是依社會組織被支配的政治法律思想宗教道德等等的精神現象，是隨着這個基礎——生產關係——之變動而變動的。卽唯物史觀，是一個歷史上的社會進化論。」馬克斯派以唯物史觀之生產關係，看爲經濟史觀之唯一的根據；他們不知道這生產關係之基礎，不在於物而在於人，因爲有人，才有物質的關係，與生產的關係，忽略了「人」爲歷史主動的原因，而看重「物」爲歷史主動的原因，是倒果爲因的。物與生產是客體，「人」利用物之生產關係是主體，我在拙著人生問題一書經濟演進與人生概念篇有說：「人生與經濟有密切之關係，斯對於經濟之行爲而表現其二種之動作：一則發見，將地球上自然界之物質，可以供人類使用之利便者，而發見之，以利濟人類。二則創作，將自然界所供給之物質改換之，變更之，製造之，以求得較方便之使用，較普及之效果。……以此之故，人生經濟之行爲上有不絕之動作，則有不絕之創作與發明。」誰爲歷史的重心，可以毅然判斷說，人是歷史的重心，民生是歷史的重心，不是物與經濟爲歷史的重心。進一步言之：人類求生存，是人類最重要的意志，民生主義第一講有說：「社會進化的定律，是人類求生存」。我們要明白人類求生存，是人類最大的責任，這是生物界動物界的通例：適者生存，不適者滅亡，人類所以竭盡其智識心思才力，以求其最適，頭一件，是求所以禦天然之法：大陸相阻，則設鐵道以往來：巨海汪洋，則造輪船以過渡：凡自然界及人類界中有侵害其生存之地位，則人類必盡千方百計以爲之對抗，故人類之歷史，是人類向自然界生存之奮鬥史。

（三）從民生哲學的基礎言之

民生哲學的基礎，是什麼呢？我們最好引據 總裁之言論以解釋之，他說：「須知總理一生的人格及精神，完全以仁愛爲基礎」又說：「民生，爲宇宙的表現：仁愛，爲民生哲學的基礎。」民生哲學的基礎，就是仁愛。中國幾千年來的文化，就是表現在仁愛的規範中，有仁愛，必然有同情心，有仁愛，必能互助，有仁愛，必能主張親，不主張恨。克魯泡特金於其所著互助論有說，「人類道德底進步裏面，盡主要職分的，乃是互助，不是互鬥，我們在互助，就是現在還是擴張得很廣一事裏面，又找得人類高尙的進化底最好的保障。」一部人類進化史，就是表現人類合羣互助之發展史。所以階級鬥爭，不是人類社會通常之現象而是人類社會發生一種之病症現象。民生主義第一講有說：「至於社會種種進化，是由甚麼原因呢？如果照馬克斯的學說來判斷，固然不能不說是由於階級戰爭，社會上之所以要起階級戰爭的原故，自然不能不說是資本家壓制工人，資本家和工人的利益，總是相衝突，不能調和。」又說：「階級鬥爭，是社會進化的時候，所發生一種病症。」馬克斯有說：「一切過去的歷史，都是階級鬥爭的歷史，自由民和奴隸，貴族和平民，領主和農奴，行東和傭工，每次爭鬥的結局，不是社會全體革命的新建設告成，便是交戰的兩階級並倒。」又說：「現在社會最下層的無產階級，若不把官僚社會壓在上層的全部，抛出九霄雲外，自己是不會翻身上達的。」馬克斯證明一切過去的歷史，都是階級鬥爭的歷史，他的眼光祇注意到人類之側面，而沒有注意到人類的正面：祇注意人類患病的現象，而沒有注意人類健康的現象。人類之歷史，是建築於人類之仁愛，而一部中國文化思想亦建築在於仁愛中。中庸說：「仁者人也。」孟子說：「仁也者人也。」人類歷史，就是表現這點仁，沒有仁，就沒有愛，沒有愛，就沒有人類。周子通書說：「愛曰仁。」論語樊遲問仁？子曰：「愛人，愛有愛的德，愛德表現在仁政之中。論語爲政篇：「子曰：爲政以德，譬如北辰，居其所而衆星拱之。」子曰：「導之以政，齊之以刑，民免而無恥，導之以德，齊之以禮，有恥且格。」大學說：「仁者以財發身，不仁者以身發財，未有上好仁而下不好義者也，未有好義其事不終者也。」孟子告子下：「今之事君者，皆曰我能爲君闢土地，充府庫，今之所謂良臣，古之所謂民賊也。君不鄉道，不志於仁，而求富之，是富桀也。我能爲君約與國，戰必克，今之所謂良臣，古之所謂民賊也。君不鄉道，不志於仁，而求爲之強戰，是輔桀也。又離婁：「君不行仁政而富之，皆棄於孔子者也，況於爲強戰？爭地以戰，殺人盈野，爭城以戰，殺人盈城，此所謂率土地而食人肉，罪不容於死。」至人與人之間，也要推廣這個仁以爲應付。如孔子所說：「汎愛衆而親仁」孟子所說：「老吾老以及人之老，幼吾幼以及人之幼，」是也。中國之文化思想，以儒家思想可以作代表，而儒家思想，全以仁愛爲出發點。孔子曰：「大道之行也天下爲公，選賢與能，講信修睦，故人不獨親其親，不獨子其子，使老有所終，壯有所用，幼有所長，矜寡孤獨廢疾者，皆有所養。男有分，女有歸。貨惡其棄於地也，不必藏於己；力惡其不出於身也，不必爲己。是故謀閉而不興，盜竊亂賊而不作，故外戶而不閉，是謂大同。」大同的思想，是建基於仁愛之思想的，墨子的兼愛思想，亦是植基於仁的思想，墨子的兼愛，與儒家的汎愛，有些相同，儒家推廣汎愛，在於仁民，墨家推廣兼愛，在於衆生。小取篇說：「愛人，待周愛人，然後愛人，不愛人，不待周不愛人，不周愛，因爲不愛人矣。」推兼愛的結果，「視人之室若其室，誰竊？視人之身若其身，誰賊？視人之家若其家，誰亂？視人之國若其國，誰攻？」能達到視人之國若其國，則成爲大同之世。老子主張至德之世，相愛而不知以爲仁」。就是表現人類自然的愛而不亞人爲的仁，所以說：「聞在宥天下，不聞治天下也。」總觀中國全部之文化思想，均是植基於仁愛的，仁卽是人民好好的生，從民生哲學的方面而論，是理眞義確的。

（四）從人生哲學的理則言之

在人生哲學之立場，來觀察中國的文化，是以中和爲理則的。梁漱溟於東西文化及其哲學，特提出中國文化，是以意欲自爲調和持中，爲其根本精神的。我於中國文化復與之基本問題一書，中國文化優長之特質篇有說：「中國幾千年的物質，沒有講到如今西洋人之進步，這是中國文化之缺點；但中國之人生觀念，價值標準，不是以物質供求之豐富爲教訓的，不是以個人之過度享樂爲標準的，這是中國文化之所長。」（暨南大學版七六頁）。中國人之人生態度，是以執中爲理則的，即是以無大過無不及，對人對事，對國家對社會，對人類，均是以一種中和之態度應付之。「人心惟危，道心惟微，惟精惟一，允執厥中。」所以對於自我的生活，能調和物質的生活，與精神的生活。對於家庭與國家，能調節忠與孝之要道。對於社會，能表現立己立人達己達人的標準。對於世界，不以侵略爲手段，而以以大事小扶植弱小爲精神。歷史上幾千年來之對付外邦之侵略，都是採取防禦戰，不是採取侵略的。歷史上秦皇漢武的武力，不外是一種防禦戰。所以歷史教訓，主張以德服人，不主張以力服人，包容許多環住的異民族，而逐漸同化之。文化與戰爭篇說：「我們的民族發展史，便是一部文化發展史，我們不會發動過爲滿足自己佔有慾望的對於異民族的侵略戰爭，凡是民族間的戰爭，我們總是處在被動的地位，在我們總是受了鄰人的迫害，而被發動的反侵略戰。……我們中華民族，始終是富於反侵略性的民族，因此，我們中國文化，也就不斷地成就其高度的發展與傳統，像我們這樣連續不斷的文化傳統，在世界上，是罕見的一例」試引世界史，羅馬於紀元前三百年，初與加他基滋有彭尼的戰爭，加他基，有潘勒人，(Pöner)及彭尼人(Punier) 他們征服了附近的地帶，變成羅馬的勁敵。如他基名將漢尼巴第，統率十萬大軍，穿越瑞士的阿爾卑山，以搗羅馬的門戶，直到第三次之彭尼戰爭，而羅馬方成功反侵略之戰爭，把加他基之首都傾覆。然羅馬自後，則走到侵略的途徑了。如從大西洋到幼發拉底河，從北海岸萊因河岸，多腦河岸到黑海，非洲的沙漠，與阿喇伯之沙漠，此外加小亞細亞的一部分，和非洲沿地中海岸，開墾的地帶，都是羅馬的省分。羅馬從以上所述的侵略戰中，得到完成其一統的大帝國，然羅馬之滅亡，是伏因於他們侵略戰之過度發展中。中國民族維持幾千年歷史的國家，持了中和之道，一方維持自己的生存地位，不受異族之侵凌，一方和協其他民族，不以威武之侵略勢力，而壓倒其他民族之生存，這可說是操持中國文化傳統的中和之道。其在個人之立身處世，也是尚中和之道。此種中和之道，可說爲人生全生涯的重心。對於種種事物的態度，不偏於一方，過與不及，都是不好的。總裁提出「中正」「中庸」的道理，教人如何執中。這種道理，就是人類共存共榮之世界主義，也就是中國文化的根本思想，執此中正之道，以反對欺凌侵侮的强盜主義，帝國主義，就是人類世界永遠的眞正和平主義。換句話說：也就是不偏不倚無過不及的中庸主義。中國幾千年的文化傳統精神在這裏，三民主義的文化傳統精神，也在這裏。

(五)從人生價值的批判言之

在宇宙萬物之中，人類由元子的動能，於是我們秉有精神；由元子的靜能，於是我們賦有形體，由形體與精神之配合，於是構成人類的生命。人類之具有生命，一方有維持生命的本能，一方有延續生命的本能，除此兩種本能之外，即人類生命以形體和精神相互的關係而創造人類生命之最高價值，即精神價值。何以創造人類生命之最高價值和精神價值？即是人類充實理性的光輝，表現於無窮的宇宙當中，這就是中國文化最看重的一點。這一點就不是應注重物質的生命，而是專注重精神的生命，不是專注意形體的生命價值，而是專注重無形的生命價值。中國幾千年來之文化思想，是十分看重做人的。這個人是與宇宙共立，即所謂天地人三才之鼎立，由文化行忠信之道，以希賢希聖希天，能達到此最高的標準，即所謂完全的人格，乃能建立。幾千年來之文化教育學術思想，大抵注重此點發揮。大學注重修身，身之所修，在於格物，致知正心誠意三種方法，雖未提出人性，而心與意，已指出人性之端倪。中庸開首揭出天命之謂性，率性之謂道，修道之謂教，三大綱目，幾千年之文化思想，對於人類理性之批判，皆主張人類之性能，可發揮而至於最善的境地。一直至宋明兩代，更充實發揮人類理性生命之光，如周敦頤，由宇宙觀而推及於人生觀，把人與天地立於同等之地位，其言曰：「聖人與天地合其德。日月合其明，四時合其序，鬼神合其吉凶」。又說：「立天之道，曰陰與陽，立地之道，曰柔與剛，立人之道，曰仁與義。」程顥提出宇宙之生命，與人類的生命原爲一體，語錄說：「天地之大德曰生，天地絪緼，萬物化醇，生之謂性，人與天地一物也」。程明道之思想，亦十分看重性。他說：「一人之心，天地之心也。」所以他主張「正其心，養其性。」程頤（伊川）也十分看重理性，遺書卷十五說：「萬物皆是一理，至如一物一事雖小，皆是有理。」卷十八說：「天下物皆可以理照，有物必有則。一物須有一理。」伊川提出性卽理之言，加以窮理之說，以達合天人相關之道。邵康節觀物內篇說：「天之道，盡於地矣，天地之道，盡於物矣，天地萬物之道，盡於人矣。」他言宇宙萬有，自心而在，森羅萬象，皆起於心。所謂物心一如萬物一體的人生觀。能盡此心，則能發見人類最高之價值，所以說：「人之神則天地之神，」「心一而不分，則能應萬變。」這是何等看重自我的心性。朱子更能透澈發揮人類理性的光輝，他說：「天地之間，有理有氣，理也者，形而上之道也，生物之本也；氣也者，形而下之器也，生物之具也；是以人物之生，必稟此理，然後有性，必稟此理，然後有形。」宋代理學之特色，把人間性情那細密地研究過的現象，眞可在世界學術史上放一大異彩，絕叫人間平等自由的今日，自不能不說是根本問題。宋明理學其普遍觀念，可以說爲尊重理性，尊重人類，尊重自由，就此點而論，可以說爲人的發見，人類自我之發見，明代大儒劉汋，對於宇宙存在之本體言及：「宇宙此生理，以其萬古不息，謂之命；以其爲天地人性所從出謂之性；以其不可以有無言，謂之中；以其純粹至極而不可名狀，謂之至善。至善亦從人性而出。明儒之言心性，更爲徹底，胡居仁說：「心具衆理，家國悉具一心，心與理一也。……聖人以一心之理，應天下之事。」鄒守益，論學書說：「吾心本體，精明靈覺，浩浩乎日月之常照，淵淵乎江河之常流，其所有障礙，所以滯礙，擴而決之，復見本體，」王時槐論心性有說：「萬物皆備於我，故充塞宇宙皆心也，皆事也，皆物也。吾心之大，包羅天地，貫徹古今，但言盡心，則天地萬物，皆舉之矣。」人類之心，充塞宇宙，包羅天地，萬物皆備於我，此是何等尊重人類自我的精神價值，徐樾於波石語錄說：「知者心之靈也，自知之主宰，言心；自知之無息，言誠；自知之定理，言性；自知之不二，言敬；自知之莫測，言誠；自知之渾然，言天，自知之微然，言隱；自知之徧覆，言仁；自知之不昧，言學；故綱紀宇宙者，知也。」唐鶴徵於桃溪箚記說：「凡太虛之所包涵，吾心無不備焉，是心之靈，即性也。詩書言心，不言性，言性不言心，非偏也，舉心，而性存其中；舉性，而心亦在其中矣。」汪浚更提出心性實爲一物不可分，虛靈應物屬於心，其所以爲心，則屬於性。可見中國之文化思想，非常看重人類理性之尊嚴，非常看重人類在宇宙間之位置，非常看重人類應付萬物之知能，非常看重人類在精神生命之價值。如此，從唯物史觀的解釋，必致落了空，當從唯生史觀的解釋，而方能表著人類在宇宙之最高價值。蓋人爲主，物爲從；人爲萬物之靈，物爲人類之驅使；人可以支配世界，物不能左右人類，此從人生價值的批判而論，中國文化，實注重於唯生，而不注重於唯物也。

(六)從社會民生經濟思想言之

中國是農業國家，牠的經濟基礎，可說是在農業。有人說：『中國的經濟基礎，從來是手工業的農業經濟，帶着很濃厚之封建的色彩，故此中國文化之特徵，就是農業經濟的山林文化。』我以爲說山林文化，不如說農業的平原的文化。歷代哲人的思想有一部分是提倡重農經濟的思想，雖則是提倡重農的經濟思想，然不能說中國的文化，就是以經濟史觀唯物史觀爲據點。因爲中國歷代的經濟思想，可說是完全注重民生的方面。孔子主張，「養民也惠」，「鰥寡孤獨者，皆有所養，」孟子提倡：「五畝之宅，樹之以桑，五十者，可以衣帛食肉，鷄豚狗彘之畜，無失其時，七十者可以食肉，百畝之田，勿奪其時，八口之家，可以無飢。」「不違農時，穀不可勝食也。」「養生送死無憾，王道之始也。」「春省耕而補不足，秋省斂而補不給。」「聖人治天下，使有菽粟如水火，菽粟如水火，而民焉不有仁者乎？」荀子，主張薄稅以裕民力，王制篇：「田野什一，關市譏而不征」富國篇：「輕田野之稅，平關市之征，無奪農時，如是則國富矣」。王制篇：春耕夏耘，秋收冬藏，四者不失時，故五穀不絕，而百姓有餘食也。」墨子七患篇：「凡五穀者，民之所仰也，君之所以為養；故民無仰，則君無養，民無養。則不可事；故食不可不務也，地不可不力也。」管子說：「倉廩實而知禮節，衣食足而知榮辱。」八觀篇說：「觀民產之有餘不足，而存亡之可預知也」，商鞅農戰篇說：「欲農富其國者，境內之食必貴，而不農之徵必多；市利之租太重，則民不得無田。」賈誼無蓄篇說：「蓄積者，天下之大命也，苟粟多而財有餘，何為而不濟；以攻則取，以守則固。」憂民篇說：「王者之法，民三年耕而餘一年之食；九年而餘三年之食，三十歲而民有十年之蓄。」南朝時代劉勰新論貴農篇說：「衣食者民之本也，民者國之本也，民恃衣食，尤魚之需水。」「衣食饒足，而奸邪不生，安樂無事，天下和平。」唐代陸贄，在均節賦率百姓文說：「先生之制賦入也，必以丁夫爲本，不以務穡增其稅，不以輟耕減其賦，則播種多。」歐陽修本論說：「凡人之力能勝耕者，莫不有田而耕之。斂以什一，差其征賦，以督其不勤，使天下之人力，皆盡南畝，而不暇乎其他。」至宋代王安石之經濟思想，大部分是注重於民生的方面，是誰都知道的。清代顧炎武著天下郡國利病書，也是注重民生實用之學，他於郡縣論提倡「爲田疇，則必治之而勿棄。」顏習齋雖主張精神生活，但非常注重利用厚生之道。他於四存篇，揭唐虞六府：水、火、金、木、土穀，三事：正德利用厚生，周公三物，（一）六德：智、仁、聖、義、中、和。（二）六行：孝、友、睦、淵、任、卹。（三）六藝：禮、樂、射、御、書、數。以教人注重實用之道。他說：「六德，即所正之德也，六行，即所以厚其生也，六藝，即所以利其用也」。又說：「必有事則存，必有事則修，家之齊，國之治，皆有事也，無事則治與道俱廢。故正德利用厚生曰事，不徵諸事，非德、非用、非生也。」又說：

「使天不能害，將以七字治天下，墾荒、均田，興水利。」可見習齋之經濟思想，非常注重民生。總裁於「政治的道理演講」有說：「古時所謂仁政，就是要發動人民的力量，救濟人民的痛苦，爲政之要，就在於竭盡能力，定出方法和計劃，來救治人民的困阨與痛苦。禹思天下有溺者，猶己溺之，稷思天下有飢者，猶己飢之，這是担負政治責任的人，應有的自覺，古時以矜寡孤獨四者，爲天下之窮而無告者，文王發政施仁，必先此四者。這四種人，有的是老而無依，有的是幼而無恃，古時候，因爲要使沒有一夫不獲其所，對於這些人，是首先顧恤得很周到的。……可見養老育幼，是政治要務，而政治的出發點完全是在民生。」從上引證來看，中國文化的經濟思想，完全是以民生爲中心。可見 國父於三民主義之演講中所說：「民生是社會進化的重心，又是歷史的重心。」是堅確不移的。是由中國文化的特質所淵源的。

(七)結　論

文化，是人類在生活史上創造力的表現，又可說是社會生活的產物。社會變遷，文化常從而變遷，如果想了解人類社會生活的性質，及其可能的發展，必須了解文化之特殊互尊和支配人生而造的文化力量，文化在個人裏，表現一種機能，在社會集體裏，表現一種力量；喪失了文化機能的個人，與喪失文化力量的社會，必變成文化的空虛狀態，而斷沒有進展活動的可能，所以現代的生活，可以說是文化的生活。沒有文化的生活，是非人的生活，沒有真正的文化生活，是可憐的生活。胡適也說過：「文化就是生活，只生活方式一有變動，則文化隨着變動。」我們今後文化運動的方式如何，要認定文化發展史，是根據什麼的動力以為推進，我們不但要注重物質的文化，且要注重精神的文化生活，更要注重唯人的文化生活，而排斥非人的文化生活，是帝國主義統治下的文化生活。這是要極端的加以排斥反抗的。唯人的文化生活，是以文化的力量，創造一現代的新國家新社會的文化生活，卽是爲民所有爲民所治爲民所享的文化生活，我們要從歷史的觀點，決定文化之中心理論，卽是以民生史觀爲中心理論，認定爲建設民生社會之最高指導原則，捨此之外，沒有其他之指導原則。文化之本質有三個要件：(甲)文化，是表現人生之生活意義，(乙)文化，是表現人生之生活標準；(丙)文化，是確定人生之生活價值。充實人生之生活意義，達到人生之生活標準，而表現人生之生活價值，要看人類意志創造文化的力量如何以爲斷！馬克斯唯物史觀所據的公式，「不是人類的意識，決定人類的生活；則是社會的生活，決定人類的意識。」恐怕不是歷史演進的公式。民生是宇宙自然表現的力量，民生，是人類歷史上表現的重心，人類的文化生活，是表現生之意志，物質與經濟，不是社會進化的中心，人類求生意志之表現，如何以支配物質與改進經濟，是社會進化的重心，茲篇所論重在從民生的觀點，來論中國文化之特質。中國文化之改進，是看將來中國民族創造力量的發展，是否以實現民生的新社會的標準啊！

（原載民國三十年五月三十一日及六月一日曲江中山日報）

中國文化建設問題

每冊實價國幣五元
（外埠酌加運費匯費）

中華民國三十二年九月初版

著作者 陳安仁

印行者 國民圖書出版社
重慶江北任家花園廿六號

發行者 國民圖書出版社
社址：重慶江北香國寺
任家花園廿六號

總發行所：重慶保安路
一百七十號

中國文化演進史觀

陳安仁　著

中華民國三十一年九月再版

中國文化演進史觀一冊

每部戰時售價國幣十八元

版權所有 翻印必究

著作者 陳安仁

發行人 華問渠

印刷所 文通書局 貴陽西湖路紋山七號

發行所 文通書局 貴陽中華路五一二號

本書係在貴陽印刷一切材料均由省外運來所需運費甚鉅而貴陽生活又復高漲成本因以增加現售價目包括運雜各費在內本埠售價概不加成外埠酌加郵匯寄費實數另收

再版序

七年前予撰中國文化演進史觀一書，在廣州出版，流散前書已罄，僅予所存舊版一二冊，年來輾轉播遷，謀再版，以未有機緣，頃因[illegible]先生之介紹，而交正中書局重版，始[illegible]隨抗戰後方，歸抵再見，付梓之始，謹諸數言。予維民族之獨立戰爭，武力與文化力，二者並重；有武力而未有文化力以相佐，則武力之發皇，有其限度焉。文化力，所以充實武力之內容，武力，所以表現文化力之效用。中國民族於過去數千年，已創造許多文化之成果，今後當更發揮而光大之，與世界先進國家之文化，並駕齊驅。而欲與世界先進國家之文化，並駕齊驅，則教育之普及，學術之提高，科學之深造，爲今日文化運動急不容緩之課題也。本書從綜合之研究，以論中國文化演進之形態，與予近年來所著之中國上古中古文化史中國近世文化史分析比較之研討，方法有不同，一得之見，明達之士，共進而教之。民國三十一年四月[illegible]序[illegible]

自序

『有世界之進化，有國家之進化，有物質之進化，有物類之進化，有人類之進化。宇宙不論幾千垓億兆年，而進化之現象日益演，進化之動機無時息，進化之勢力，挾排山倒海之力量以奔赴，當者皇帝，皷浩浩蕩蕩，誰能決其究矣。』此十六年前，予於人人類進化觀一書緒論開宗明義之旨也。自十八世紀康德（Kant）與拉卜拉斯（Laplace）論星雲假定之理，法國拉馬克（Lamarck）論生物進化之說，英國華列斯（A.R.Wallecc）論物類變遷之勢，達爾文（Dalwin）論機體進化之義以來，進化論旨，炯照於世，不特爲科學界一種思想，而其範圍，則能周括宇宙萬種之事理。夫文化者，人類生活表現之總體也，又爲人類在物質與精神中互相推演之動的現象也，不能逃出于進化範圍之外。古今來世界並立之國家多矣，卒之傾圯破裂，遺蹟微存，爲後世所憑弔者何耶？古今來芸芸總總之儔，布衍種胤以長以育者多矣，卒之爲天演淘汰而泯滅無聞者何耶？一言以概之曰，文化之停頓湮滅，有以召之也。近世國家學者，言國家之要素曰土地人民主權，必于斯三者安全獨立，而後足以當國家之名實也，詎知土地人民主權安全矣，而文化不能安全，土地人民主權獨立矣，而文化不能獨立，亦遂足以當國家之名實乎？帝國主義者，急以侵略弱小國家。弱小國家被侵略之後，土地已失，主權並喪，人民亦爲牛爲馬，而帝國主義者，尤且湮沒淪喪，以消滅弱小國家民族之文化，吁！可怖哉。文化之停頓滅亡，誠國家與民族衰落湮沒之朕兆也。中國立於大地，自有史以來已五千餘年於茲矣；此五千餘年之歷史，中經朝代之變更，帝王之遞易，內亂之債興，奸雄之割據，異族之入主，災禍之疊至，倘能堅持而不致敗墜者，有五千餘年潛滋暗長之文化勢力以為礎石，斯不致國命陷於飄搖欲絕之境也。然而此亦不可長恃也！歷史家嘗指示民族之新生時代矣，民族之新生時代，是常少壯而衰老之期也；民族之少壯者，其於文化常呈蓬勃復興之景象；其精神與事功亦丕著而臻於光明燦爛之時代；寢假文化衰老矣，則不能推演進行；國家社會民族，必受會影響而毫無活氣，甚或死氣沉沉，生機斷盡，即古人所謂哀莫大於心死之謂。是故評斷一國民族之盛衰，常可以文化之盛衰而推測之；評斷一國文化之興廢，常可以民族之興毀驗之；今後文化尚可綿延繼續於兩間否耶？今後中國之文化尚可安全獨立，而不致為外侵勢力所消滅否耶？是在於民族之奮鬥復興以繼往開來。中國數千年之文化，有其史的價值，此具有史的價值之文化，當發展之；歐美數百年來之文化，亦有其史的價值，此具有史的價值之文化，當吸收之，然而此吸收之力量，又常依國民之經濟環境以為衡也。倘國民經濟之組織，日陷於破裂；地位日陷於搖動；生產日陷於墜落；生活日陷於奇窘；雖欲吸收之亦不可得。是故評斷一國民族文化之盛衰，常可以經濟之盛衰而推測之；評斷一國家一民族經濟之興毀，可以文化之興毀而證驗之。中國現代文化與歐西文化較，落後不知幾千里。迎頭趕上，試觀創造世界未來的新文化，是在今日。來者方張，其又安可限制耶？予近在中大史學系四年級演講中國現代文化，從演進的觀點，以論中國現代的文化之趨勢。根據經濟的民族的社會的諸論，參以實證驗，暇錄所見，寫文已十餘萬言，區區論著，未足以概其全，亦可知也。付梓之始，聊弁數言。世之大雅，其有以匡之。

民國二十三年八月著者序

中國文化演進史觀目次

中國文化演進史觀

陳安仁著

緒論

宇宙之中太陽地球行星衛星，在宇宙的體系中，爲不絕的演動，形成森羅萬象的奇觀，在太陽系中，（Solar system）而有聯繫的地球，不知經過多少年代，在永刼的時間當中，表演牠綿延不斷的轉變，可知宇宙諸天世界，從一元論的立場而說明之，只是一個動字，沒有動就沒有變，沒有變就沒有進，沒有進就沒有生。換句說：沒有動，這世界的作用息，人類的創造息。我們知道，從世界生物而觀察之，自最初的小生物，而遞進至人類，中間經過許多「動」的作用，而有他不斷變化的一定過程；各個生物的形態，在長時間的歷史中，經過無數的，微細的，煩瑣的變化，才能維持牠們的體系，保障他們的生存，抵抗他們的外敵，搜集牠們的食物，養育牠們的後裔，不然，他們老早就被宇宙自然支配的定律所威脅了，或被其他的障物所壓迫，而促於滅亡的境地了。有些生物，在牠們不絕之動作中，對於外界自然的環境，所表現任何不同的情狀，而發見牠適應的變態，如普通的蛙，在牠生活史上，因爲要適應自然界的環境，初期雖是魚類，後來變以肺呼吸而成爲陸居動物；在生物界中，因要適應牠自然的環境，憑藉牠特有的能力，而發生許多多變化的狀態表出來。人類在生活的歷史，因要適應自然的環境，遂有應付的能力，表現不絕的動作，而創造許多的文化；在這許多創造的文化中，形成生活史全般的狀態，以維持生活的體系，保障生存的地位，促進向上的發展。倘沒有創造的文化環境，以適應自然環境，則人類老早已滅跡於世界了。美國 Charles A Ellwood在其所著文化進化論第一章，有說：「如果我們要了解人類生活的性質，及其可能的發展，即了解他的起源，方向和命運等，那末，我們必須了解這個文化的特殊要素，和支配人生前途的文化之發展」，可知文化在人類生活史，所佔的勢力的重要。文化是與人類結成不解之緣的。原始人類雖是野蠻，但亦有他淺演的文化，倘沒有這淺演的文化，即野蠻人類，亦不能保障生存的地位，舊石器時代人，（Palaeolithicman）大概是在五萬年前，在那時代中，氣候是很寒冷的，但他們知道用火，用火就是他們生活的文化工具。至新石器時代人，（Neolithic man）更進步了，他們發明交互耕種制，知道做陶器，用銅及青銅來做工具與戈矛，凡茲種種，就是他們生活的文化工具，在人類生活史上生存的物質文化工具，是佔很重要的位置。（可參閱美國哥侖比亞大學社物學教授，William Fieleldng Ogburn所著社會變遷，Social Change P,4）。從歷史的進程，以觀察人類的文化史，大概有三大範疇：（甲）是物質的，或地理的因子即是自然，與物質的環境。（乙）是生理的，和心理的因子，即是人類的欲望，思想與意見。（丙）是社會的和歷史的因子，即是經濟，政治，法律，風習，文藝，宗教的社會意識內容。人類歷史與文化的演進和改變，不離此三個範疇。我們探討一國的時代的文化，也不離此三個範疇。此三個範疇，是互相爲因，互相爲果的，不能據一方面，概論一國的文化，與一時代的文化。中國立國亞東，自有文字歷史紀載以來，已有幾千年的歲月，在幾千年的歲月中，以先民的努力，所創造的文化，在世界文化中，是具有價值的。在先秦的及漢唐的時期，極的文化，具有博大的，創造的精神，爲後代所謳歌景仰，及於近代受了異族的侵入蹂躪，文化有日益凋敝和衰落的趨勢，尋究其中原因，非簡單的敘述可以概括，當用歷史法（Historical method）從歷史演進的現象中，以論究現代的文化，因爲論究現代的文化，不能不溯源於過去歷史上，所受的文化所影響也。向來文化史家，多注重橫的研究方法，將每朝代的文化，敘述而排列之，卻少注意縱的研究方法，標舉一個觀點，而統敘文化先後聯繫的因果關係。多注重靜的研究方法，祇將過去的文化作爲美觀古董的陳列，而少注意動的研究方法，從歷史進化變遷的法則，說明社會的演變，人類活動的影響也。本著根據斯義，以論究中國的文化，以及中國的現代文化。分爲經濟的，民族的，社會的三編，其餘學術思想，與文化的影響，則有俟之於異日也。

第一編　中國經濟與中國文化

歷史的轉捩，表見各時代的文化特質，所以各時代有各時代的文化，各國家有各國家的文化，各民族有各民族的文化，各社會有各社會的文化，從各個文化的特質，可以觀察人類，文化狀況，野蠻人有野蠻人的粗淺文化，半開化人有半開化的文化，進步的人有進步的文化，予在人生問題文化演進與人生概念篇有說：

「人類自有歷史以來，文化即從之發軔，歷史表見人類經過的事實，從人類經過與事實之中，可尋出文化之轍蹟，」又說：

「歐美之文化，比較的進步，此吾人所公認之事實也。然歐美之文化，各有其特徵，多有其演進的路徑，歐美之文化各有缺點，各有其頹敗的現象，不得謂歐美之文化，能括人類文化之大全，與已達於文化完善之地點也。」(見四三四頁)

現代的文化，和現代的歐美文化，比之數千年以前，或數萬年以前的文化進步得多！這是人類所公認的事實。然現代的文化，和現代的歐美文化，不能算為完全，且藏有許多頹敗的象徵，這是許多學者所探究的問題。各國對於這問題注意的，如印度有戈泰爾，日本有鳥武郎，俄國有托爾斯泰，脫洛斯基，(Trotz Ky)英國有威爾士(Wells)哲斯脫敦(Chesterton)比洛克「B. elloc)」炎格(Dean Inge)，法國有法伯盧斯(Fabreluce)德曼金(Demaugeon)，意大利有斐勒羅(Feraero)與克維斯(Croce)等，諸氏對於現代世界的文化，或表見不滿的態度，或藉懷疑之心情，或鼓揮高遠之理想，指摘現代世界文化之缺點，許多論著中對於這問題，激發思想的，如西方之衰迷(The Decline of the West)十字街頭之人類(Mankind at the Crossroad)有色人種之興起(The Rising Tide of Color)人生之悲哀(The Tragic Sense of Life)歐洲之衰微(The Decline of Europe)大陸之命運(The Destiny of a continent)等書，以爲人類之物質文明精神，文明進步如今日，尚不能滿足人類之期望，甚或引導人類至於不幸的境地，然而現代世界的文化，不論如何之頹廢，不論如何之缺點，在文化進史上有牠的價值，有牠的特徵，而不可一概抹煞的。中國有幾千年的歷史，占有廣大的領土，在世界文化史上，本有偉大的貢獻，祇因數百年來因爲異民族所征服，中國的文化，沒有甚麼的發展，所以復興中國的文化，當以復興中國的民族爲其基本條件。各國民族皆誇示他的民族的偉大，在民族觀念的立場，又誇示他的文化高出於其他民族之上，中國民族，自視他的文化，高出鄰近東夷西戎南蠻北狄；猶太的民族，自視他的文化，爲最高之神所授；法國的民族，自視他的文化，爲近代文化之母，自由之邦，是世界的靈魂，是藝術的淵源，英國的民族，自視他的文化居自古以來文化之最高地所產生的文學，比莎翁所著的戲曲文學，並不見得差，對於政治的改良，是世界人類公認的領袖；德國的民族，自視他的文化，爲世界文化之冠，居於最高峯，而領導世界的前進的。各國的民族以他自有的文化爲標準，而輕視其他各國的文化。我們不能以民族的偏見，來觀察各國的文化。當以各個民族各個國家本有的文化特質，各有其長處短處，以評量各自具有的文化。那末，中民族甲民族文化之特長，乙民族有乙民族文化之特長，自不能一概抹煞了。中國文化有中國文化之特長，歐美文化有歐美文化之特長。不能重視歐美的文化，而輕視中國原有的文化，也不能重視中國原有的文化，而輕視歐美的文化啊。

（一）文化的意義和範圍

英國人類學者泰洛(Tylor)爲文化下一個定義說：「文化包括知識信仰藝術道德法律風俗，以及任何人在社會上，所可獲得的才能和習慣。」泰洛是注重精神生活方面及人類能力以說文化的意義。(見泰洛所著 Primitive Culture P 1)。美國社會學家愛爾烏德(C A Ellwood)說：「文化是社會的產品，且爲宇宙進化的顯著狀態。變易，遺傳，甄擇，只是他的始基。」愛爾烏德之意，以爲文化是社會的結果，社會沒有進化可言，也就沒有文化的成績可見(見愛爾烏德所著 Culture Evolution P.8—10)。斯托克說：「文化是一個社會所表現一切生活活動的總名。」斯托克以爲人類在社會生活中，衣食住行動作，及待人接物等事，可以看見他的文化特點，(見斯托克所著 Storck : Man and Civilization Cha P,28) 孫本文於其所著社會的文化基礎有說「爲禦寒而製衣服，爲充飢而製食物，爲覓食禦敵而製武器，爲抵避風雨而造房屋，爲便利往來而闢道路，造橋樑，造舟楫，爲交通意思情感而創言語，爲維持生活秩序，解決生活疑難，而有道德法律，政府宗教等等的發明，凡這種種，由人類調適于環境而產生的事物，我們就叫他文化，所以簡單說：文化就是人類調適於環境的產物』孫氏之意，以為人類之種種創造發明，就是文化。我於中國文化復興之基本問題一書有說：『文明是指靜的狀態而說，文化是指動的狀態而說，文明是人類以其精神力量，對於自然界，創造的，向上的，，努力底結果：文化是人類以其精神力量，對於自然界創造的向上的努力狀態。』梁漱溟在所著東西文化及其哲學說及：『文化是指精神生活，社會生活，物質生活三方面而言。』孫本文在所著社會文化論基礎說及：『文化的範圍，大別爲二類，（甲）物質文化凡人類所創造之具體的實物，叫做物質文化，例如衣服房屋舟車橋樑機械器具等皆是。（乙）非物質文化，凡人工所創造之抽象的事項，叫做非物質文化，例如語言法律宗教道德之類皆是。非物質文化是人類對於環境的產物，大別爲三種，（一）為適於自然環境而產生的，例如：（1）宗教是人類對於自然環境的一種信仰的表現，（2）哲學是人類對於自然環境的一種系統的解釋，（3）科學是人類對於自然環境一種系統的說明，（4）藝術是人類對於自然環境的一種欣賞的表現。（二）調適於物質文化而產生的，例如使用機械器具的方法等一部打字機，是一種物質文化，但要使用這部打字機，便有一種特別適用的方法，這種附屬於物質文化的使用方法，便是非物質文化，一切物質文化就都有一種附屬的非物質文化。（三）爲適於社會環境而產生的，例如語言風俗道德法律皆是。謂適於社會環境而產生的共同行爲規則：（1）語言是人類共同生活時，交通意思所必要而產生的工具，（2）風俗是人類共同生活時爲便利生活起見所採用的共同的行事方法，（3）道德是人類共同生活時所公認的行爲正規，（4）法律是人類共同生活時爲維持秩序起見所制定的行爲規則。」照孫氏所說文化對於精神上，物質上，社會上所創造的事功，而給後代的人以生活上的需要與便利者就是。據此範圍而論，文化是非一手一足之烈，而要靠社會集團的相互協力。且種種創造的事功，當以供給社會全體生活上的需要與便利爲對象，祇供給少數人，或極少數的，特權階級的需要與便利者，並非適合於文化的範圍。日本高田保馬於所著社會學概論，說及：「文化範圍當分完成價值，與貢獻價值，宗教哲學藝術爲完成價值，科學道德法律國家經濟技術等，屬於貢獻價值，」（見漢譯本三〇一頁）但就宗教和藝術在社會表現調協作用時，也可說是貢獻價值。故以此而解釋文化的範圍，也有不清晰之嫌。海闊於其所著世界文明史要略（J. S. Hogland, A Brief History of Civilization Chap II, P.50）有說：「文明是件精神，包含自由自覺服務與自制，文化是物質和自私雖然表現巨大的財富，難以抵抗的權威和深博的學術，也許是完全缺乏自由與服務的精神。」海闊氏之說，對於文化的意義與範圍縮窄而不明他的概念。其次我們對於文化意義與範圍之認識，有幾個基本概念，予在人生問題，文化演進與人生概念篇，標出認識文化有三個要件：（甲）文化是表現人生之生活意義，（乙）文化是表現人生之生活標準，（丙）文化是確定人生之生活價值。在何謂文化是確定人生之生活價值一段有說：「生活價值，在人能盡其心能才力以向上活動，並能副精神上之要求，願望，而得其多少之成果，以效忠社會人羣之謂也。其所表著之成果，惟利益於與個人之生活，而無與於社會人羣之生活，則其生活之價值亦未得顯也。文化之性質，是表見社會的價值之標準，此社會的價值，即所以衡於人羣之公共生活者，與個人之完美生活者，在文化普遍的成效言之，是增進社會之生活價值，在文化直接的成效言之，是確定人生之生活價值。」（見泰東版四七〇頁）認定一個國家一個民族的文化，是否完美，是否進步，是否粗野，是否退化，可以此標準決定之。陳高傭於其所著文化革命與文化篇，論及重新估定文化的價值，提出幾個根本概念：（甲）文化是人類生活的表現，（乙）生活即勞動，（丙）勞動是人類從事生產的活動。結論說：「文化是人類在一定經濟基礎之上，從事生產勞動的各方面的表現。」（見世界與中國什誌一卷六號—人類生活是勞動的表現，人類勞動的表現。在文質文化上，精神文化上，自然有許多的貢獻。胡適也說過：「文化就是生活，只生活方式一有變動，則文化隨着變動。」人類生活之演進，自然可以促文化之演步，文化之進步，即人類的生活價值，與社會的生活價值，隨之而表現。然而生活就是表示勞動的意義，勞動是表示生產的意義，生產是表示創造的意義，創造是表示價值的意義，價值是表示文化的內容與範圍；由以隨生活的方式，可以表見文化的程度高下啊。

（二）中國文化的特質

中國文化的特質是什麼？是需要探討的問題，從地理區別的常慣說，東方文化，西方文化，印度文化，中國文化，亞拉伯文化，希臘文化。從社會制度區別的常慣說，原始共產文化，宗法文化，封建文化；從程度區別的常慣說，野蠻的文化，半開化的文化，文明期的文化。究竟中國的文化，是何種的文化呢？有些文化史家，以爲文化是有文字以後才有的，文化完全是社會開明以後的產物；故講世界文化史，就從巴比倫亞述埃及的文化說起；講西洋文化史，則從希臘羅馬的文化說起；講中國文化，就從唐虞三代說起，從文化發展方面來說，自然當陶代的六千年說起。但從文化的起源，及發動方面來說，須溯及沒有文字沒有歷史記錄以前的時期，因此不能說沒有文字沒有歷史記錄以前的原始社會，野蠻社會，沒有文化。予在人生問題，文化演進，與人生概念篇有說：「野蠻人之生活形態，原無文化之可言，顧從野蠻人之生活狀態中，亦可徵察文化之發源，不得皆爲絕無文化之可談。」(見四三四頁)因爲在野蠻原始的社會中，有社會的生活，有社會的生活，自有演成的生活勞動，已有生活勞動，則在文質方面，及精神方面，自然有多少表現。在九萬年前，在人類史上有舊石器時代的人(Paleolithic Man)有選各種石器的聰明，他們把碎塊的火石拼湊，以便切割，在攻治碎石中，發現石火，知道用火，就是在文化上之一大進步，新石器時代的人(Neol ithic）對於各種石器製作，更爲精美，他們對於耕種，能利用交互耕種制，這豈不是文化表現的體驗麼？（見Brief History of CivilizationP.23－24），所以各個時代，有各個時代的文化，各個民族，有各個民族的文化，各個國家有各個國家的文化。同時各個時代民族國家，也有各個時代民族國家的文化特質。從各個時代民族國家的文化特質，可以知道各個時代民族國家的文化程度。李守常於言治季刊所著東西文明根本之異點篇有說：『東西文明有根本不同之點，即東洋文明主靜，西洋文明主動，是也，……一爲自然的，一爲人爲的，一爲因襲的，一爲創造的；一爲保守的；一爲進步的；一爲直覺的；一爲理智的；一爲空想的，一爲體驗的；一爲藝術的；一爲科學的；一爲精神的，一爲物質的；一爲靈的；一爲肉的；一爲向天的；一爲立地的；一爲自然支配人間的；一爲人間征服自然的。』李氏說，東西文明有根本之點，即東洋主靜，西洋主動。我以爲文化即是人類生活演進和創造的動力的表現，凡人類爲自然所支配，成爲安息消極依賴苟安因襲保守空想的狀態，而文化只有退落的現象，那有文化之可言呢？梁漱溟於其所著東西文化及其哲學一書有說：『西方文化，是以意欲向前爲其根本精神的，中國文化，是以意欲自爲調和持中爲其根本精神的，印度文化，是以意欲反身向後爲其根本精神的，』他以爲上所說的是人生的三路向，可是文化是向前進取的向上努力的。各民族各國家各時代文化的程度，雖有不同，而標準則是一樣　各民族各國家各時代所走的路徑，雖有不同，而方向則是一樣。如至北平者可由津浦路去，也可由海道天竺去，各國文化不一定偏走一路的方向，而不採擇其他之方向的。中國之胡曹作衣，蒿元作室，巫彭作醫，公輸子削木以爲鵲，墨子斲木以爲鳶，張衡渾天儀，蔡倫造紙，其他如指南針火藥印刷等發明，何嘗不走第一路向。老子莊子列子楊朱阮籍陶潛諸人的思想，何嘗不走第三路向，西洋的靈魂不滅論，比他哥拉士派(Pythagoras)士多亞(Stoa)何嘗不走第三路向。印度之外道中如順世派，不信三世，不信梵神，不信靈魂，不厭世，不修行，排斥神秘，崇尚唯物，何嘗不走第一條路向。由是可知東洋之文化，未必是專走一條路的，有一時代，傾向於這一條路，有一時代傾向於一條路；有一時代長於精神生活的方向，有一時代長於物質生活的方向。且同時代各民族各國家，同時也表現精神生活物質生活社會生活的事工，不過於三者之中，有等是注重於物質生活，有等是注重於精神生活，不能說注重於物質生活而精神生活完全不要；注重於精神生活，而物質生活完全不要。且三種生活，也是隨通而互相影響的，而精神生活的文化不良，(即宗教道德藝術等)，常影響到社會生活和物質生活；物質生活的文化不良，(即飲食起居種種享用)常影響到精神生活和社會生活；社會生活的文化不良，即家庭社會國家不良，常影響到物質生活和精神生活。歐洲近代的和現代的文化，可說是注重物質的生活的，克萊因(Ju-Nas Klein)於其所著現代商業及其將來有說「在五六十年之中(一七七〇至一八四〇)資本家在英國建立一個新的帝國，其後歐洲大陸及新大陸接踵而起，設無數的工廠建築鐵路開闢運河，通種變化，同時對於一般民衆的生活，發生極大的影響。（見現代世界的文化，一一六頁，）近代與現代歐美工商業之發展，可說由於科學的創造發明，這種種的創造發明，增加人類物質的安樂，與社會的繁榮，每一種創造發明，比較前一種更爲精巧便利，而有許多東西，今日所視爲奢華的，明後視爲必需品，這種變動，對於社會全體的生活和組織，也有極大的影響。近二十年來，交通機關進步之速，影響到全世界整個的生活了，一九一三年世界電話之長度，是三千三百七十萬哩，一九二五年已增至八千四百十五萬哩，其他如國際海底電線，無線電航空，三藩市至斯德哥爾摩（Stockholm）及柏林至布羅斯亞耳斯（Buenos Aires）之無線電話，煤油機及內燃機（Diesel engine）之經濟與效率，工業及交通之電氣化。在一九一三年之後美國，每個工人鋼鐵的出產增加了百分之五十，每個汽車業工人的出產由七·二單位增至一一·五單位，現代物質機械之進步，真是一日千里，在美國所用的馬力，差不多百分之七十都是電氣，美國工廠對於美國工人所設備的機械，平均大約美金六千元，這種工業的變遷，對於社會文化發生一種影響，即是專門的教育，應此需求，而有充分的發展。一九二〇年美國職業學校的學生，是二十六萬五千，一九二六年就增至七十五萬二千，因此輔設設立之機關，如試驗室，圖書館，科學館，即刷局，（專門出版物消數在美國已超過二百萬）他如組織工業聯合會，在美國已超過二千之多，合作的組織，多二千五百餘間以上，這有一顯明的例證，就是物質的文化進步，影響到精神的生活與社會的生活。斷不如梁漱溟所說，甲國的文化專走這條路，乙國的文化，又專走那條路。我們知道各時代各民族各國家的文化的色彩，是有不同的，也可說在牠特殊的環境中，形成不同的特質，這不同之特質，不是絕對的距離，是相對的歧異。各國各民族的文化特質有所長，也有所短，有一時期，表現這一種文物的特質多。另一時期，表現於那一種文化的特質多。中國幾千年來的文化特質，是注重社會生活的文化呢？是注重精神生活的文化呢？抑是注重物質生活的文化呢？我以爲中國文化的特質，從精神生活方面表現的，是愛和平重人道的文化，中國民族是愛好和平的民族，故他的文化是愛和平的文化，幾千年來的教義，是主張以德服人，不是以力服人，主張以德教維護政治，不是以霸道擾亂政治的。民族主義第六講有說，「中國更有一種極好的道德是愛和平，現在世界上的國家和民族，只有中國是講和平的，外國都是講戰爭，主張帝國主義去滅人國家。」我在孫先生之思想及其主義一書有說：「中國人有民族道德，故對於其他隣處的民族，都是講親愛講和平，間有雄才大畧之君主，併吞隣邦，只望其納貢稱臣已足，不主張侵侮的。」（見一〇五頁）中國古代大思想家如老子孔子孟子墨子等，都是鼓吹和平主義者，中國幾千年的文化受儒道墨三家之思想甚大，這種文化可說是深入社會之一般生活中，（其詳可參考拙著中國文化復興之基本問題一書七二—七三頁），從社會生活方面表現的，是注重忠孝仁愛信義的社會最高道德的文化，家族之基本信條爲孝悌，故說：「孝悌也者，其爲人之本歟。」社會之基本信條爲忠恕仁愛信義，故說：

「施諸已而不願，亦勿施於人」「已欲立而立人已欲達而達人」。中國幾千年來家族基礎之鞏固而不致於鬆懈。社會維繫而不致於破裂，可說是這種文化彌綸於社會生活中。從物質生活方面表現的，是注重利用厚生調協國民經濟的文化，重農貴粟，爲物質生活之基本信條，人民因此安居樂業，使幾千年的農業文化保持而不墜，雖科學的創造供獻不如人，而維繫幾千年來的歷史（以農立國）而不致消滅者，這是重大的原因。文化發展演進，爲人類努力向上的表現，不論中國文化，西方文化，印度文化，皆存此傾向。梁漱溟所說：『以意欲爲調和持中，以意欲反身向後要求。』也不過是一種求生存求進取求向上之另一種方法而已。然而方法不良，文化或陷於停頓保守的狀態中，其甚者或陷於衰落的狀態中，古代具有文化歷史的國家不少這種的慣例。海通以來中國的文化，與歐美的文化，兩相比較，遂覺歐美之文化爲進步的，活動的，有生氣的，乃吸收歐美之文化，而補充自己的文化，一方採取歐美優良之文化。一方宜保存自己原有優良之文化，而後文化有改良的氣象。有一美國駐華記者(Nathaniel Peffer)寫了一篇中國文化的滅亡，發在美國 Harpers 雜誌，形容中國之混亂無定形，他說：『中國文化的精神已死，他和西方那種更有勢力的機器文化接觸，以致受了破壞，歷史上的文明已失了功用了。種種決定中國社會組織以及人民生活方法的遺風，已經是再沒有維繫人心的力量了，舊的價值的觀念，已不被人承認了，各種制度都已經受了擾動，信仰也不會再一成不變，風俗是移動的，甚至一代傳一代的刻板的習慣，也被打破了，整個的中國社會結構力，在一代之中鬆散着，到了如今，忽然崩潰了」（見民國日報現代青年一百五十九期）中國文化的精神已死嗎？」我以爲中國的文化的特質，近百年來，已有衰落之趨勢，但是自中國革命運動以來，文化的根苗，已漸有培育滋長的機緣，假定中國文化的精神，已經死滅，則中國的文化，再沒有復興的展望了。中國優良的文化特質要保存，歐美學術思想及物質科學機械的文化採取，中西文化與創新表現於機構的生力，必可以挽回中國社會已鬆懈的組織，而鞏固吾生活的基礎，這是可以自信的。

（三）中國幾千年之經濟狀況與文化演進的關係

中國幾千年之經濟狀況，實在不容易以短簡的文字敍述，尤其是幾千年經濟狀況，與文化演進關係，不容易以簡短文字敍述。生民之初，經濟的生活，是不能一日缺少，人類在經濟的生活中，有種種的創作發明。這種種的創作發明，就是人類文化之成績。經濟進化的階段，不能免於蒙昧期與野蠻期，蒙昧期與野蠻期也有文化之表現。在蒙昧期上段發明集居與語言之形成，中段發明用火與古石器之使用，下段發明弓矢與新石器之使用。在野蠻期上段，發明陶埴與牧畜種植，中段發明銅器與牧畜，種植均較興旺，下段發明鐵器與文字，中國有史以前——有文字以前——之經濟狀況文化狀況是怎樣？沒有專書系統紀述，年代與事實，均不可考，但中國在古代曾經一次的洪水，把加以前的文物以備論，這是比較可信的，夏曾佑中國歷史稱：「洪水滔天，浩浩懷山襄陵，洪水之大可知」，這時期的洪水，必遷延到堯舜的時代，不然，斷不至有禹受命疏河決江，疏河決江的功績，是人類文化已有進步的象徵，因從前的文化時期，斷沒有疏河決江的本領，尸子一書說及：「古者龍門未開，呂梁未鑿，河出於孟門之上，無有丘阜高陵者滅之，名曰洪水，禹於是疏河決江，十年不窺其家，」這十年不窺其家的治水勤務，是沒有文化的人民可以做得到麼？洪水以前中國文化，以經濟生活上的需要，已有許多之創作，如燧人氏發明火，庖犧氏制嫁娶，造琴瑟，芒氏造網羅、神農氏發明醫藥耒耜，宿沙氏發明鹽，蚩尤發明兵器，隸首發明算數，伶倫發明律呂，黃帝發明樂與冕旒，羲和占日，常儀占月，后儀占歲，大撓作甲子，貨狄作舟，容成作曆，蒼頡作字書，胡曹作衣裳，女媧發明笙簧，隨發明竽，夷發明鼓，揮發明弓，夷牟發明矢，巫咸發明醫學，嫘祖發明育蠶，祝融作市，唐堯發明漆器，舜發明陶器，伯夷作五刑，垂作鐘，夔作樂，鯀作城郭，禹作宮室，奚仲作車，夏作贖刑，儀狄造酒，可見上古洪水以前之創作已有可稱述，（洪水以前之創作，見世本有作篇）。易繫辭有說：「古者庖犧氏之王天，仰則觀象於天，俯則觀法於地，觀鳥獸之文與地之宜，近取諸身，遠取諸物，於是作八卦，以通神明之德，以類萬物之情，作結繩為罔罟，以佃以漁，蓋取諸離。（西人拉干百里 Laconpelic 謂八卦即巴比倫之楔形文字）。庖犧氏沒，神農氏作，斲木為耜，揉木為耒，耒耨之利以教天下，蓋取諸益，日中為市，致天下之民，聚天下之貨，交易而退，各得其所，蓋蓋諸噬嗑。神農氏沒，黃帝堯舜制作，通其變使民不倦，神而化之，使民宜之，易窮則變，變則通，通則久，是以自天祐之，吉無不利，黃帝堯舜，垂衣裳而天下治，蓋取諸乾坤。刳木為舟，剡木為楫，舟楫之利，以濟不通，致遠以利天下，蓋取諸渙。服牛乘馬，引重致遠以利天下，蓋取諸隨。重門擊柝，以待暴客，蓋取諸豫。斷木為杵，掘地為臼，杵臼之利，萬民以濟，蓋取諸小過。弦木為弧，剡木為矢，弧矢之利，以威天下，蓋取諸睽。上古穴居而野處，後世聖人易之以宮室，上棟下宇，以避風雨，蓋取諸大壯。古之葬者，厚衣之以薪，葬之中野，不封不樹，喪期無數，後世聖人，易之以棺槨，蓋取諸大過。上古結繩而治，後世聖人易之以書契，百官以治，萬民以察，蓋取諸夬。」從以上各書所引證，可證明洪荒以前創作之盛，據丹徒柳詒徵所編中國文化史有說：「自燧人以迄唐虞洪荒之時，其歷年雖無確數，以意度之，最少當亦不下數千年。」我們知道社會之演進，文化之開始，固非一手一足之烈，且亦非一時期所能概括，文化創作之開始有幾個定律如下：（甲）人類是為經濟的生活而結成集團，（乙）人類因經濟生活為需要所迫而分工協作，以創造各種生活的工具，以節約其精神能力，（丙）人類因創造各種生活工具，而促社會文化之演進，與生活集團之日益鞏固，（丁）人類因生活工具創造後，社會之幸福與便利日益增進。中國幾千年文化的進步，可說是播種於伏羲神農黃帝堯舜，而萌芽於夏商，發揚於周秦漢唐，停頓於宋元明清之間。伏羲之世，創作頗多，其與文化之開展有關係者，約有八大事：如畫八卦，制嫁娶，興佃漁畜牧，（由漁獵時代進至游牧時代）製衣服，築城邑。（當時尚用土未用磚石）。創官制，（因龍馬之瑞以龍紀官），作曆數，作琴瑟，自伏羲傳十四世而至神農氏，在這時代發明有七件大事，如耕稼樹藝五穀，製茶，及製油，醫藥，市廛交易，製陶器與鑄業，神農傳七世而黃帝代之，至黃帝時建其立國，發揚文化，其主要者如立五官以治民，置左右大監以監萬國，畫天下為九州，命匠營國邑，使人民安定其生活，經土設井以塞爭端，立步制畝以防不足，使八家為井，井開四道而分八宅，鑿井於中，井一為鄰，鄰三為朋，朋三為里，里五為邑，邑十為州，復教民養蠶治絲以供衣服，作弓矢甲冑以資防衛，造宮室以避風雨，發明貨幣以制國用，探討病理以明醫學，凡茲種種，皆為適應上古時期社會經濟狀況而開發他的文化，在有史以前之經濟生活狀況、穴居野作，茹毛飲血。文化簡陋。不足以供需求，韓非子蠹篇說：「上古之世，民食果瓜蚌哈腥臊惡臭而傷害腸胃，民多疾病，」禮記禮運有說：「昔者未有火化，食草木之實，鳥獸之肉，飲其血，茹其毛，」初民生活如此，其苦可知，故文化之生產。是所以供人民之便利，而除人民之禍害的。唐虞時代，中國文化開始進步，在這時，最著為農業文化的特色，農業文化的開始，在於人民生活的安定與農時的測定，人民生活的安定在於奠定九州。消除水患，堯舜之時，中國水患仍甚，且禽獸追人，民無寧居，鯀受命治水無功，復命禹治水，禹從事以鑿山通道；疏九河，瀹濟漯，決汝漢，排淮泗，而水患大治。復算定九州而安人民，如冀州（今山西直隸），兗州（直隸東南山東西南），青州（山東東境），徐州（山東南江蘇北及安徽東北），揚州（江蘇安徽南及浙江西北），荊州（湖北南境及湖南北境），豫州（湖北境及河南南境），梁州（陝西南境甘肅東南及四川），雍州（陝甘北境及新疆外地），九州已定，人民得安居樂業，而後可以開發文化。農時之測定，關於農業之發展，爾即位之後，命重黎之後，羲和二氏司天象，羲仲居嵎夷，羲叔居南交，和仲居西，和叔居朔方，分四方遼遠之區，實事測量，所以定度數，驗里差，準節氣，成歲時，便農務啊。唐堯定曆法，以閏月定四時成歲之制．通行四千餘年，可知影響之久。書經堯典篇說：「以閏月定四時成歲，允釐百工，庶績咸熙。」書經釋授時之法最詳，農時之外，一切行政，皆根據時令，故有允釐百工庶績咸熙之說：堯典：「璿璣玉衡，以齊七政，」據馬融之解釋：（璿，美玉也，璣，渾天儀，可旋轉，故曰璣衡，其中橫簫，所以視星宿也，以璿為璣，以玉為衡，蓋貴天象也。日月星皆以璿璣玉衡，，度知其盈縮進退所在。」鄭玄亦說：「璿璣玉衡，渾天儀也。」中國幾千年前已經發明窺探天象之具，以勸助農業，可知文化開發之初，已具有進步性。楊東蓴於所編本國文化史大綱說：及：「中國的經濟基礎，從來就是手工業的農業的經濟，帶着很濃厚的封建的色彩，故此中國文化特徵就是農業經濟之下的山林文化，我以為山林文化，不如說農業的平原的文化，較為切近。農業與土地有密切的關係，人類發明土地之種植，是經濟上之大變動，也是文化上的開展，農業要開發土地，開墾土地，要靠耕種的器具，故耕具的創造發明，是人類進步的徵象。中國自黃帝蚩尤，與帝堯平苗兩大戰役後，疆土漸漸由黃河流域向長江流域而伸展，這伸展之所至，就是把土地大大的增加，當土地未有大加擴張時期，土地必成為自由耕種，在那時只有部落的團結，沒有國家的組織，後世徵收田賦之事，必沒有發生，農業的生產，必為耕者所獨享，其後疆土擴張了，耕地日益增多，國家組織略為完備了，分配耕地，乃核定一種的方法，沒收土地為國有，計口授田，平均分配。一以安定人民的生計，一增加國家的收入，這是社會文化重大的進步。孟子滕文公章有說：「夏后世五十而貢，殷人七十而助，周人百畝而徹，其實，皆什一也，徹者徹也，助者藉也，」據馬端臨于文獻通考有說：「其時三代之制，天下之田，悉屬于官，民仰給于官者也，故受田于官，食其力而輸其賦，仰視俯育，一視同仁，而無甚貧甚富之民。」疆土的擴張，靠在國家的武力，以國家武力所得來之土地，計口授田，平均是可能的事，照宋儒朱熹註解孟子上邊的話有說：『夏時一夫受田五十畝，每夫計其五畝之入以為貢，商人始制井田，以六百三十畝劃為九區，區七十畝，中為公田，其外八家各授一區，但借其力，以助耕公田，不復稅其私田，周時受田百畝，鄉遂用貢法，十夫有溝，都鄙用助法，八家同井，耕則通力而作，收則計畝而分，故謂之徹，其實皆什一也。』關於貢助二法，有以為貢者，是不拘數年收獲的總量十分之一為租稅的額，助者是以勞力代租稅，謂井田法，井田法於孟子之外，穀梁傳禮制之王制篇，均有記載，至徹法即孟子無明白的說明，或說徹係助之別名，或說係兼用貢助二法，清崔述著三代經界通考，謂通其田而耕，通其粟而析之謂徹，可知徹乃共同耕作的制度。授田制，是古代所實行過的，胡適曾說：『古代未行過井田制，諸書所言田制，皆漢儒所虛造。』我以爲古代彊土擴張之後，田畝廣濶，爲國家所公有，國家將公有的土地劃井分野，授之人民，使人民共同努力生產，並治家的公田，以供國家之費用，這是可有的事象。周代農業較爲發展，文化也較爲進步，農業經營的方法與較古的時代不同，如黃帝時代，是採大農經營制，八家共同生產共同分配，至周時已復廢觀，以孟子八家皆私百畝之言考之，可知周時已採取小農經營制，不過八家各自生產，於公田百畝之中共同生產而已（一可參閱蔡國青著中國土地問題之史的發展八頁），然周代田制經營只有享田標，據漢書食貨志，民年二十受田，六十還田之說，即可知土地是依一定年限而受還。土地受之於公，人民不得買賣，土地是由國家管理的，土地的制度已經確定，其他關於文化演進之工商兵車武器賦稅金融，皆從之進展，這是很重要的歷史事實。據司馬法所說：『周文王在岐用平土之法，以爲治人之道，地著爲本，故司馬法，六尺爲步，步百爲畝，畝百爲夫，夫三爲屋，屋三爲井，井十爲通，通十爲成，成十爲終，終十爲同，同方百里，同十爲封，封十爲畿，畿方千里，故丘有戎馬一匹，牛三頭，甸有戎馬四匹，兵車一乘，牛十二頭，甲士三人，步卒七十二人，一同百里，提封萬井，戎馬四百匹，車百乘，此卿大夫采地，此卿大夫采地之大者，是謂百乘之家，一封三百六十六里，提封十萬井，定出賦六萬四千井，戎馬四千匹，車千乘，此諸侯之大者，謂之千乘之國，天子之畿，內方千里，提封百萬井，定出賦六十四萬井，戎馬四萬匹，兵車萬乘，戎卒七十萬人，故曰萬乘之主。」依司馬法所說，可知土地編定之後，關于兵車戎馬武器等，都是人民直接供給，兵車戎馬武器之供給，豈是淺演文化的社會所能做到的嗎？國家文化之發展，當然要靠住國中經濟狀況之改進，國中經濟狀況改進了，而後國家的財政能夠提供出來，周禮說：「凡宅不毛者有里布，凡田不耕者出屋粟，凡民無職事者出夫家之征。」又說：「太宰以九賦斂財賄，一曰邦中之賦，二曰四郊之賦，三曰邦甸之賦，四曰家削之賦，五曰邦縣之賦，六曰邦都之賦，七曰關市之賦，八曰山澤之賦，九曰幣餘之賦。」農業文化的國家，須要防備凶旱水溢，在積極上要儲蓄民食，備國家時時遇着凶旱水溢，則經濟受了摧殘，文化必隨之而衰落，王制說：「國無九年之蓄曰不足，無六年之蓄曰急，無三年之蓄曰國非其國，三年耕必有一年之食，九年耕必有三年之食，雖有凶旱水溢，民無菜色，」農業發展了，社會經濟必從而改變從中國經濟演進的狀況而觀察，計口受田，這種制度，是社會較為進步的徵象，這種制度的破壞，是社會演進時必經的階段，不是社會文化倒退的現象，因為人類有智愚勤惰，其具有智識而勤耕者必超越計口授田之數，乃為井田之制所限，撥擴許多曠土，不能取而經營之，其愚惰而不願從事於隴畝者，耕稼的能力，實不及此數，乃為井田之制所限，其餘耕之地雖未至荒蕪，他人亦不能起而代耕之，則不能盡地利而紛皆人類生產之增益，社會之進步，人力與地力必使各如其分量以爲調劑，凡阻礙此調劑的制度，自必隨社會文化的開展，而歸於淘汰。且社會進步，人口滋生，社會情形必日見複雜，欲依據定制授口授田，而積有定，而人口增加無定，想求土地的公平分配，勢有所不可，革舊鼎新，徒勞紛更，這也是使經界制度不能持久的原因。周末時期，因工商業的發展，社會起了大變革，在政制上，諸侯與侯間，貴族與貴族間，互相擴充爭戰，對於土地，務爲兼併，社會中之豪强者，亦相競於壟斷，孟子說：「仁政必自經界始，暴君汙吏，必慢其經界，」就是說明這個時代的現象。

周室東遷以後，中央集權之制廢，封建制度隨之漸次崩潰，這是因爲社會經濟狀況，即如人口增加，原來土地制不能維持他們的生活，戰爭頻仍，諸侯務爲擴奪，貴族務爲兼併，豪强對於下層的社會，務爲壟斷壓抑，一般平民，亦相競於發表他的才能而在社會上政治上抬頭。社會的制度變遷，而文化也隨之而變遷，這是中國文化演進史上之一大轉振，當分兩時觀察，春秋始於周平王四十九年，（即魯隱公元年，）自以是後，諸侯互相爭戰，強幷弱，大兼小，衆暴寡，當初凡千八百國國，至是時諸侯存者，祇百六十餘，其間較有關係者十四國而已，這等國家，互相爭霸，如齊宋晉楚秦吳越，或地醜德齊，待隙而動，或肆意兼併，無所顧忌，或剷除異己，殘民以逞；那末，個土因此而日益割裂，社會經濟受了劇烈的變動，而文化也因此有急激的趨勢。當時國際信義，已不足爲統治階級所用，孔子在當時特標舉德治主義，禮治主義，奔走於齊魯衛楚陳鄭宋之間游說，想當時的君主諸侯，有所感動，不要侵伐誅殺，使社會民生不要受劇烈的震盪，但不爲當時的君主諸侯所採用，季康子亦嘗問政於孔子說：「如殺無道以就有道何如，孔子對答他說，子爲政焉用殺，」當時魯之君臣，對於人民極其搜括，對於孔子的忠言，也不能信用，孔子乃退而著書立說，以振興文化的重大責任，領導天下後世，在那時候有一個管子，以爲於德治禮治之外，當兼任法治，所以他說：「不法法則事無常，法不法則令不行，令而不行，則令不法也，法而不行，則修令者不審也，」然管子不徒以法爲標榜，且極端注重國民經濟的，他以爲國民經濟的充裕，與國家文化有重大的關係，所以他說：「倉廩實則知禮節，」勸士民，勉稼穡，修墻屋，此謂厚其生，發伏利，輸滯積，修道途，便關市，愼將宿，此謂輸之以財，導水潦，利陂溝，決潘渚，潰泥滯，通鬱閉，愼將梁，此謂遺之以利，」又說，「國侈則費用，用費則民貧，民貧則奸智生，奸智生則邪巧作，」又說：「貧富無度則失，甚富不可使，甚貧不知恥，」觀管子所說及其在政治上的實際行動，均是注重國民經濟，以興起國家的文化的。戰國時代，是中國歷史上講富國强兵的時代。因爲講富國强兵，不能不講延攬人才，在野之士，各自奮躍、力圖上進，因文化才有充分的發展，因講富國强兵各國相競以擴奪土地擴充自已的領土，富裕國家的財源，而文化才有嶄新的氣象，我們看當時在文化上爭鳴之各派，就可以知道了，如儒家雖是闡揚抽象的仁義學說，但是期望認養生送死無憾爲王道之始，道家雖是主張歸於自然的玄境，但是期望含哺而熙鼓腹而遨遊賢氏的理想世界，法家雖是爲實行政治主義，以齊之管仲，於是管仲相齊，李悝相魏，申不害說韓，商鞅說政，是極注重耕戰與農經，至農家雖無專家，然相土地與時令，與農耕之新說，兵家以勸戰殺民爲職志。如司馬穰苴孫武吳起之倫，也都以強國家闢土爲目標，縱橫家立說新奇，以洞觀大勢的慧眼，外交的技能，使當時人君採擇他富國強民的政策。春秋戰國之世不獨各派以思想學術爭鳴，而在文藝上，亦足以發見文化之精彩，如管子之雄辯，老子之古奧，莊子之奇邈，論語之典雅，孟子雄辯，荀子之詳贍，墨子之高遠，左傳國語之辭華，韓非國策之奇峭，屈子離騷之淵深，可說是文藝上極盛時期。戰國之世，因農工商業之發展，社會經濟狀況之驟變，而社會制度隨之劇變，(甲)官制的破壞戰國時期，諸侯設官多與古異，如丞相將軍等名稱，與秦漢官制，漸爲接近，(乙)徹法的破壞。周代稅法用徹，至魯宣公時，改十徹其二之制，(丙)井田制的破壞，各國互相吞併，田地時易其主，魏用李悝盡地力之教，秦用商鞅開阡陌之法，古代受田之法遂廢。(丁)貴族制的漸次破壞，春秋時貴族政制漸次崩潰，下層社會漸次抬頭，(可參閱新醒什誌十期拙著春秋時之貴族政制一篇）至戰國時其勢更甚，戰國時羅致客卿，平民更有機會上進，如齊宣王稷下談士，多至數千，齊之孟嘗，魏之信陵，趙之平原，楚之春甲，門下食客別亦羅致千數，蘇秦張儀，以微賤之軀，一躍而爲卿相，貴族制的崩潰，是社會文化進步之一象徵。(戊）刑法的破壞，古代刑法，較爲輕微，至戰國之時，各國務相爭奪，對於人民以嚴刑束縛，使內部整飭，俾可以一致對外，如秦有腰斬車裂夷三族等刑，齊有烹刑，楚有夷宗滅家等刑，君權擴張，故將輕刑之制，加以破壞啊。

戰國之世，是中國社會經濟大爲劇變之期，也是社會制度和社會文化，大爲變振之期。（春秋之後，是爲戰國，戰國之始末，自周貞王迄秦滅齊凡二百四十八年，其曰戰國者，亦以國策記其時事，劉向定其名爲國策，故緣書而名其時，據柳詒徵中國文化史稿所考証）顧亭林於日知錄有說：「春秋時猶尊重禮信，而七國則絕不言禮與信矣。春秋時，猶宗周王，而七國則絕不言王矣，春秋時猶嚴祭祀重聘享，而七國則無其事矣，春秋時猶論宗姓氏族，而七國則無一言及之矣，春秋時猶晏會賦詩，而七國則不聞矣，春秋時猶有赴告策書，而七國則無有矣。邦無定交，士無定主，此皆變於一百三十三年之間，史之闕文而後人可以意推者也。」俞曲園雜纂有說：「此百三十餘年（自左傳之終至顯王三十五年凡百三十三年）略見於六國年表，觀韓朝侯六年伐東周，知諸侯無天子也；趙襄子元年封伯魯子周爲代成君，知諸侯得專封也；秦簡公七年初租禾，孝公十四初爲賦，什一之法廢矣；秦厲公十四年，晉人楚人來賂，聘問之禮壞矣；秦簡公六年初令吏帶劍，揖讓之容廢矣。秦孝公八年與魏戰斬首七千，首功多矣；秦靈公八年以君主妻河，禮俗變矣；此春秋之所以爲戰國也。」觀上所說，戰國時期，是社會制度國家政制大爲變革之期，其時七國如齊楚燕秦趙魏韓，而七國中，國勢與文化較高者爲齊楚，這兩個國家，都是因社會經濟情形，此當時的國家好的緣故。兩個國家中，又以齊魏併用招徠士之策爲好，所以後來能稱霸中原統一天下也。齊自田常弒簡公（一作陳恆）執齊國政命，四傳至田和篡齊，魏文侯爲請於周安王，受命爲諸侯，自齊威王用孫臏爲將，再戰破魏，宣王勝燕，湣王滅宋，那末，東諸侯的勢力，可與秦相抗者，惟有齊國，史記蘇秦傳稱：『齊地方二千里，臨淄之民甚富，無不吹竽鼓瑟擊筑彈琴鬥雞走犬六博蹋鞠，臨淄之途，車轂擊，人肩摩，連衽成帷，舉袂成幕，家敦而富，志高而揚，』可以知道齊國之經濟狀況了。

秦自孝公用商鞅（衛之庶孽）變法令，徙都於咸陽（陝西咸陽縣東），伐魏國，魏獻河西地（陝西東北部地），秦至是始強大，其後惠王任張儀（魏人）更東取魏地，擁有函谷（河南靈寶縣）之固，南收巴蜀之地，秦益富饒，及范雎（魏人）以遠交近攻之策說昭襄王，於是秦將白起伐楚舉郢，拔韓野王（河南河內縣。）攻韓上黨，坑軍于長平，而遂與齊魏相結，卒之始皇用李斯謀（上蔡人）陰遣辯士，游說諸侯，離間其君臣，然後以兵威之，數年之中，遂併天下，淮南子要略說及：『秦披險而帶河，四塞以爲固，地利形便，蓄積殷富，孝公欲以虎狼之勢而立諸侯，而商鞅之法生焉，』通典說：『秦孝公任商鞅，鞅以三晉地狹人貧，秦地廣人寡，故草不盡墾，地利不盡出，于是誘三晉之人，利其田宅，復三代，無知兵事，而務本於內，而使秦人應敵於外，故廢井田，制阡陌，任其所耕，不限多少，』史記商君列傳說：『以衛鞅爲左庶長，卒定變法之令！……民有二男以上不分異者，倍其賦，……僇力本業，耕織致粟帛多者復其身。事末利及怠而貧者，舉以爲收孥，……爲田開阡陌封疆，而賦稅平。」朱熹開阡陌辯論及：「阡陌之地切近民田，必有陰據以自私而稅不入於公上者，是以一旦奮然不顧，盡由阡陌，悉除禁限，而聽民兼併買賣，以盡人力墾闢棄地，悉爲田疇，而不使有尺寸之遺以盡地利，使民有田即爲永業。而不復歸授，以絕煩擾欺隱之姦。」可知商鞅之改革土地經界，是社會制度有進的一個現象。秦之所以統一中國，是商鞅變法之功。商鞅之變法，是根據社會經濟演進的情形，而爲富國強兵的計劃。秦之所以成功的原因：第一，秦居關中據上游扼地勢之要衝，第二，秦居西北與戎狄爲鄰，生存競爭之結果，使民風尚武，第三，秦歷代多英主，能招納賢才，第四，秦因兼併土地日廣，經濟富力，爲六國之冠，（其詳可參閱王桐齡所著中國史第一篇本論。）秦代根據國家經濟演進的情形而爲文化的開展：（甲）法令的統一，昔者五帝地方千里，其外侯服夷服，諸侯或朝或否，秦代平定天下，海內爲郡縣，於是法令遂成統一，（見史記秦始皇本紀），且法律趨重平等，舉國賢愚貴賤，莫不受治於法，公子虔是貴族，犯法則劓之，太子是嗣君，犯法則黥其師傅，所以法令嚴明，人莫敢犯。（乙）司法的獨立，自天子殿中御史丞相，以至諸侯郡縣，皆各置法官，司法之制，因而嚴密。（丙）農務的督勸，督促民間，努力農務耕織，致粟帛多者復其身，事工商末利及怠而貧者，舉以爲收孥。（丁）內政的整理，當時見稱於孫卿，以秦國內，民俗樸質，百吏肅然，且行什伍之制，五家爲保，十家爲連，一家有罪，九家共舉發之，者不糾舉，十家連坐，不告姦者腰斬，告姦者與斬敵首同賞，匿姦者與降敵同罰。因內政的整理，成就一天下之功。（戊）地方制度的改善，秦代廢封建而爲郡縣，以便治理，是國家形式的進化，因爲地方過小，則稽核太繁，過大則控制不易，其時所置郡如三川，河東，南陽，南郡，九江，障郡，會稽，潁川，碭郡，泗水，薛郡，東郡，琅琊，齊郡，上谷，漁陽，右北平，遼西，遼東，代郡，鉅鹿，邯鄲，上黨，太原，雲中，雁門，九原，上郡，隴西，北地，漢中，巴郡，蜀郡，黔中，長沙，凡三十五郡，與內史三十六郡，此外又有閩中南海桂林象郡，不在三十六郡之數，可見秦代的文化勢力已及於南方。（己）官制的改訂，秦之官制頗簡，而綱舉目張，內官之要職凡三：丞相，相天子助理萬機，太尉掌武事，御史大夫，掌監察之權。外官之要職凡三，郡守掌治郡，尉掌守甲卒，監掌監郡，內官制，同一系統，丞相與守掌民事，太尉與尉掌軍事，可說是軍民分治，另御史與監，是糾察治民治軍之官的，秦時大縣，萬戶以上者置一令，不及萬戶者則曰長，令長之下皆有丞尉，丞尉受命於君主，對中央政府負責，中央集權之制。因此而日固。（庚）兵制的釐定，秦代對於有軍功者受上賞，爲私鬥者各以輕重被刑，宗室非有軍功亦除其籍，至兵制是舉國皆兵，依商鞅所定計劃，壯男爲一軍，壯女爲一軍，老弱爲一軍，壯男之軍，使盛食厲兵，陳而待敵，壯女之軍，使盛食負壘，陳而待令，與歐美徵兵之制無少異也。（辛）地方自治的普及，秦時大率十里一亭，亭有長，十亭一鄉，鄉有三老，嗇夫，游徼　三老掌教化，嗇夫職聽訟，收賦稅，游徼，徼循禁盜賊，三老用於選舉，無異於今之鄉自治職員。（見漢書百官表）（壬）萬里長城的建築，秦時匈奴異族，是遊牧的部落，專陵掠中國的邊境，戰國時，燕趙等國，因北地山險築長城以備胡戎，秦始皇滅六國，乃首聯絡之，因河爲塞，築四十四縣城，從臨洮起首，築到遼東，凡五千四百四十餘里：號萬里長城，西人南懷氏，列爲世界大工程之一，秦始皇築萬里長城，所以防胡人之南下，胡人南下，必把中國的領土侵略，人民食場受佔領，影響於國民經濟生活者必甚大，這個建築，雖勞民傷財，然在中國文化上是有重大之貢獻的。（癸）建設事業的勃興，秦徙天下之富豪於咸陽十二萬戶，築宮咸陽北阪，並治馳道，營朝宮渭南上林苑中，關中建宮三百，關外四百餘，這偉大的建設，爲秦代以前所不及。其他統一文字，在文化的發展上，也有重大的關係，秦時定書爲八體，一曰大篆，二曰小篆，均用之簡冊，三曰刻符，用之符傳，四曰蟲書，用之旛信，五曰摹印，用之璽，六曰署書，用之封檢題字，七曰殳書，用之銘勒兵器，八曰隸書，用之徒隸，而隸書最爲流行，此亦可見秦代之偉作，惟是秦代因伸張君權愚弄人民的結果，焚詩書坑儒士，本成文化上的大厄，這是可惜的事。

漢代成一大一統的局面，而文化也有統一的趨勢。我們從經濟的方面先觀察一下，自秦代創立私有制度，人民雖因自由競爭而促社會之進步，但由私有制度的結果，土地漸漸集中於豪富之手，遂致貧富懸隔，正如董仲舒政論中所描寫的：「富者席餘而日熾，貧者躡短而歲蹙，歷代爲虜，猶不贍於衣食，生有終身之勤，死有暴骨之憂。」同時因人口日多，而社會需要田地耕種的日多，所以董仲舒主張限民名田以贍不足，塞兼併之路，孔光何武主張吏民名田毋過三十頃，期盡三年而犯者沒入官，師丹相孝哀，也主張限田說，社會經濟已發生這種情形，所以社會制度和社會文化，也跟着這種情形而演變。(甲)疆域的擴張，因爲感土地的需要不足，不能不努力擴張領土。於是南方諸國，如桂林象郡南越，一概內屬，西南部分，由唐蒙通南夷，司馬相如通西夷，郭昌平西南夷，且把朝鮮統屬中國的版圖。先後遣衛靑霍去病等北伐匈奴，其勢漸漸瓦解，中國文化遂施及北方。(乙)西域的交通，漢代葱嶺以西，有五十個小國如條支，安息，大月氏，大宛，烏孫，武帝欲交通西域，特遣張騫探險，由隴西出發，經過大宛康居到月氏，又從敦煌到輪臺。分置屯田，設守亭障，從此西振，遍及天山的南路，威服了西域諸國。(丙)水利的講求，因與農業經濟，有重大的關係，漢代用劉信文翁，把水利來加惠大多數的平民，爲社會所稱道。武帝時穿漕渠龍首渠及白渠，又親自塞瓠子河，以除水患，是關於民生的證據。(可參閱商務版本國史)(丁)財政的講求，理財的計劃，是國家經濟進步的象徵，漢武帝時用了張湯孔僅桑宏羊之徒，把財政講求，先後頒行新法。(子)設均輸法，設平準官於京師。(丑)天下鹽鐵，由國家專賣。(寅)用白鹿皮幣，稅出鈔緡的征收，又造銀錫爲白金三品，鑄五銖錢。(戊)重農的政策，漢代對于民食非常注意，特置有力田一科，獎勵農業，文帝時採用晁錯的重農貴粟疏，准人入粟縣官拜爵除罪，景帝時聽民移徙寬地，並親耕籍田，做人民的表率，武帝時用董仲舒的計劃，特遣謁者勸種粟麥，又封丞相田千秋爲富民侯，用趙過爲搜粟都尉，趙過把后稷所創的代田法，廣告人民，用力少而得穀多，可算是農業上的進步。(己)通商的發達，西漢時代極力發展國外的通商事業，商業區域，擴張到匈奴朝鮮西南夷西域，直達現今阿富汗及波斯印度一帶。這通商區域的擴大，就是爲後來輸入印度佛教文化的通路。中國是蠶絲出產國，絲的綾錦，文彩鮮明，質地堅美，很合當時異國人嗜好，亞力山大秦等，綾錦所輸入歐洲的方面，震耀歐人的耳目。可見當時物質上的文化勢力了。但是這些在膨脹的商業經濟，是否與當時大多數平民經濟相適合呢？商業資本的發展，對於農民必加以剝削，以高利貸吸取他們的血汗，或以資力吸取他們的耕地，農民受着商業資本的壓迫和搾取，都失掉了耕地，日陷於貧困破產，在這殘酷壓迫中，不能不找一條出路，王莽是當時一個政治家，看見這嚴重的社會經濟情形，想將耕地制度根本改革，復興古代的井田制度，所以詔令剝奪大地主私有過剩土地的權利，凡有超過法定一頃的，應平分九族鄉里，據井田法的表示，田爲一人所有，他頒佈詔令中有說：『今更天下之田爲王田，奴婢曰私屬，皆不得買賣；其男口不過八而田滿一井者，分餘田與九族鄉黨，故無田今當受田如制度，敢有非井田聖制，無法惑衆者，投之四裔以禦魑魅。』可見他看見當時嚴重的社會經濟情形，而表彰堅決的主張。莽復古運動，施行兩年，結果引起社會的騷亂。御批通鑑輯覽上所說：『莽性燥擾，不能無爲，有所與苗，動欲慕古，不度時宜，制度又不定，吏緣為奸，天下謷謷，陷刑者衆，莽知民愁，乃令民食王田，皆得賣之，」史家稱當時農商失業，食貨俱廢，百姓涕泣於道，在那時農民受不得壓迫，不得不起來暴動，即所謂赤眉之亂，赤眉是那時貧民隊伍中最大的部分，是失掉耕地的農民，是受了背捐雜稅天災兵禍，以及商人地主剝削的無產階級，這百餘萬人的暴動，結果祇推翻了王莽的統治，光武恢復了劉氏的統治權，因經濟社會的困苦，發生農民的暴動擾亂，因農民的暴動擾亂，而文化遂受摧殘，隋書牛弘傳有說：『王莽之末，長安兵起，宮室圖書，並從焚燼，此則書之二厄也。』

東漢光武，繼續了統治權，注重休兵息民，解王莽之繁苛，還漢世之輕法，關于稅制，改田租十一之制，爲三十稅一，他對於經濟上先求鞏固社會的基礎。而後注重國家文化的復興。光武即位之後，首起大學，大興教育，立五經博士，修明禮樂，起辟雍和明堂，設小學以教授貴族子弟，且力獎名節以矯頹風，當時長安遊學諸生，如鄧禹學詩，賈復學書，馬援受齊詩，耿弇治詩禮，寇恂馮異通左氏春秋，對于文化頗有貢獻，至漢明帝時，戶口增多，國庫充實，國家咸力向西發展，所超使西域後，印度與中國交通，以大月氏爲運輸的中心，明帝命蔡愔使月氏，求佛教經典，遇還洛陽，從事繙譯，印度佛教的文化，東漸中國，使中國文化學術思想發生重大的影響。關于國內的文化，如注疏學，訓詁學，校讎學，其學益盛。其他天文學，醫學，音樂學，圖書學，建築學，也有發達的象徵。但是東漢到了末年，因政治上的混亂，演成社會經濟的混亂，黨禍日興，宦官日加跋扈，宦官的親友，出據州郡，剝削百姓，百姓寃無可訴，就變成盜賊，鉅鹿張角聚衆起兵，號爲黃巾。繼有三國紛爭，一直到後魏六朝時代，總是中國社會極爲紛亂的時期，幾百年全國不斷的戰爭兵禍，將社會生產關係破壞不堪（晉惠帝時天下荒亂人民多餓死）這個紛擾的原因，一方面是中國西北部游牧的民族，侵入的擾亂，一方面是大多數的農民，在當時商業資本及地主剝削之下，受了痛苦，因這兩種原因，釀成許多流離轉徙，得不到耕地以資生活的農民，成了當時社會嚴重的大問題。如後魏孝文帝太安和時，李世安上疏說：「竊見州縣之人，或因年荒流移，棄賣田地，漂居異鄉，事涉數代，三長既立，始返舊墟，廬井荒涼，桑榆改植，事已歷遠，易生假冒，强宗豪族，肆其侵陵。」可說是當時社會經濟狀況的描寫。社會陷於擾亂，經濟發生窮困，國家文化，也受重大的影響。如劉石之亂，漢時經學多失其傳，南北朝風尚多趨浮華，不務實際，是也。

五胡擾亂幾三百年。這時期是中國文化銷沉的時期。及隋代興起，文帝統一中國，先從改善社會經濟着手，勸課農桑，以滋殖生民衣食之源，煬帝承天下昇平之後，內則盛興土木，外則屢動遠略，文化事業亦多發展，如官制或依漢魏，或仿北周，組織頗爲完善，兵制以府兵爲最善，分平時臨時二種，京師平時之兵，掌於十二衞，地方平時之兵，統於刺史都尉，臨時之兵，有左右十二軍爲名，唐代兵制，即仿此而改進，學制則普及學校於郡縣，教育達於西方，又注重交通發達，開通濟渠永濟渠邗溝江南河，自天津達杭州，長凡二千二百餘里，中國南北文化賴以溝通。

唐代統一中國，都於長安，他的國勢，可稱強盛。其文化亦稱盛一時。當太宗時國家財力日益充裕，所以能維持統治至三百年之久，唐代政策，也甚重社會經濟的調劑，通考說：『唐自太宗時置義倉及常平倉以備凶荒，高宗稍假義倉以備他費，神龍中略盡。玄宗復置，後第五琦請天下常平倉，皆置庫以蓄本錢，』其法不但儲糧，且儲布帛絲麻等，又置庫以儲本錢，其制更備。唐代也極注重農民的耕地問題：唐武德七年用均田制，凡天下男丁十八歲以上者給田一頃，篤疾廢疾給田四十畝，寡妻妾三十畝，若爲戶者加二十畝，皆以二十畝爲永業，其餘爲口分，永業之田樹以榆棗桑，及所宜之木，田多可以足其人者爲寬鄉，少者爲狹鄉，狹鄉受田減寬鄉之半，其地有厚薄，歲一易者倍受之，寬鄉三易者不倍授，工商者寬鄉減半，狹鄉不給。凡庶人徙鄉及貧無以葬者，得賣世業田，自狹鄉而徙寬鄉者，得並賣口分田，賣者不復授，死者收之，以授無田者。凡收授皆以歲十月，授田先貧及有課役者，』但這種制度雖因玄宗時爲着戶籍鄉賬之故（三年造鄉賬一年造計賬）因而廢止，也是因商業發展豪強兼併因而崩壞。新唐書食貨志說：『初永徽中，禁買賣世業口分田，其後豪富兼併，貧者失業。』杜佑在通典中曾說：『開元天寶以來，法令廢弛，兼併之弊，有踰於漢成哀之間。』可說是描寫當時社會經濟狀況。我們知道唐代盛時國力充盈，文化發達，其商業與經濟發展的原因：（甲）東西陸路的互市：東西陸路的交通，至唐而極盛，唐興征服突厥，開天山南北葱嶺東西孔道，橫越中亞細亞，包有烏滸河（即阿母河）兩岸之地，遂與波斯接壤，西域諸商之東來者日多，中國人之商於波斯天竺者日衆，中西文化因此得觸而交換。（乙）海路的交通，唐代商業發展，印度洋之航路大通或自錫蘭傍西印度海岸而入波斯灣，或循阿剌伯海岸而抵紅海灣口之亞丁，錫蘭一島爲當時商業的中樞，中國人馬來人波斯人，非尼基諸種人，皆輻輳於錫蘭通貿易，及阿剌伯勃興，恢張海運，經過南洋諸國，達到我國的沿岸。武后時，阿剌伯商人在廣州泉州杭州的計有數萬之多，可想見當時的盛況。唐代的經濟情形既這樣，故對於文化能有所發展，太宗時立宏文館，與州縣諸學，後又開禮部試，集四方名士於京師，此外巡狩行事，集四方之俊秀於行在而試之。關於教育，京師國子學，太學，四門小學，東門學校，有律學，書學，算學，又設有崇文宏文兩館，爲宗室功臣子弟肄學，他如軍事訓練，亦設博士授之經，文化隨經濟的進展而擴張。因此日本高麗新羅高昌百濟吐蕃西藏等地，羨慕中國文化服飾禮義之美，遣子弟留學於唐，與今日我國學術荒落而留學於國外，適成反比例。

但是唐代末年的情形就大不同了，唐代末年因爲封建藩鎮的割據與土地兼併的盛行經濟上有此劇變，就會牽起了大騷亂，所謂十節度使，各統數州，手握土地中兵財賦之權，獨佔兼併之事，日益發展，租庸調之稅法，難以實施。班田法也等于具文，中國財政史講義有說：「自武后臨國以來，民避徭役，逃亡漸多，田產移于豪富，官不收授。」唐末黃巢的暴亂，就是因為廣大的農民，失掉耕地，不能負担煩苛的賦稅，起來暴動的緣故。據唐書所載黃巢到長安時曉告民衆說：「黃王非如唐家，不惜爾輩，各安居毋恐。數日後如是大掠富有者，縛箠諸人，索財號淘物，富家皆洗，驅出他的居宅，捕得官吏悉數斬殺。」可見這種慘形。這是社會經濟狀況劇變演出的行動。他們的這種行動影響到唐室的命運，從黃巢叛亂，直經過多年的爭奪屠殺，造成五代的局面，北方游牧民族 侵擾。釀成六七十年的戰亂實為中國文化史上混亂的時代。（唐代文學史學經學所以興盛，則由太學植基之深，亦由搜輯圖書之故。書籍至唐始分四類 為經史子集，黃巢之亂圖書多亡）五代時，中原板蕩，黃河南北，為沙陀契丹之戰場，至石晉割燕雲十六州以賂遼人，於是薊燕之地，為遼族的窟宅，梁唐晉漢周，先後佔領中原，生靈塗炭，比之五胡亂華，南北朝分裂時代，有過之無不及，中國文化的銷沉，是必然的結果。

五代兵戰頻仍，人民不能安居樂業，流離失所，不堪設想，一切供應，皆取於田賦，全國經過多年的混亂，耕地所有制度之破壞，和佔有關係之混亂，已到極點。在這種經濟狀況之下，故宋代三百二十餘年中，都不能頒佈一耕地法令，宋史食貨志說：「五代以兵戰為務，條章多闕，周世宗遣諸使均括諸州田，（命官吏到各地均賦）（太祖即位，循用其法）可知宋代是承五代混亂田制，而無所變更，並無限制過農民的耕地，當時只官田和民田兩種，說不到均田制度。五代唐代節度使的流弊，各地軍人有財政兵馬的大權，把租稅，斬不上輸，宋太祖雖能削除其權，但對於人民仍然加以剝削，各州縣經費金帛悉送汴都，凡各路之財，設轉運使以掌之。其後因爲不斷防北遼古民族（契丹，遼，金，元）侵界的戰爭，弄到財政困難，苛捐雜稅，直取農民，不勝痛苦。如朱熹奏摺中所說：「細民業去稅存，不勝其苦，」謝方叔奏摺中說「小民百畝之田，頻年差充保役，官役誅求百端，不得已則獻其產于巨室，以規免役，小民田日減而保役不休，大官田日增而保不及。」可知當時捐稅的苛重。而且貧民，也是受富豪之剝削，宋史食貨志說：「歲年多稼不登、富者操奇贏之資，貧者取倍稱之息，一或小稔，富家索償愈急，稅調未畢，資儲罄然」宋代財政經濟的情形是如此，所以對于異族的侵陵，一因兵權的削弱，未能與之抗爭，一方因經費的困難，未能從事北討，對於遼金不能不以屈服忍辱爲能事，因此影響於學術思想，受印度佛教文化的溶化，而提倡主靜尚敬的理學。宋代文化以提倡理學爲最特色，如周敦頤，（湖南永州人）稱濂溪先生，著太極圖說，明天理的根原，究萬物的終始，其學以無欲主靜爲人極，是爲濂學。程顥稱明道先生，顥之弟頤稱伊川先生，前者出入于釋老，後者主張以誠爲本，是爲洛學，張載稱橫渠先生，其學以樂天命易以爲宗，主張養氣之論，是爲關學。朱熹之學，以窮理致知反躬踐實而以敬爲主，是爲閩學。這種種學派，都是受了佛教空無之旨染了色彩，故關于利用厚生征服環境反抗自然之科學的文化精神闕然不講，宋代對于文化上所取的途已然如此，所以在北宋時王安石主張富國强兵的政策不能行，安石制置三司條例司，在于制衆併濟貧之，以貸貸貧民，均輸法以通天下之貨，市易法以抑制豪富，保護貧民，流通金融，募役法，以納錢免役救時惠民，方田均稅法，以定稅則，凡此皆以當時廷臣之拘迂守舊而反對不克實行。宋代文化趨重性理學，故旁衆經學，如歐陽修司馬光呂公著王安石范鎮呂大防等，雖不專以儒著，但亦皆深於經術，宋太祖時，繼佛寺，許佛像，遣僧行勤等至印度，又印行大藏經，且僧徒遊西域而歸者，亦復不少，所以印度佛教文化，大盛行於宋代，因翻譯之業盛，同時活版之術，發明於神宗時，此影響於文化之推廣甚巨，（太宗時當時僧尼十七萬人，使西僧譯經論，真宗時，僧尼之數至四十六萬餘人之多）。

蒙古族，是突厥的一部分，爲游牧種人，世爲遼金所覊屬，及合不勒爲部長，始有汗號，金人歷代之無功，乃與議和，傳至也速該始强，併合諸部稱成吉斯汗，首滅鄰近諸族，繼則伐金滅夏，最遠則西征至俄羅斯，自成吉斯汗至世祖凡五十年間，蒙古領土，東自朝鮮，西達歐洲，北自貝加爾湖，南及安南，實爲曠古未有的大帝國，世祖時始滅宋朝而領有中國，蒙在地理上擁有適種優異勢力，本來可以對世界文化，有一番融合及另創一特殊的新異的文化的機會，但是蒙古民族乃是一游牧的落後民族……不能發他創造文化的大業，不過在蒙古統治的時期，略爲吸收中國印度波斯歐洲的文化而已。鄭思肖心史大義略序有說：「韃靼粗所居，並無屋宇，氈帳爲家，得水草而住，韃[illegible]衣，無號令以合同出入，不識四時節候，以見草青爲一年，人問歲數　但以幾草書爲答，「可知他的文化實爲淺演。蒙古據中國而爲元朝，對于中國文化很少建樹，且可說大體上是蹂躪摧殘，殊少特殊的建樹。予在拙著中國政治思想史大綱一書有說：『遼女眞蒙古等，這些異族是游牧民族，對於中國的文化政治沒有甚麼貢獻。中國黃河流域，受這些游牧民族的侵擾，元氣太傷，至今尚不能恢復，中國歷來的文化到了元代，得不到甚麼鼓勵，仍舊循老軌道走。』（見商務版三五九頁）蒙古民是慓悍粗野的，所以當蒙古太宗滅了金國的時候，近臣別迭曾獻議道：『把漢人留着於國家，沒有甚麼好處，不如把他們完全除去了，因此這地方做我們的牧場。』幸而當時有個契丹人耶律楚材，在成吉思汗面前阻止，保全各地文化事業不少，這是何緣故呢？皆因元朝與　民族經濟立場不同，所以對於文化的認識，就有不同了。我們從經濟政治方面看去，元朝統治中國，把人民分爲四級，一等是蒙古人，二等是蒙古以外各部族人，名爲色目人，三等是漢人，四等是南人。對於漢人南人，（江南一帶宋朝遺民）極力壓迫，對於經濟政策上完全是一種聚斂政策，設立十路宣課司，統爲各地方徵收剝削的機關，對於一般人民，防遏得十分嚴厲，各地方城互聯防，而官司兼民政，每十家設一甲長，駐在那裏監視一切，因爲這樣在文化上發生一種重大的影響，即是凡知識階級不敢公然提倡民族的革命的文藝，而提倡娛樂的享用的戲曲小說文學，而避免異族的誅戮啊。元代在中國文化史可紀述的一點，是戲曲及小說的發達，元代雜曲有五百三十五本，其傑出者，於北曲則有西廂記，於南曲則有琵琶記，所描寫的皆不外男女離合悲歡的情緒，至於小說所出頗多，有名的水滸傳，頗具俠義的豪氣，未能樹民族的精神。其他因元代版圖的廣闊，海陸交通的發達，東西文化，因接觸而溝通，而阿剌伯波斯的學士軍人，與意大利法蘭西之畫家職工等，來元朝作工的頗多，馬可波羅就是其中著名的一個，於是西方的天文算術及醫學，概係入於我國，我國的羅盤針印刷術等，在那時也傳到西方。

蒙古人侵入中國，攘奪中國的政權，在經濟上是居於征服階級剝削的地位，且以政治力量，攪亂中國社會之經濟組織。那時屯田或軍田制度中，就是以蒙古軍中之長官攘奪漢人的耕地成為屯田軍，又利用所掠佔的耕地，而實行殘酷的剝削。據廿二史劄記說：「元人初入中原時，那王公降官，多據佔民田以為牧場，幾至千萬。」可知元代統治時經濟剝奪之一貫政策。元代因政治壓迫與經濟剝奪，所以沒有注意到文化的擴張，這種壓迫與剝奪的結果，會釀成遍地烽起的農民大暴動。所以由貧農起家的朱元璋，領導農民而推翻元代的統治權。中國歷史上每一次的大暴亂，都是由農業社會經濟的劇變而釀成的，每一次縱亂的結果。幾千幾百萬的農民，或因戰爭而死亡而遷徙，因此許多的區域，變成許多的荒地，在暴亂之後，操着統治權的統治者第一件要事，是注意人民經濟狀況的改善，而後談及國家文化的開展，如洪武時鄭州知州劉驥琦上書說：「自辛卯河南起兵，天下騷然，兼以元政衰微，將帥凌暴，十年之間，耕桑變為草莽。」顧炎武日知錄說：「明初承元大亂之後，山東河南多是無人之地。」戶部郎中劉九皋的奏揭上所說：「今河北諸處，匪鄉田荒，居民減少，富徙山東山西之民往耕種。」—這可以證明經濟社會變遷的趨勢。明太祖得下統治權之後，沒有注意到大多數平民經濟的改善，竟專注意政權的鞏固，鑒於宋元孤立而亡，乃擇名城大郡，以封諸子。致釀成後來數次的變亂，據明史食貨志說：「洪武時，邊地三分守城，七分屯田，內地三分守操，七分屯田。」可見民間田地被軍隊佔去，亦屬不少。而且明代的土地政策，將元代貴族豪強的田，及無主的田，收歸政府 皇田的租，為皇室及政府經費的來源，管皇田的官員，常侵佔民田，所以皇田日益擴廣。其後政府雖將皇田出租與人民，只是變成人民繳納稅租而已，及經宣宗孝宗兩代，始較注重農業經濟的改善，如治黃河水患，與江南水利，設置受倉等是。明代經濟的狀況如是。而在民族方面，是務在擴民族的勢力於中國之外的革命成功，是中國民族復興的一個時期，雖因經濟的情形而窒礙，文化上有多大的開展 亦是中國文化繼續的一個轉機，如果說元代是中國文化衰微的時代，則明代可說是中國民族文化復興的時代。如理學分姚江及河東兩派。河東派以薛瑄為祖，注重的是格物。姚江派以王守仁為祖，注重的是致知。統是高談心理，不受漢唐註疏的束縛。史學，宋濂的元史，柯維騏的宋史新編，薛應旂的宋元通鑑，陳邦瞻的紀事本末。文學首推宋濂劉基方孝孺李夢陽何景明歸有光等，天文學則有貝琳朱載堉等，醫學則呂復王履戴思恭等，曆算則有徐光啟李之藻等 書法則有解縉董其昌等。明代文化比起元代自然多有振作。但比之兩漢唐宋，則覺有不及，其中制藝文的教育，可說是對於中國文化。加以阻抑。制義文的教育，時注重古典的影琢的粉飾的排偶的文藝，專取四書五經命題，限以程朱之說，不能越出範圍，遏抑人類心思才力的發展，莫此爲甚。惟明代以航海事業的發展，歐亞交通，葡萄牙人西班牙人荷蘭人英人向中國通商，西方的文化開始傳入，發生巨大的影響。基督教初期來華，教士中不乏苦行力學之士，對於科學頗有新貢獻。如意大利人利瑪竇(Ricci-Matteo)以曆法傳授中國人，其他地理學機械學醫藥學也有相當的介紹，自是以後，西方文化影響於中國近代和現代的文化，可說是很大的。

明代以經濟狀況沒有改善，統治者對於農業社會沒有維持，結果不能免於農民的困苦。國家財源的凋敝，且不能免於政府的苦苛征。明代徵稅國用漸裕而人民先困，各省派置稅使，以奸民爲爪牙，窮鄉僻壤，米鹽雞豕皆有稅　又閭里店於各省中人之家，大半殘破，士民因抗稅而因繫者不可勝紀，(據顧康伯編中國文化史三〇〇頁)。這種苛斂會引起農民集團廣大的反抗，即歷史上有名的張獻忠李自成的大暴動，此大暴動的羣衆，都以貧農流氓無產階級爲主幹，其他的饑民叛卒逃卒，加以比附。據清代通史說「考流寇所由起，大約有六，曰叛卒，曰逃卒，曰驛卒，曰饑民，曰響馬，曰難民……」這純是明代社會失却調劑的緣故，因此東北新興滿洲民族，乘明室的內亂而侵入中國，盤據京闕，殺戮漢人，開二百六十餘年異族宰割中國的局面，同時把明代復興漢族文化，施以壓迫摧殘的手段。滿清入關，關於民族象徵社會風俗所繫的薙髮一事，看得很重髮。滿剔以薙髮爲分別順逆的測驗，竟有留髮不留頭留頭不留髮的口號，因此引起漢民族的猛烈反抗，如江蘇之江陰，嘉定，崑山，吳江，太湖，宜興，松江，崇明，安徽之徽州，寧國，江西之建昌，撫州，贛州等處，都當起反抗，結果失敗，以江陰嘉定受禍最烈，江陰城內人民之死者約九萬七千餘，城外之死者亦在七萬五千以上，滿洲民族以游牧部落沒有甚麼高尙的文化，對於漢族的鎭壓，當其時不能不用一種劇烈的武力的屠殺行爲，這種給予漢族的大傷痕，爲後漢族復興光復故國的伏流。但以滿洲統治幾三百年的歲月，漢人民族精神，以受威脅日漸喪失，而稽延崛起的時候，至如此之久，不無遺憾。滿清入關後，開首就破壞中國社會經濟組織，即是縱容滿人旗人圈佔人民的田地，凡指圈之地，則滿人請通漢人則請出，初施於直隸各省，繼則凡滿人駐防之地，亦依樣橫行，農人受滿人踐踏甚慘，且滿人圈佔各地，不從事於生產，而從事於娛樂。順治時諭戶部說，「田野小民，全賴土地養生，朕聞各處圈佔民田，以備畋獵放鷹往來下營之所，夫畋獵原爲講習武事，古人不廢，然恐妨民事，必於農隙，今乃奪其耕耨之區，斷其衣食之路，民生何以得遂。」可知當時強奪人民經濟生活的苦況。滿淸對於漢民族的經濟壓迫，同時也對於漢民族的文化，加以壓迫，凡漢人之言論思想著述亦加以箝制，如康熙朝有莊廷鑨之明史獄，戴名世之文集獄，雍正朝有查嗣庭之試題獄，陸生枬之論史獄，謝濟世之經注獄，曾靜呂留良之文詩獄，乾隆朝有胡中藻之詩鈔獄，王錫侯之字貫獄等，無非想消滅漢人對於文化創造的事功。又據乾隆四十一年，海成奏稱：「各屬蒐買，以及民間繳出總燬禁書，前後共有八千餘部之多，海成係江西巡撫，僅江西一省，禁書已至如此之多，則合他省而統計之，其多可想，故自乾隆三十九年至五十三年，禁書之有目可稽者尚不下三千種，（可參閱商務版本國文學參考書卷二之上一〇九頁）據此可知滿人摧殘漢族文化的辣手段了。有謂史家以爲清代提勵文學，對於中國文化的發展，不無功勞，如康熙時代之詔開博學鴻詞科，網羅英俊以編纂各種書是也。當時經學有周易折中、詩經春秋傳說，三禮疏義等。史學中皇輿圖表，御批通鑑綱目等，性理學中有性理精義，朱子全書等，文詞中有三朝詩選，古文淵鑑等，其他分類之書，有圖書集成五千餘冊之多，佩文韻府、淵鑑類函，駢字類編，分類字錦等，是皇皇大觀，但是當知清代獎勵文學及其他學問，不是推崇中國的文化之宗旨，是以消磨漢人的民族文化和文化精神爲宗旨，自清代獎勵文學之後，一代學風，遂失去顧亭林等爲實際活動而考據的精神，竟成專爲學問而從事考據學，因此，遂失去創造文化的獨立精神。惟於故紙堆中撫拾文化的渣滓和以自欣賞。因爲專重考據學問，而不能加政治的運動，是逃避現實的生活，不敢向現實生活不良的勢力，樹起反抗的旗幟也。以上論經濟的狀況與文化的影響，經濟原因雖是重要。但非決定文化一切的原因。

（四）現代世界物質經濟之進步與現代中國文化的影響

滿清統治中國至二百六十餘年之久，在此長久的歲月中，可說是中國幾千年文化，到了清朝是衰落的時期。但從另一方面看來，因爲世界交通的開展，世界文化，如奔放的潮流，傾進中國，中西文化的接觸，使中國幾千年固有的文化，得有黎明復興的機會，中國歷史上的文化，可以從新估定其價值。自滿人統治中國以後，以游牧淺演的文化民族，竊佔中國幾千年文化之邦，初與世交通，尚以天朝禮義之國自驕，而鄙視歐西的文化，據英使馬加特尼之紀載（馬氏以乾隆五十八年，奉命使中國）云：『中國朝廷，對於新學術之發明，毫不關心，深堪詫異，常與某大臣於熱河會見，於歐洲諸種發明中，特就輕氣球事，謂宜備置一球於北京，且常雇使用教授者一人，某大臣非特不容余言，即詢在一處諸長官，亦皆以爲不然，觀中國新聞，（所言新聞係宮門鈔之類）此諸長官，皆占樞要位置者，其他尚何言乎，據初時教會報告，康熙帝頗留心化學，謂繼承帝之偉大資質者，殆無其人，余今殆知中國朝廷之政畧，與自負心相關聯，彼欲凌駕萬國之上，而對於實際所見不遠，不知利用之方云云。』可知當時清廷的態度，對於歐西的文化學術，是表示排拒的。但自滿清嘉道兩朝以後，與歐西交通頻繁，外力日日向中國推進，清廷以國勢的衰頹，外侮的衝激，遂將岸然自大，輕視他國之陋見，逐漸廓除，一方海洋大通，歐西的新思想乘時激蕩有不可遏抑之勢，一方因清廷專制壓抑過甚，國民覺悟起來，知中國舊有的文化學術思想，不如歐西遠甚，表示歡迎的態度。平心思之，歐美的文化，學術思想，何以比較中國舊有的文化及現代的文化爲進步爲優良，這是不難解釋的。因爲歐美現代的文化學術思想，是注重科學的精研，是注重物質的進步，是注重經濟的發展。歐美現代的文化特質，一言以統括，就是受科學之賜，科學能改造環境，制服自然，因此在物質上，可以達到人類期望的標準，精神上，能使人類毅然改變其舊觀念，而傾向於生活的態度，從科學的途徑走，遂造成十八世紀的大革命，十九世紀的科學時代，二十世紀新文化時代，十八世紀以來歐美種種的變動和文化的進展，可分二部觀察，（甲）由科學的基礎以革新思想，思想的革新實是促進文化進步之動機，爲近代與現代革新思想的開論者，以英國首出的倍根（Francis Bacon）洛克（Rocke）休謨（Hume）所倡的經驗哲學，達爾文（Darvin）之進化論，斯賓塞（Admuhd Spencer）之功利論，彌爾（Gohn Stuartmill）之經濟原論，法南西孔德（Comte）所倡之經驗哲學，柏格森（Bergson）之玄學，德意志斐希特（Fichte）之認識論，赤格爾（Negel）之辯證論，叔本華（Schopenhauer）之天才主義，英國皮爾生（C.S. Peirce）之實驗主義，詹姆士（William James）之心理學，杜威（Jhona De Wey）之實驗邏輯，其他關於文學，有英國之莎士比亞（Shakespeare）愛迪生（Adison）斯咯脫（Scott）擺倫（Byron）施萊（Shelley）迭更斯（C. Deekens）丁尼孫（Tennyson）等。有法蘭西之盧梭（Rousseau）福祿特爾（Voltaire）胡果（Victor Hugo）大仲馬（Alexader Dumas）等。有德國哥德（Goethe）施拉（Scheler）等。關於史學，有英國之馬可萊（Macaulay）安諾德（Arnold）喀萊耳(Carlly)等。有德意志之尼披（Nebuler）魯登（Luden）等。有法蘭西之介索（Guizot）泰奈（Tanie）等。關於科學：如天文學，自家利留（Galilles）發明望遠鏡，促天文學之進步，一爲天王星及海王星之發現，一爲分光鏡之發明，萬有引力（gravitation）行星移動律（Laws of Plenetary mo-tion）之發現。物理化學：有物質不滅說（Theory of Conservation of matter）能力不滅說（Teory of Conservation of Energy）德人魯根（Roenagen）發明X光線。俄人曼節夫（Mandeleff）發現化學週期律（Periodic）法國物理學家居里（Pierre Curie）與其夫人瑪麗（Marri）發現鐳質（Radinm）。生物學有華列斯（A. R. Wallace）發明之細胞論（Cell Theory）胚胎學（Embryolgy）法人拉馬克（Lamarck）所著之動物哲學，英人赫胥黎所著解剖學（Lectureson-The Elements of Comparative Anatony）赫格爾（Hegel）所著普通形體學(General Morphology）。地理學，有德人洪勃（Von Hnmbolt）所著之宇宙論。醫學：有法人巴斯德（Pasteur）之人工殺菌法，電學：有伏爾達（volta）之發明濕電池，阿斯德（Oersted）和法賴弟（Earaday）之發明電報，諸如此類不遑勝紀。我們知道由科學的進步，可以明瞭最大與最小，思想界因此有突飛的進步，而現代的文化同時也有突飛之進步，（科學與人生有何關係，可參考拙著人生問題一書一四六頁至一六三頁。）（二）由科學的發展，以促物質與經濟之進步，科學發展，交通機關，日益發達，交通機關的發達，可促世界物質與經濟的進步，同時可以影響于現代的文化發展者甚大，胡適在東西文化之比較曾有說：『如果中古時代那些祭司們可以稱爲聖，那麽加利界(Galileo)瓦特，斯提芬孫，摸孫(Morse)柏爾(Bell)愛迪生(Edison)福特等應稱爲神，而與伯勞米修士(Prometheus)卡德馬斯(Cadmus)居於同等的地位了。他們可以代表人類中之最神聖者，因爲他們能夠利用智力，創造器具，促進文化。』誠然，世界交通器具之進步，所以促進文化的效力非常之大、自一八九○年太平洋之海底電線設立，模司發明電信機柏爾(Alexander Bell)發明電話機，其他若無線電信電車汽車飛機飛艇魚雷艇輪船等等，俱爲現代科學上特別的發明以佔交通之便利，物質之進步，經濟之充裕，文化之傳播，我們看自科學發展以後世界物質經濟之狀況，就知道世界文化發達的狀況了。科學進步，物質文明工具改進，工具改進一度，而是人力減省若干，效率加增幾許，十九世紀間發明家最大的努力，就是農作器械，不但省了人工而且增加生產，不但將物價降低，而且增加效率。美國自傑佛遜氏等發明機器耕種，新哈姆省州長阿爾布祿氏，曾將新式犁耙的製作法公布，美國的農業從此遂入於新時代，有人計算全美耕地，因新犁的利用，比較舊犁，每日省却三百萬工人。又打穀機之發明，比之徒手幾人打穀，法國製好機器，可多二十餘倍。英國製多四十一倍，美國製多七四倍，其後利用蒸氣機爲原動力，每一日一機可多出一千至七千斗。又割草機與割禾機的造成，也有助工作的敏捷，一八五五年，在巴黎附近比賽，割禾機，同割一英畝的小麥，英國機工作二十二分鐘。

英國機□作六十六分鐘，法國七十分鐘，即此一端，可分徵驗近代與現代物質工具的進步，其影響於國家經濟的發展，有如何的景象。英國東南兩部，為文化區域，西北兩部，原為荒原，但自十九世紀機器發達，工業革新以後，遂變為富庶之區。英國經濟的努力，遂由於東南而移於西北。其最新之都市Yorkshiro, Durbyshiro Shike Manchester glasgow等富庶，僅次於倫敦，英國以新織機的發明，所紡織工業隨之發達，據一九〇三年之調查，英格蘭，蘇格蘭，威爾斯等處紡織工廠，共有五一，〇〇〇，〇〇〇紡紗錠，可見他紡織業的盛況。法國工業，自一八七〇年普法戰爭的結果，法國割洛林（Lorraine）亞爾薩斯（Alsace）兩省與德，法國實業界遂大受影響。因兩區廣產煤鐵，而煤鐵為機器工業之命脈，及歐戰結果，收回兩省。法國實業界經濟界，頓開一新紀元。德國科學發達。歐戰前工業大加革新，德國製造多為大機械，及電物工機器，而造船事業，在柏林特產為電氣機器，在Leipzig特產為農業工具。其他化學工業，染織顏料等工廠，尤為發達。此乃根據科學上突飛進步的緣故。歐美各國科學發達，物質經濟，因而進步，國家豐富，亦日益增加，因此歐美現代的文化，亦達到最高潮。中國自滿清時期與西洋交通接觸以來，初由外國挾其威力以壓迫我國家，蹂躪我人民，割地賠款。變為屈辱之事，痛不忍言，於是改變其自尊自傲，閉關自守之見，其對於歐美物質的文明，極為欽羨，盡棄傲慢，雖數千年禮義文化之邦，乃有所不足。派遣學生留學歐美，以期吸收歐美之物質文明暨精神文化，又翻譯西文書籍，以期促進新文化運動者也日衆，這種運動發生兩種傾向：(甲)以爲中國現代的文化，已趨於衰老，欲圖復興中國的文化，惟有對於中國固有的文化，摒除之，對於歐美的文化盡情吸收(乙)以爲中國固有的文化，有牠的文化價值，復興中國的文化，惟有發展中國固有文化的精華與價值，補充歐美的文化，以造成世界新興的文化。滿清末年時代，對於歐美文化，所以接受的緣故：(甲)是因國際的相交。清會典說：「總理各國事務衙門親郡王貝勒大臣上行走，掌各國盟約，昭布朝廷德信，凡水陸出入之處，舟車互市之制，書幣聘饗之宜，中外疆域之限，繙譯傳達之事，民教交涉之端，王大臣率屬定議，大事上之，小事則行，每日集公廨以治庶務，奏事日，則直朝房以待召見。」又說：「同文館管理大臣，掌通五大洲之學，以佐朝廷，一聲教，考選八旗子弟，與民籍之俊秀者，記名入冊，以次傳館，設四國語言文字之館（天文化學算學格致醫學共八館）曰英文前館，曰法文前館，曰俄文前館，曰德文前館，曰英文後館，曰法文後館，曰俄文後館，曰德文後館。」郭嵩燾使西紀程說：「西洋立國自有本末，誠得其道，則相輔以致富强，由此而保千年可也。」李文忠朋僚函稿卷十七說：「自同治十三年，海防議起，鴻章歷陳煤鐵礦必須開挖，電線鐵路必應仿設，各海口，必應添設洋學格致書館，以造就人才。」可知當時中西文化之接觸，是由於國際上相交，以迎導其局勢。(乙)是因政局的劇變。自道光中葉至光緒末年，是政局劇變的時期，在這時期，外患衝進中國，辱國喪師，割地賠款之事，層見疊出，因此感覺到西人之所以富强，與中國之所以會弱，全在於兩方文化基礎的不同。優劣觀感，需往情生。(丙)是因海禁的大開。海禁大開，交通頻繁，歐風美雨，激盪而至，文化由是而迎導。嚴復原強篇說：「海禁大開以還，所興者亦不少矣，譯署一也，同文館二也，船政三也，出洋肄業四也，輪船招商五也，製造六也，海軍七也，海署八也，洋操九也，學堂十也，出使十一也，礦務十二也，電郵十三也，鐵路十四也，拉雜數之，不止一二十事。」(丁)是因變法的鼓吹。甲午以後賠款負累，中國經濟，陷於奇窮，國勢愈趨愈下，主張維新變法的人漸多，康有為梁啓超等，在上海辦時務報，在長沙辦時務學堂，並在各處設立學會，努力鼓吹維新變法，歡迎歐美的文化，康有為談富國之法有六：如鈔法，鐵路，機器，輪舟，開礦，鑄銀，郵政。談養民之法有四：如務農，勸工，惠商，恤窮。談治兵之法有六：如汰沉兵而合營勇，起兵而立團練，練旗兵而振滿蒙，募新製以精器械，廣學堂而練將才，厚海運以威海外。又在開制度局議中，主張立制度局以總其綱，十二局以分其事：如法律局，度支局，學局，工局，商局，鐵路局，郵政局，礦務局，游會局，陸軍局，海軍局等，凡此的接觸歐美現代的文化，主張就是容納，以振興中國退落的文化。(戊)是因革命思想的灌輸。當滿清末年，中國社會經濟現象，政治現象，已陷於奄奄一息之境，在那時候，革命導師孫中山先生，知道康有為等所提倡妥協的變法主張，不足以振起國家的命運，又知道那時國民思想的頹敗，非以革命的學說，不足以催醒沉迷的國魂。特提倡歐美文化的思想，革命主義，以振奮人心，自是以後，人民喚醒，知道不但把滿清政權推毀，同時要吸收歐美的科學文化，創造嶄新的國家，然後可以立足於世界啊。自辛亥革命成功，民國成立以後，因革命將來之政權，推讓於袁世凱，由是政治上的反動，封建殘餘的勢力復活，在文化上反映，而成一種復古的停滯的狀態，及帝制失敗，這復古的文化思想，漸次退落。民國六七年，新文化運動崛起，一般受了科學洗禮的人物，從思想方面，進攻舊勢力，舊思想。當時新新文化運動的主要人物，如胡適等，宣傳機關，是新青年新潮兩雜誌，新青年會反對封建思想中心的孔教論調，反對陳腐的舊文學，提倡民主的政治思想，及科學與語體文學等。新文化運動至當時知識界的贊助，有巨大的影響，封建時代與復古的文化思想，得到科學和民主的兩大奔潮，難以支持下去。自五四運動以後，全國青年界有很大的振奮，全國思想界，也有很大的革新。當時大小刊物，風起雲湧，不下乎數百種。同時歐美各派各家的學說，不論主張積極的消極的或個人主義，都如花卉怒放，因主張的不同而分許多的派別，如孫總理和國民黨所代表的三民主義派，以建設雜誌為宣傳機關。梁啟超等，所代表的東方文化派，以共學社時事新報晨報為宣傳機關。曾琦陳啟天等所代表的國家主義派，以醒獅週報為宣傳機樹。同時譯述界，如雨後春筍，且以歐美治學之科學方法，整理國故，如胡適之考證紅樓夢水滸等書，梁啟超之整理古代政治思想，郭沫若之整理古代史料等。關於社會科學，也介紹歐美與新俄的許多名著。在文學小說方面，有魯迅所著的吶喊和徬徨，代表中國自然主義的創作。現代中國文學的萌新・可說是受了歐美現代文學的影響的。在現代革命文學中，對於白話文的宣傳，是有巨大的效力的。在民國紀元前有湖南的陳天華，四川的鄒容，可說能以淺顯的文字，宣洩革命的熱情，如陳氏所著猛回頭，警世鐘，中國革命史論等。鄒氏所著革命軍，是白話文學的先覺，中國現代的文化運動，與革命的文化運動，是受了歐美科學的新思潮的所影響，是無疑的。中國現代的文化特質，除却接受歐美新文化的部份來講，中國現代的文化是退步的，落後的，頹喪的，從整個的中國文化來觀察，中國文化自有她的長處，從斷代的中國文化來觀察，中國近代與現在的文化，也有他好處，梁啓超於中國古代學術思想史說：「合世界史通觀之，上古史時代之學術思想，我中華第一也，惟近世史時代，則相形之下，吾汗顏矣。」又梁氏於先秦政治思想史有說：「人類全體文化從初發育之日起，截至西曆十五六世紀以前，我國所產者，視全世界之任何部分，皆無遜色，雖然我國文化發展之途徑，與世界任何部份皆殊其趣，故如希伯來以印度人之超現世的熱烈宗教觀念，我無有也。如希臘人日耳曼人之瞑想的形而上學，我雖有之而不昌，如近代歐洲之純客觀的科學，我益微微不足道，然則中國在全人類文化史中尚能占一位置耶？曰能，中國學術，以研究人類現世生活之理法爲中心，古今學問家，皆集中精力於此方面之各問題，以今語道之，即人生哲學及政治哲學所包含之諸問題也。蓋無論時代何宗派之著述，未嘗不歸結於此點。坐是之故，吾國人對於此方面諸問題之解答，往往有獨到之處，爲世界任何部分所莫能逮，吾國人獨列世界文化博覽會之陳品，殆論。「中國的文化都爲人類文化史裏以人倫哲學及政治哲學見長的？猶如梁氏一說，僅以此見長，則中國近代的文化與現代的文化，無怪比較歐美科學的文化物質的文化爲落後了。」抽象的形上的理論的玄想的文化，當然比不上具體的物質的實驗的理知的文化。中國春秋戰國時代百科爭鳴，漢唐時尤能振其餘緒，自宋代提倡玄想的抽象的性理學以後，就偏空無，清代辭章考據之學，而與科學的物質的文化距離，故說中國全文化史來說，文化有所長，也有所短。蔡尚思於其所編中國學術大綱把世界三大支文化列表如左：

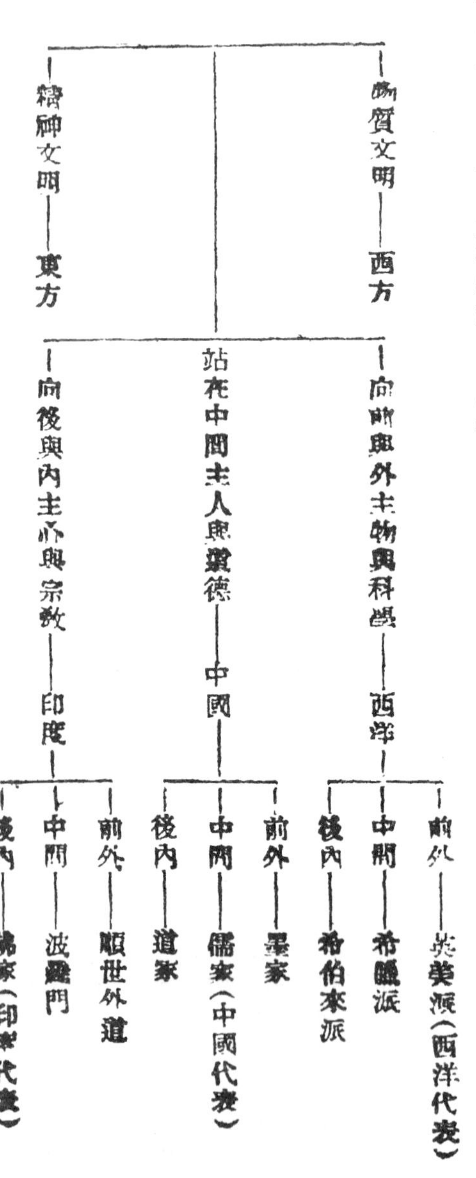

如上表，中國的文化是中間的文化；是以儒家爲代表，但是儒家所主張的仁義道德果能爲中國社會的文化中心麽？繁文縟禮，高談性理，外飾禮節，弄成虛僞的自私的利己的爲我的機智的社會行爲，在每一時期，雖間有節義高尚之士，以爲標榜，但很少與社會的主幹勢力，以轉移全部的風氣。故就中國斷代的文化史來說，中國近代與現代文化的衰弱與低落。（請先閱西洋文化時期的文化而說）則中國的文化是下降的，是退後的，這種立說非我一人的私言。（就全部中國整個的文化來說，中國文化精神自有優長之處）胡適曾在湖南大學，演講我們對於西洋文化應取的態度有說：「談到文化，真令我們傷心，我國最近數百年來的文化，可說是已經失敗了。無人敢於否認了！文化失敗，國家民族衰弱的狀態，也隨之表示出來：……我國的敵人，第一是國家和人民的貧窮，第二，是國人的衰頹病廢，第三是國民愚昧無智，第四，是政治腐敗與貪官污吏橫行，第五，是內亂不息，請貧病愚貪亂五者，就是我們經濟的大敵，我們能解決這五個問題，甚麽敵人都可以不怕，我們的文化有不有解決這五個問題的能力呢？我可以胆大的說一句，沒有。本來我國真正的古代文化，最初的先哲的文化，是很有價值的，但因中間經過了一個麻醉時期，把固有好處失掉了，我國古代文化，如先秦文化有三大目標，就是正德利用厚生，正德是人格的修養，利用是增加人與物的效用，厚生是求人民的富裕。」在這篇演講詞裏，胡氏極反對佛教傳入中國後，提倡空無的非人的文化，及主敬與格物致知相反的文化。他又說：「歐西文化，已成了一種世界文化，是無法可以抵抗的，我們無論如何的反對，總不能不用他們那種物質上的創造和電光電報火車輪船等：：西洋文化，並不是唯物文化，乃是高尚人的文化，只有我國晚近文化，眞是唯物的文化，是下流的文化，怎見得呢？因為我國人不能征服物質，不能克服自然，處處被物質拘束，甚至天災水旱，無法避免，惟有迷信鬼神，這種逃不了物質和自然環境的束縛的文化，不可說是唯物的文化麽？西洋文化就不然，他能充分利用人的聰明材智，征服環境，克服自然，能利用以空氣替我們行路，所有自然的物質能力，都利用作為我們的奴隸，西洋這種精神，眞是正德利用厚生的聖人，……所以我們提倡西洋文化，也是恢復我們老祖宗的文化。」，中國現代的文化，除却近百年來感受歐西的文化，而改變文化的傾向和狀態以外，牠原有文化的本身特質，是值不得頌揚的。（中國幾千年來整個的文化特質在例外），許多的著作家，對於中國現代的文化，都是如此批評着，生活週刊塞松所著中國的現狀危機和出路有說：「中國的文化雖古，然而這已成過去的了，現在所需要的，是大衆的科學的生產文化，只有這樣的文化，才能挽回中國的頹運。但這些都為中國的經濟條件所否定了，古典的舊式的文化，仍然的在那裏殘留着，而目前最危險的就是：（1）智識分子的沒落，這因為國民經濟的破產，政治的不上軌道，把智識份子的出路都打斷了，……我們知道智識份子，是文化的傳佈者，智識份子的沒落，也就是中國文化的沒落，飯都沒有吃的智識份子，自然談不上創造文化了。（2）玄怪文化的廣佈，在一般的下層社會。這種玄怪文化的力真大極了，封神榜，紅蓮寺，三門街，小五義，濟公傳，孟姜女，七劍十三俠，這類的小說留傳民間，恐怕比任何中國新聞紙的銷數要多，這種文化在中國歷史上關係最大的，要算是義和團，而現在却還在那裏，麻醉了大多數的無知愚民，（3）性的文化的提倡，一部性史，銷了數十萬部，不知斷送了多少的健全的男男女女，然而却說這是新文化，其實這是給有閒階級作樂的低級的獸性的文化，還有人繼續的在那裏努力，這些，都是中國文化低落的象徵，而也是文化自殺的表現。」（見第八卷第一期）這可以說是露骨的徹底的批評中國現在的文化，已趨於衰落的現象。李劍農於其所著最近三十年中國政治史有說：「中國二十多年來的新式教育機關，除了粗製濫造，培植了一些半生不熟的新官僚政客，在政界上發生供給過剩的現象，變爲釀成軍閥戰爭的酵母外，試問在社會文化實際的進步上，到底有若何的表現，出版界有幾本可以表現中國文化進步的著作，莫說科學的新發明應用，科學上已成事物的能力，到了甚麼程限，奄奄一息的招商局，所有幾艘舊輪船，還是要請外國人做船長，幣制的改革，還是要請外國人設計，甚至軍閥相互打仗打了十多年，還是要請外國人作軍事顧問。」（見太平洋書店版六四五頁，）梁園東於其編本國現代史有說。「中國固有的文化，因與異族接觸，而傳布於其他民族間者亦多，漢代的西域，唐代的蒙古新疆，皆因屬中國文化而爲中國版圖，他如隋唐時，因與回教徒的商業來往，中國文化已波及東歐，隋唐間因征服高句麗，日本纔開始接受中國文化。但秦漢以來中國文化的發展，只在其外延上，若其本質改變之處實甚少。比方宗法制度似的家族組織，原始宗教式的崇拜祖先，帶極濃厚的儒家封建道德，以及陰陽卜筮神仙方技種種觀念。無一非封建時代，或其以前的狀況。在社會生活上，除受封建勢力束縛之農業者與小商業者外，概無其他形態。即如工業在近代歐洲，早已為主要生活，然中國幾千年來，不惟沒有偉大之工業組織，而除裝飾品工業外，即連生活必需品製造如紡織等，亦向來附屬於農業生活者；因是中國歷史上，絕無工業文化的成分，由農業裝飾品工業者及商業者所結合的組織，與其所享受之生活狀況　及其所需要之意識，即構成中國文化的本體。」（見世界書局版第十九頁）印度泰谷兒於東西文明之比較觀的談話有說：「我們亞洲文明，可分兩派，東亞洲中國印度日本為一派，西亞洲波斯，阿拉伯等為一派，今但說東亞洲，中國印度的哲學，雖不無小異，而大同之處很多　西洋文明所以盛者，因為他、勢力是集中的……，我東方諸國卻如一盤散沙，不互相研究，不互相聯結，所以東方文明，一天衰敗一天了。」（見新潮第三卷第一號），從以上的引證，就知道中國古代文化，從不良的方面看去，自然有許多不滿人意的，有許多是與歐西文化不能比較的，但中國自海通以來，感覺自己文化的落後，受歐美文化的影響，尚努力科學的物質的文化，從革命的立場促文化的進步，將來中國的文化，自在東西匯流上，有許多的改進，這是可以相信的。

（九）現代中國經濟之地位與現代中國文化的影響

一國之經濟地位，與一國的文化進程，有密切的關係，重大的影響的，可說一國的經濟進步，文化必隨而進步，一國的經濟落後，文化必隨之而落後，德國F.Muller-Lyes於其所著社會進化史論：「無論如何，唯物史論包涵一個大眞理，植物賴其所生地的肥料而生長，繁殖開發，同道理，可從食物根源的獲得（如由農業），生產方法的進步，（如因資本主義的制度），工藝上的文明，（而鐵路省勞働的機器等等），對於文化發達發生的影響，遠勝於道德教訓宣講書籍藝術品哲學系統，但是這個理論，也不可極端的應用，以爲經濟爲文化唯一的原動力，因爲進步非出自一端。在文化任何方面的新成就，皆足以引起其他方面之進步。因爲一切文化現象，內部互相聯結，都有相即不離的交互作用關係，但就一切社會學的現象看起來，經濟確是大有影響於文化發達的」。（見商務譯本二七八頁）又在拙著人生問題一書三七六頁經濟演進與人生概念篇有說：「人生與經濟有密切之關係，通對於經濟之行爲而表現其二種之動作，一則發見，將地球上自然界的物質，可以供人類使用之便利者，而發見之以利濟人類。二則創作，將自然界所供給之物質改换之，變更之，製造之，以求得較方便之使用，使普及之效果。今試溯人類狩獵及漁業時代，狩獵不能不求弓矢，漁捕不能不求網罟，人類何以不用手足之制越而獨取於弓矢網罟，則因弓矢網罟器用之行使較爲利益，較爲經濟也，以此之故，人生經濟之行爲上有不絕之動作，則有不絕之創作與發明」。人類之經濟行爲與文化的創作，有重大的關係，我們從中國現代的經濟地位以論及中國現代文化的趨勢所受的影響，尤可以證明這個定例。文化發達，有時可以促進經濟的發達，經濟發達，有時可以促進文化的發達，在另一方面說，經濟的地位降下了衰落了。文化也必同時而降下衰落。我們要從實現中國的經濟地位觀察，就可知道中國現代的文化地位，在表面上經過幾十年來的革新，對於吸收歐美的文化，不論精神方面，物質方面，科學方面，教育方面，有多少的進步？在文化的新點上，可說點綴有多少的彩色？但是要深入我們中國的社會觀察，經濟地位的狀況，與人民生活的形態，就知道中國現代文化，有趨於降下的朕兆，不可不預爲補救了。中國是農業的國家，中國的原有文化，是農業的手工業的文化，中國農村經濟的破產，就是中國現代文化將降下的預伏危機，中國農村，破產的原因，可以分數方面來觀察：（甲）列強的環攻，帝國主義利用不平等條約以壓迫中國的社會經濟與農村經濟，自南京條約成立，沿海各省，開闢商埠，遂根據商埠爲掠奪中國經濟的大本營，從一八四〇年開始，英國紗棉織物猛進輸入，一八五一年棉紗磅進口爲四三〇，〇〇〇，至一八九〇年，增至一，四七〇，〇〇〇，一八五一年，棉布磅一一，四九〇，〇〇〇，至一八九〇年，增至五七、〇二〇、〇〇〇，這種增進數，無疑的是給中國農民莫大的打擊。壓迫農民不得不放棄植棉及紡織工藝，自關稅權爲外人限制後，外貨對中國源源增加，自一八八四年起，輸入超過輸出五萬餘兩，至一九二四年輸入過至二萬四千餘萬兩，試就出入口貨品種類比較，如一九二一年，飲食物及煙草輸入，超過輸出三千餘萬兩，製造品超入，超過輸出三萬七千餘萬兩，一九二四年出入口貨品價額比較，棉貨類出口二千餘萬兩，入口一萬八千餘萬兩，鐵及鐵製品出口十餘萬兩，入口三千餘萬兩，煤油出口無，入口五千餘萬兩，米出口二十餘萬兩，入口六千餘萬兩，麥及麵粉出口一百餘萬兩，入口四千餘萬兩，糖出口一百餘萬兩，入口七千餘萬兩（可參閱嶺南大學版拙著孫先生之思想及其主義從經濟方面看去一篇八十九頁），從上表在糖食一項，一年之入已達二萬萬以上。中國是以農業立國的，而糖食一項，要靠外國接濟，年年有增加之勢，據中國銀行二十年度營業報告，二十年度中國的國際貿易入超五萬四千餘萬兩，合洋約八萬一千餘萬元，入口貨中佔大宗的是農產，這就是表示中國農村經濟破產的實錄。其他列强工業資本的輸入，在通商口岸中，工廠林立，使中國原有手工業日益破產，間接影響於農村的經濟，又外人金融資本的侵入，在華之匯豐，麥加利，東方匯理，花旗，正金，台灣，朝鮮，華北，有利，美豐等銀行，成爲剝削中國困苦農民的吸血鬼，間接陷中國農村於凋敝的情景。(乙)自然的壓迫。中國農村受水災旱災之苦，而農民戶口日見減少，民國三年，農戶數爲五千九百四十萬二千三百一十五戶，民國八年農商部統計的戶數，爲二千九百五十四萬八千五百二十九戶，相差如此之遠。根據民國十九年賑務委員會派員所調查各省的受災概況，計被災之縣，共計八百三十一縣，災民總數四千七百八十四萬六千七百二十五人。在一九二八一二九年的大旱災中，被災人數，達九千四百萬，據主計處的統計，有災八省中山東河南安徽江蘇湖北湖南江西浙江，被災農戶，總數爲八百五十七萬九千戶，可見受災之廣了。（丙）政治的剝削。官僚軍閥，用政治的手段，剝削農民，苛捐納稅，勒索綁票，無所不爲，加以政治不良，兵匪蹂躪，秩序破壞，交通阻礙，雞犬不留，農民多向城市麕集，鄉中人口漸減少，加農業日益頹廢。（丁）生產的遞減。中國農村生產年年減少，這種情形是中國的隱憂。據農商部統計，在一九一四年，全國米的收穫量，共計爲一，一三三，四八三，○○○石，至一九二○年時減到八八，七六三，○○○石，六年之間，收穫遞減到二十四分之一，全國所產的糧食，不足供中數人口的消費，一有天災，隨處可以發生糧食恐慌。孫中山十年前曾說過：「中國現在的痛苦，每日生活，至少有三萬萬人朝不保夕，吃了早飯愁晚飯。」像這樣的情形，有甚麼方法，可以保持過去中國的文化，不隨現在經濟不良的狀況而衰亂呢？有甚麼方法可以避免現在不良的經濟地位，而復興中國現代的文化呢？在希臘歷史中，凡經濟中心的地方即爲文學技藝的中心，意大利古時文明極盛於翡尼斯，熱奈亞，關維逋斯等處，是經濟發展的結果。以中國現在農村經濟窮困，商業不振的狀況，中國現代文化的發展，是不可不注重經濟的條件啊。

第二章　中國民族與中國文化

中國有幾千年文化的國家，是有悠遠歷史的國家，比之古代巴比侖埃及墨西哥希臘羅馬等國的文化，不啻有遜色，在某一時期，甚或有過之無不及。民族主義第四講有說：「中國的文化，比歐洲早幾千年，歐洲文化最好的時代，是希臘　羅馬，到了羅馬最盛，羅馬不過與中國的漢朝同時，那個時候，中國的政治思想便很高深」可見中國在古時代文化的創造，在世界佔有相當的位置。各國有各國的文化，各民族的文化，印度民族，有印度民族的文化，拉丁民族，有拉丁民族的文化，日本民族，有日本的民族文化，中國民族，有中國民族的文化。就文化的態度說，各有高下的不同；就文化的性質說，各有優劣的分別。予於拙著人生問題一書文化演進與人生概念篇有說「文化之起原，有關於民族之質性，民族的質性，有剛柔強弱溫文冒險勤惰忠實詐偽之不同，由民族質性之不同，而發見其文化起原之有異。中國之文化，印度之文化，歐洲之文化，各有不同之點，由於起原有不同之點，其起原有不同之點，由於其民族性有不同之點，譬如西方民族有冒險活動尚戰之民族性，其文化即帶有此民族性之色采：（堅甲利兵戰船飛艇及其侵略殖民地之類）印度之民族性，有容忍寬厚冥想尚虛之民族性，其文化亦帶有此民族性之色采。」（見是書第四十五頁），德國克斯伶林（Hermann Keyserling）以為拉丁民族的文化，並不是最劣的文化，德意志民族的文化，把理想放在國家的特殊的方面去努力，不以普遍人類的方面去開展，在普遍一般人民的心理上看來，只能產生不良的結果。他以為印度民族的文化，帶有古代婆羅門教精神的形而上學，由此精神以貫徹現象界後面的宇宙的靈魂的實現，與歐洲人認識的路向經驗的習慣是不同的。日本自己雖沒有甚麼偉大的文化，但印度的佛教文化，和中國的儒家文化，日本吸收之，以其古代的武士生活綜合而成一種日本的文化，這種文化有許多地方，亦是歐洲人所不及的。（可參閱文化與文明一書引證大意）。我以為各國民族有其創造不同的文化。這種不同的文化，幾千年來成為歷史的陶冶薰染，深入於民族的心靈，而常可以激起民族的情緒的。法國民族受馬丁（Henri Martins）的法蘭西史及地亞雷（Thiery）米西列（Michlet）的著作所激動的情緒者甚多。意大利民族統一以前，波打（Botta）的意大利史，激動其興奮。羅馬尼亞人民族國家的產生，森波爾（Alexander Xembol）羅馬尼亞史給予極大的刺激力。中國民族之革命運動，受歷史上名賢著作，激動他夷夏之辨。民族意識之遺留者亦甚大。可見民族在歷史上文化的創造，其所給予後世的影響固具有偉大的勢力的。中國民族，在歷史上每經一次的劇變，都仍能奮起興廢繼絕，這也是受歷史文化所影響。西晉之末，五胡十六國之亂，豈非中國民族與外來民族受了亡國慘痛的時期麼？然經此劇變，民族終能奮起而成統一的大業。清代末年，豈不是中國民族受了困迫壓抑的時期麼？然經此劇變，終能成中國之革命運動。一個民族復興運動，由於歷史文化的陶冶薰染，深入於民族的心靈而後可以成爲偉業，否則民族對於歷史文化，沒有甚麼的觀感，而他的民族，對於有復興運動，他沒有甚麼發奮，這是歷史必然趨勢。征服的民族，對於被征服的民族，往往以民族文化的權威、消滅他民族的文化特徵，使失却民族的感覺性。期望不久與之融合。當德國界取亞爾薩司羅蘭時，在小學校中，禁止教習法語，在社會上禁止法報之發行，禁止法國的服飾，禁止法國遊歷者入境，戰後法國收回兩省，也採同一的手段對付德人。德國對待波蘭人，在公共集會的時候，禁止使用波蘭語，以德語爲小學校語言，羅馬尼亞人，在道白羅茶的地方 (Dobrudja) 地方，雖佔人口僅四十分之一，然羅馬尼亞政府竟封閉二百以上的保加利亞學校，而採羅馬尼亞化的政策。俄羅斯對於波羅的省波蘭及高加索等地也採取俄羅斯化的政策。世界優强的民族常欲以其所誇示的文化，支配弱小的民族，弱小民族雖有他固有的文化，必要把他的文化，消滅而後甘心，中國固有的文化，在幾千年來，有他相當的位置，牠的文化，今後能否繼續保存，在於今後中國民族能否復興爲其基本條件（見暨南大學版拙著中國文化復興之基本問題一書）。尙使中國民族能够復興起來，必能將中國幾千年來固有的文化發揚光大，將他特殊的文化與世界各國的文化，行相見握手禮，或水乳交融，產生新異的文化。人類學家泰婁 (Tylor) 在初民文化裏 (PrimetiveCultura) 說及：『文化是一種複雜體，包括智識信仰藝術道德法律風俗以及其餘從社會學上學得的能力與習慣。』無論那一個民族，從民族的精神生活裏、我是他的智識信仰藝術道德法律風俗能力習慣，此等智識信仰藝術道德法律風俗能力習慣，就知道那個民族所表彰的文化是甚麼樣，這表彰的文化在他綿延的歷史上，而所以團結民族的意識相思想的。孫中山先生有說過：「觀中國歷史上之所示，則知中國之民族有獨立之性質與能力，其與他民族相遇，或和平而相安，或狎習而與之同化。其在政治不修及軍事廢弛之時，雖不免暫受他民族之蹂躪與宰制，然卒能與力勝之，觀於蒙古宰制中國，垂一百年，明太祖終能率天下豪傑之士以光復故國，則知滿洲之宰制中國，中國終能剷除之，蓋民族思想，實吾先民所遺留，初無待於外鑠者也。余之民族主義，特就先民所遺留者，發揮而光大之，且改良其缺點。對於滿洲不以復仇爲事，而務與之平等共處於中國之內 此爲以民族主義對國內之諸民族也。對於世界各民族，務保持吾民族之獨立地位，發揚吾固有之文化，且吸收世界之文化而光大之，以期與諸民族並驅於世界，以馳至大同」。（見中國革命史），我們知道，一個民族能夠生存於世界，在他的民族的性質能力有優異之點，不爲其他民族所屈服；在他的文化有特殊之貢獻，不致爲其他的民族的文化所同化。中國文化在有文字記載以來，已有幾千年的文化歷史，這幾千年來文化歷史，能否繼續以存，是在於中國民族能否有生存於世界的充分能力以爲斷。倘使民族的能力墮落了，文化必從而墮落；倘使民族的文化退化了，而民族必從而退化。這些歷史上文化上必然的定律。

（一）中國民族的起源及其移殖

中國民族，立國於東亞大陸，生殖之數，達四萬萬，爲世界之冠，此偉大的民族，在歷史上有光榮的時代，爲永遠子孫的謳歌；但此偉大的民族，是何處來的，是一個疑問？一因研究歷史，要依據文字，我們今日所認識的文字，僅能及於商周時代，所謂的書，大抵周秦以來之書，周秦時代去太古不知若干萬年，周秦時代，相傳的舊說，不能據信爲正確的史料。一因研究未有文字以前的歷史，必根據有文字以前的器物遺跡，近代東西學者，研究中國發見的石器，多不能定其時代，且古器沉沒，僅從浮土中，覓得數事，不足據爲信史。列子楊朱篇有說：「太古之事滅矣，孰誌之哉？三皇之世，若存若亡，五帝之事，若覺若夢，三皇之事，或隱或顯，億不識一：當身之事，或聞或見，萬不識一；目前之事，或存或廢，千不識一。太古至於今日，年數固不可勝紀。但伏羲以來三十餘萬歲，賢愚好醜成敗是非，無不消滅。但遲速之間耳」。可見太古未有文字以前，許多的歷史事實，都屬渺茫，難以推測。據王伯祥本國史參考書第一編，根據日本某學者的主張，以識史記所稱盤古生於大荒，山海經所稱少昊之國，在東海之外，其母方節年少昊於遊行，遂斷定中國民族是從茫茫大海中島上來的。西方學者如德的具爾什爾，波蘭的波因讚，法國的胡還，英國的拉伯敦等，根據文字斷定中國人是從埃及來的。法國的波作諾說：「中國是從印度來的；」法國的巴伊說：「中國文化，是皇古原有民族之殘餘文化，中國人，當是皇古原有民族之殘餘人種；」且有說來自中央亞細亞，或來自阿富汗，或來自于闐，或來自馬來半島。衆說紛紜，莫衷一是，而以法人拉古柏里所著支那太古文明西元論較爲可信。（Terrien de Lacouperie—Origin of the Chinese Civilization）拉氏引據亞洲西方古文證中西事物法制之多同，而彼處亦有民族東遷之事；中國學者如劉光漢之華夏篇，思故國篇，黃節之立國篇，章太炎之種姓篇，蔣觀雲之中國人種考，及日人所著之與國史譚，均以中國人種西來之說爲信據。丁謙中國人種從來考有說：「西亞古史，中國人種爲丢那尼安族，其族分二派，一思米爾，一阿加逖，皆起於亞洲中境。思米爾人(Sumeiarmns)先入美索波達米南境，建立加勒底國，阿加逖人（A.K.Kadian）後至沙蛟山麓，建都城於蘇薩，稱爲南國，其王廓特奈亨盎，兼併加勒底諸部，既乃率其種人遷入中華，謂即黃帝，以此王時代在西紀元前二千二百八十年間也；但其說不確，因此年數，即彼土亦不衷一，或謂在二十四世紀至二十七世紀，據竹書所紀之年，上推黃帝，爲二千六百二十年，與第一說不相應，但亦無實證，不足爲憑。」考查歷史在黃帝的時期，已然利用軍力，從黃河流域把勢力擴張，征服四方的酋長，建成統一的國家，接續有許多的文化成績（如衣裳宮室貨幣蠶桑井田等）可知在黃帝東遷的來源地，必有文化的承接，而後可以繼續發展，在思米爾人，阿加逖人，根據中央亞細亞美索波達米亞等地，已有建立帝國的能力，交通技術的發明，黃帝東來、承接其餘緒，是有可能的，不能說絕不足憑據。陳漢章中國通史說：「近今一般社說，並謂中國黃種皆黃帝子孫，而黃帝實由西北遷徙而來，按法人拉克伯里說，以奈亨臺為丟那尼安種，非塞米的種，與黃種合矣；底格里士河（Tigris）邊地，與幼發拉的河(Euphrates)側地，並即加勒底（Challaean）古國，而裏海西岸之巴克，並其統領迦勒底國之地，當時實為波斯巴撒迦特族人所居，若率巴克民族東來，則東來者，仍是白種，非黃種，且紀元前二千八百八十二年，當中國顓頊帝之二十二年，猶得以底格里士河邊之酋長，由土耳其斯坦來中國者為黃帝乎」。陳漢章之說，則不承認黃帝有向東來之事。據丁謙中國人種從來考說：「西史謂從中國者為巴克民族，巴克乃盤古轉音，中國人謂盤古氏開闢天地，未免失實，盤古氏之為中國始遷祖，則尚確有可考矣。」中國民族主要部分為漢族，漢族由西北徙遷而來，已成歷史之確定事實。據王桐齡著中國民族史有說；『中國民族起原地，大概在葱嶺一帶，即亞洲中部的山脊，西洋學者稱帕米爾高原……現在世界人類祖宗，從帕米爾高原分道下山，遷到平原，往西遷的，大半移到中央亞細亞、阿富汗，俾路芝，波斯，美索波達米亞，小亞細亞，阿剌比亞，及歐洲等地，後來成為白色人種。往東遷的，移到新疆，青海，西藏，蒙古，滿洲，朝鮮，及中國內地。黃色人種，下了帕米爾高原以後，便分道往東南東北兩方面進行，往東南方面進行的有三族，歷史家稱之為東三系，往東北方而進行的，亦有三族，歷史家稱為北三系：南三系中第一族，遷到中國中部南部—

—即揚子江流域七省西江流域五省——同印度支那半島——即安南暹羅——等地，歷史稱之爲交趾支那民族 現在四川南部之猓，貴州之苗，廣西湖南之猺，雲南之猓猓，廣東之蜑，同暹羅越南境內之土人，皆屬於此族。因中國唐虞時代，此族曾創立過大國與漢對抗，國名三苗，所以後人就稱之爲苗族。第二族遷到中國北部，就是黃河流域六省，因爲此族在中國中古時代則立過大一統之帝國，國名爲漢，後人就稱此族爲漢族，第三遷到青海，西藏，歷史家稱之圖伯特族（Tibet）；因此此族大多數住在西藏，所以現在就稱之爲藏族。北三系中第一系遷到中國東北方，歷史家稱之爲通古斯族（Tunguso），因爲此族大多數住在滿洲，所以現在就稱之爲滿族。第二系搬到中國正北地方，在中國近古時代，曾創立蒙古大帝國，所以後人就稱之爲蒙古族（mongol）。第三系遷到中國西北地方，即阿爾泰山系以東以西等地，歷史家稱爲突厥族（Turk）因爲此族大多數奉回敎，所以現在就稱之爲回族。」依王桐齡所引證，中國民族的起源由帕米爾高原東向移植，非素來根據中國江河流域以爲繁殖的。考之吾國古史三皇史事，雖不可信，然三皇是往古時代的民族首領，是可信的。古代諸部落興於山嶺者多，而起於河流者少；如天皇起於柱州崑崙山，地皇起於熊耳龍門山，人皇起於刑馬山川暘谷分九河之類。實中國民族先居山嶺後移向河流之證，孟子得乎丘民爲天子，禹貢有降丘宅土之文，可知上古人民多居山丘。爾雅：『林，蒸，君也。』古代部落，其酋長多居山林，後世譯古代林蒸之名爲君主，尙書有四嶽之名，可知古代諸侯多居山嶽。據張國仁著世界文化史大綱第五章東方文化的起源引證有說；「漢族，為世界三大支派黃色人種中的主族，亦起源於古地中盆地之東畔，小亞細亞一帶，與巴比倫及伍馬人有若干之淵源，其移經裏海之南與都庫士山以北而至葱嶺，即古代之所稱崑崙，漢族游牧於此一帶森林草野及山嶽之地，不知經若干年，分為若干部，或依據森林，則其領袖謂之林燕，或據山嶽，則其首領號稱為嶽，其後越葱嶺，過河源東下，故漢族游牧於塔里木河一帶谷地，又不知經若干歲月，然後才到了真正的黃河流域。」又據黃休編中國史話有說：「古書上載中國人民古代祭祀所供的神，有崑崙之神，或者崑崙地方，就是漢族人的老家了，崑崙在那兒呢？考據下來，就在現今新疆省西北一帶高原上，這一帶高原，據人種學家的意見，以為世界各大民族的老家，所以研究中國歷史的人，也大都以為我們漢族人，是從這一帶高原，經由現今的新疆甘肅兩省地方，遷到黃河流域來的」從上各說引證而論，漢族（漢族這名稱，不是中國民族的本名，古代稱華夏，漢本是朝代的名，因漢朝時民族勢力很強盛，就移作民族的名稱），是從西方東遷移而殖於黃河流域的。究之，尚待實地的考證而後可信。

（二）民族的化合與文化的影響

中國民族以漢族為主幹，茲以移殖領土之廣，人口之多，傳世之久，文化程度之高下言之。

我國上古民族之名爲夏，見於唐虞時。劉賀楠愈想錄說：「蠻夷猾夏。此夏史所記，夏者爲有天下之號，」說文：「夏，中國之人也，從夊，從頁，從臼，臼兩手，夊兩足也，𠍮古文夏。段注：中國之人，謂以別於北方狄，東方貉，南方蠻，閩，西羌，西方南焦僥，東方夷也。」其後中華民族，復有華稱，章太炎釋中華民國謂華取華山，夏取夏水，中華民國解說：「諸華之名，因其民族初至之地而爲言，世言昆侖爲華國者，特以他事比擬得之；中國前皇曾都昆侖與否，史無明徵，不足引以爲質。然神靈之胄，自西方來，以雍梁二州爲根本，伏羲生成紀，神農產姜水，黃帝宅橋山，是皆雍州之地，高陽起於若水，舜居西城（據世本西城爲漢漢中郡）禹生石紐，是皆梁州之地，觀其帝王所產，而民族奧區，斯爲根極。雍州之地，東南至於華陰而止，梁州之地，東北至於華陽而止，就華山之定限，名其國土曰華，則緣起如此也；其後人跡所至，遍及九州，至於秦漢則朝鮮越南，皆爲華民耕稼之鄉，華之名于是始廣，……建漢名以爲族，而邦國之義斯在；建華名以爲國，而種族之義亦在。」依上說而觀，中國主要的民族漢族，是初居於中原，而後分布於各方，漢族成爲中國的主要民族，及其移殖于各方與各種的民族化合，與文化的擴大，有巨大的影響。中國幾千年來因民族不斷的化台，中國民族的本質，已非初由西方移殖來時的本質；中國文化的本質，也非初由西方移殖來時的本質，換句話說：漢族已參雜其他民族的成分，其中如飲食居住建築風俗習慣法制等的文化本質，也因民族的參雜而發生重大的變化，這是可以相信的。當四千年前，漢族佔了黃河流域，由游牧的部落，進爲農業的安居，當其逐漸向四方發展之時，楊子江兩岸如現在湖北湖南江西等地，已經有苗族的佔領，此族國名爲九黎，君主名蚩尤，當時同漢族共主炎帝榆罔氏大起戰爭，進逐炎帝至直隸口北道涿鹿縣，黃河流域幾乎陷落；幸漢族有黃帝者，統率部族迎擊蚩尤，把他打敗，於後經略四方，漢族勢力逐漸擴大，至虞舜夏禹時代，始把苗族招降，同時苗族具有的文化如刑法兵器甲冑宗教，漢族遂因襲之。苗族子孫有一部分同化于漢族，其不肯同化者，至雲南貴州廣西湖南等深山中，近代以來與漢民族日益接觸，文化蒸蒸日上。漢族移殖黃河兩岸，爲當時政治文化之中心地，如黃帝死後，嗣位黃帝金天氏，立都曲阜（即今山東曲阜縣，）高陽氏立都帝邱（今直隸大名道濮陽縣），高辛氏立都亳（今河南河洛道偃師縣），唐堯立都平陽（今山西河東道平陽縣），虞舜立都蒲坂（今山西河東道永濟縣，）夏禹立都安邑（今山西河東道夏縣），此後傳十七王四百三十九年，爲商湯所滅，商湯立都亳邑（今河南開封道商邱縣），傳二十八王六百四十四年，爲武王所滅，夏商二代，雖時常遷都，總不離河南中部北部一帶。在夏商時代，社會組織漸次完備，中國文化大爲發展，至周代更爲完備，因此乃發向各方的異族征伐，或同化之，不然則自己漢族本身，也有很大的危險。我們知道周代勃興遷都陝西渭水流域爲根據地，傳了十二王三百五十一年，爲西藏族之犬戎所滅，嗣君周平王棄陝西遷都洛邑，將陝西舊地封當時西方小諸侯秦襄公，秦襄公同其子文公，與犬戎血戰二十年，然後擊退戎狄，建立秦國，以後逐漸在陝甘方面擴張勢力，吞併戎人之部落甚多，傳至三十一代之國君政，遂統一中國，建立中央集權之大國家。中國上古之時，對於異族，先後征討，繼以政治的力量鎮壓之威脅之，而後逐漸同化之，如史稱黃帝畫州分野，得百里之國萬區，命匠營國邑，置左右大監，監於萬國，其目的監萬國，所以防背叛的異族；又如武王率周伐殷，庸、蜀、羌、髳、微、盧、彭、濮、諸民族皆相率以從，而天下大定之後，立國七十一，封兄弟之國十五人，姬姓之國十四人，周之子孫，不狂惑者皆爲諸侯，其餘以功勛而得封者，非同種之功臣，即爲胡之後裔，而以上八族人，未聞有尺寸之加封，這因爲鞏固自己的氏族，不能不給予優越的政治權力，而後可對他族加以鎮壓威脅，逐漸同化。書堯典說：「克明峻德，以親九族，九族既睦，平章百姓，百姓昭明，協和萬邦，黎民於變時雍」。黎民是當時的異族，必待萬邦的協和，而後於變，此是由於種族意見的立場。在春秋戰國時代，東夷一族，在淮水流域　時常與漢族與小國起衝突，經過春秋戰國數百年，齊國勢力，包括山東半島，楚國勢力亦擴至淮南淮北，東夷始完全同化於漢族。南方民族一支在中國東南方，佔領現在江蘇安徽南部之楊子江南岸，與浙江北部錢塘江流域，史書稱爲吳越，此二國在江浙一帶休養生息數百年，併吞江南各小部落，漸成大國，至春秋末年，與晉楚爭霸于中原　後吳滅于越，越併于楚，楚又滅于秦，此支民族始完全同化於漢族。一支爲荊舒，佔領中國南方、荊人之分佈地在湖北，舒人之分布地在安徽中部，其地為苗族衍出、與苗族有血緣的關係。荆人一支有一楚國、佔領湖北一大部分、與齊晉諸國、爭霸于中原。（稱其先人鬻熊曾為周文王師）、凡百舉措、摹倣漢族、後同化於漢族。及楚衆併舒人領土，而安徽江北一帶之民族，遂完全同化於漢族。一支為羣蠻，分布于南方各地，即現在湖南廣西貴州雲南等省。一支為閩，分布現在之福建，蠻閩與苗接近，可以推測與苗族血緣相近，漢武帝時，閩越，徙閩族于江淮間，與漢族雜居，南北朝時代，漢族南遷福建，閩族逐漸同化於漢族。一支為甌越，佔領浙江南部之甌江流域，漢武帝時，閩越擊甌越，甌越徙衆于江淮之間 晉室南遷以後，逐漸在甌越地移殖，甌越民族，逐漸同化於漢族。一支為南越，佔領現在廣東廣西等地，屬於苗族血統，漢武帝滅南越，在此地分設九郡，其一部分亦入于江淮之間，逐漸移漢族雜居其地，久之遂同化於漢族。西方民族戎，一支為蜀，佔領中國西南部，即現在四川西部，戰國時代，秦惠王遣司馬錯將兵攻滅蜀，始完併於中國，後經兩漢三國，遂同化於漢族。一支為巴，分布於四川東部巴江嘉陵江沿岸，曾與漢族起衝突，光武帝遣劉尚擊敗之後，逐漸同化於漢族。一支為庸，分布於湖北西北部漢水流域，春秋時與楚為敵，後同化於楚國，為漢族一部分。一支為西戎，屬西藏族，即氐羌，其根據地在現在青海西藏往東，分到甘肅川邊及陝西四川兩省西境，此族與漢發生交涉頗早，商頌上說：『昔有成湯，自彼氐羌，莫敢不來享，莫敢不來王。』可知在商時已內附，在西周中葉以後，常與漢族起衝突，在西周晚年，迫漢族、北主之周平王東遷洛陽，幸而秦襄公文公將戎人擊退後，經過春秋戰國數百年，陝甘一帶之戎，逐漸同化為漢族，惟青海西藏一帶之戎，離中國太遠，至今不能同化。北方民族滿洲方面為通古斯族，在蒙古方面，為蒙古族，此族大部落為獯鬻玁狁，在北方時為患漢族，齊桓公時，管仲以尊王攘夷名義，號召山東淮北河南河北諸侯以抗狄，並救燕以攻滅山戎；晉為英主，屢次出兵驅逐狄人領土，至戰國末年，為里長城以南之狄人，多數同化於漢族。秦始皇統一宇內，以武力征服異族，其去外政策，大抵對南方民族採用進取的手段，對北方民族，採用保守的手段，萬里長城之築，就是這種用意。漢代匈奴入寇中國，時為邊患，搶掠財帛婦女，武帝用遠交近攻之政策，聯絡匈奴仇人大月氏，民國紀元前一千零三十八年，使衛青霍去病遠征，復與西域交通，納渾邪王降，闢河西四郡（酒泉之武威敦煌張掖），與西域王烏孫夾擊匈奴，匈奴自是遂屬。武帝降匈奴降人，分住甘肅陝西等部，東漢初年，匈奴又有內亂，分為南北二部，南匈奴單于投降中國。漢設度遼將軍于五原，（現綏遠省五原縣），監視南匈奴；章帝末年，北匈奴衰弱，和帝初年，派竇憲出征，大破北匈奴，自此以後，匈奴主力漸向西方遷移，後到歐洲，為匈奴牙利人的祖先。南匈奴移到黃河套內，與漢族雜居，休養生息數百年，南匈奴自謂其先本漢室之甥，因冒姓劉氏。是為西晉末年五胡亂華的禍首劉淵之祖。當漢晉兩代，異族雜居中國，如匈奴雜居地，大抵在現在綏遠山西陝西及甘肅北部；烏桓雜居地，大抵在現在熱河奉天；鮮卑雜居地，初在察哈爾京兆直隸山西甘肅西部與青海，後則遍於黃河流域全境；氐羌雜居地大抵在陝西甘肅及四川；巴氐雜居地，在陝甘南部與四川中部北部。西晉之末，五胡亂華，塞外種族，所殺晉人不下數十萬人，所謂永嘉之亂。永嘉之亂，中州士女避亂南遷者十居六七。憑藉揚子江流域，江蘇安徽浙江江西湖北湖南等省爲根據地，北抗五湖，南抗蠻獠，其結果則舊日苗人巢穴之揚子江中流下流流域同化於漢族之文化。其勢力範圍擴張西江閩江流域，廣東廣西福建等省內。漢族戶口繁盛，文化亦同時進步。南北朝之疆土，以秦嶺與淮水爲分界、當時中國之大都會，北推洛陽，南推建康（即南京），南朝國勢以梁武時爲最盛，京師人口達一百四十萬，北方自異族佔據以後，遷攘殆及百年，然雜居已久，異族爲中國文化所征服，漸與漢人相同化。後魏拓跋氏，本東胡族鮮卑之裔，至孝文帝時，其國都由平城（今山西大同），遷至洛陽，汲汲同化於華夏，禁其國人胡服胡語，又改其姓氏爲元氏，與漢族通婚姻，漢胡混雜，不可復辨。至隋代勃興，南北統一，爲蒙滿血族之烏桓鮮卑、蒙滿混血族之匈奴、藏族之氐羌，藏苗混血族之巴氐，皆統一於隋代勢力範圍之下，化爲漢族新分子，於是自秦漢以後，因安富尊榮漸形衰老之漢族，經過五胡十六國之屠切，加入許多新分子而復活，隋唐時代之文治武功，乃蒸蒸日上，蓋五胡十六國時代，異族所以同化漢族之故，有五種原因：（一）因雜居已久，習於中國之政教；（二）以中國向來文化淵源長遠，根深蒂固；（三）因異族文化低下，對於中國漢族素所信仰，故意吸受；（四）因異族割據，仍多用漢人爲政（如石勒之張賓苻堅之王猛等）。（五）因異族的領袖多倡導部下，傾向中國文化，（唐史稱石勒襁抱裘襲冠帶釋介冑同庠序），隋唐兩代，突厥新興，變爲强族，疆土佔據現在蒙古新疆滿洲和西伯利亞中亞細亞一帶之地，分爲二大部落：一曰月氏，一曰烏孫，南北朝末年，建立極大之遊牧帝國，南向侵入中國，隋代建國以後，對於突厥始終取羈縻政策，唐代興起，始採積極政策，太宗高宗二代，先後滅東西兩突厥，併其領土、融合其民族，於是漢族中始有突厥民族血統之加入。高麗在朝鮮半島北部，百濟在半島西南部，隋代文帝煬帝時，曾三次大舉兵攻伐高麗，皆無功而還，隋亡唐興，高麗百濟新羅，先後遣使入朝受封册，其後雜居中國內地者，漸與漢族同化。（唐中宗時之黑齒常係百濟人，玄宗時之高仙芝，王思禮，係高麗人，均唐代名將）。吐蕃本圖伯特族，唐室西境與吐蕃相接，隋唐之交，其國頗强，太宗時以公主妻其君主，又遣諸豪子弟，留學中國，其後在中國之吐蕃遺民，漸次同化於漢族。契丹居鮮卑舊地，東接高麗，西接奚，南接中國之營州，北接室韋，大抵在現遼河流域，隋唐之交，始爲中國所羈縻。唐之帝國盛況，爲歷史上所未有，塞外諸國，及西域諸國，皆奉唐代之正朔，故有「天可汗」之稱號，張其昀著中國民族志，據桑原博士所考證說：「唐時中國固有之李姓外，蕃人出身之姓李者甚多，如高麗人，渤海人，奚人，契丹人，及回紇人，突厥人，黨項人，黠戛斯人，乃至安南人，印度人，大食人，波斯人，猶太人等，如唐代有大食國（今阿拉伯）人彥昇，成大中二年當土，睹其名，已可知其華化之深。㈡唐代嶺南之地，爲漢蠻雜居之區，官吏謫戍之所。韓愈謫居於潮州，柳宗元謫居於柳州，皆有關於中國南方文化之開發。唐朝到高宗死後，國內變亂，無力領定外國，東突厥的殘餘勢力，又在北方一帶蠢動，鮮卑的遺族奚契丹，也起來侵擾東北，突厥契丹擾亂中國邊境時，回紇吐蕃也在西北一帶侵畧中國土地，因此唐朝不得不注意邊防，守邊之將，擁兵自固，成尾大不掉之勢，外患內亂相繼而起，當時外患比較重大的，是回紇與土蕃，其次是南詔和沙陀。回紇在唐肅宗代宗時，嘗與中國交通，漸染中國風習，唐朝末年，被黠戛斯所攻，殘部有一部竄入中國，有一部逃至西域，住在天山南北，成爲現今新疆省一帶回族的祖先。回紇侵擾中國沒有土蕃的熱烈，代宗時土蕃攻入長安，代宗逃至陝西，在長安抄掠府庫，焚燒街市，弄得殘破不堪，郭子儀收拾殘兵，始成光復之功。南詔是猓玀人的祖先，據雲南貴州四川等省而立國，唐德宗時韋臯爲四川節度使，招降南詔，其後屢侵邊地，遂把他勢力削平。沙陀乃西突厥的別部，於唐末入中國代平亂事，化爲割據河東的藩鎮，黃巢造反，唐引用沙陀部族李克用去打黃巢，事平，李克用任河東節度使，以外族而爲藩鎮，唐亡之後，遂成五代中之第二代。契丹自有唐中葉以後，每歲遣酋豪數十人入長安朝會，朝廷惡其外附回紇，不復授官爵，後唐明宗天成二年（西歷九二七年）太宗即位，乘中國有內亂，屢發兵南侵，助後唐叛將石敬塘滅後唐，敬塘割燕雲（今北京山西雁門道大同縣）等十六州賂之，敬塘崩後，出帝即位，以事激怒契丹，太宗自將南侵，大掠河南州縣，旋以病死，所得之地為中國後漢劉氏所恢復，自此契丹日益漢化，改國號為遼，仿唐官制，設種種官爵，皆用漢名，及道宗時好文學，採用科學制度，漢文漢詩流行於社會，其後朝政日非，契丹固有獷悍之風，銷滅殆盡，傳至天祚帝為女眞所滅而國亡，契丹遺民，皆在女眞勢力範圍內，漸次同化於國族。女眞為古之肅愼氏，隋時稱靺鞨，唐初畧取現在東三省地，輸入中國文化，開關東方草昧，黑水以下諸部，皆隸屬之，分生熟女眞。宋徽宗政和五年（西紀元一一一五年）生女眞酋長阿骨打，自立為帝，國號金，是為太祖，以兵力取現在吉林奉天熱河京兆等地，遂滅遼。又與北宋起衝突，連破宋兵，盡取現在直隸山東山西河南與江蘇安徽北部陝西中部甘肅中部南部，及世宗即位以後，與南宋言和，與民休息，承平已久，遂漸漢化，及蒙古成吉斯汗勃興，乘隙南侵，盡取現在熱察京兆三區與直隸山東山西及東三省，驅逐金人於河南，金人卒為蒙古所滅。女眞遺民，在蒙古勢力範圍之內，遂漸同化於漢族。蒙古之根據地，在今外蒙古東部，南宋中葉以後，金室溺於漢化，武力漸衰，蒙古偉人成吉斯汗乘機舉兵滅金室，佔領中國北部，是為太祖。至太宗憲宗之世，其疆域已擁有今之內外蒙古天山南北路，中國之西北部，阿富汗波斯之北部，俄羅斯之南部，而分為四大汗國，創立空前之大帝國。元人分所治為蒙古色目（即西域）漢人南人四色，元朝所謂漢人南人者，以宋之疆域為判，故契丹女眞高麗皆漢人，而純粹漢人反為南人，據陔餘叢考，元朝蒙古色目人借居內地，與內地人聯姻者頗多，元史太祖七年，以行省官久任，多與所部人聯姻，乃詔互遷其久任者，據近人陳垣元西域人華化考證：「畏吾兒，（即回紇）突厥波斯大食敍利亞等人，本有文字，本有宗教，然一旦入居華地，亦改從華俗，且多在文學上佔重要之地位。」（見北京大學國學季刊第一卷第四號）。蒙古侵略中國後，改國號曰元，（西紀元一二七一年），一切典章文物，皆仿效中國，傳至順帝至正二十八年，爲明太祖所滅而亡。蒙古遺民，大半留居中國內地者，遂爲漢族所同化。（據元史釋老傳：至元六年詔頒行於天下。詔曰：朕惟字以書言，言以紀事，此古今之通制，我國家肇基朔方，俗尚簡古，未遑制作，凡施用文字，因用漢楷，及畏吾兒字，以達本朝之旨。可見元朝之傾向漢化。）清代滿洲民族入主中國，其發祥地在奉天東北部，及吉林黑龍江，據京師後，設滿洲蒙古漢軍之旗，每旗各以都統掌之，強制漢族，同化於滿族，然八旗及駐防旗人與漢族雜居日久，習染漢族風俗，讀漢書，學漢語，滿文滿語，日久遂至淪亡，清初封東三省滿洲人，爲數移殖於關內，充各省駐防，久之遂與漢人同化。乾隆中年以後，（紀元一七九〇年）直隸山東兩省饑荒，貧民無法生活，相率移民於東三省，土地所有權逐漸移轉於漢族，咸豐年間俄人南下，經營滿洲，一八〇六年訂北京條約割烏蘇里江東岸與俄，隸東海濱省，政府爲對抗俄人計，開放滿洲一部分，允許內地漢人移往開墾，至光緒十三年，遂允全部開放，（見東方雜誌二十二卷第二十一號徐恆耀滿蒙勞動狀況與移民篇），因建設鐵路，開採森林耕種農藝等需要，勞工日多，滿洲移民更呈活潑氣象；每年由山東鄰省移殖者，以數十萬計，東三省全部皆漢化，只有松花江畔及省城駐防營一小部分，猶保存滿洲舊風而已。（以上是很簡單的敘述，其詳可參考商務版林休編中國史話，張其昀撰中國民族志，北京文化學社版，王桐齡著中國民族史中國史，其他唐書，遼史百官志元史清史等書）。孫中山先生有說：「說中國民族說，總數是四萬萬人，當中參雜的不過幾百萬蒙古人，百多萬滿洲人，幾百萬西藏人，百幾十萬回教突厥人，計算起來，總數不過一千萬人，所以就大多數說，四萬萬中國人，可以說完全漢人。同一血統，同一語言文字，同一宗教，同一習慣，完全是一個民族」。我們知道中國境內之民族，雖有漢滿蒙回藏苗六族，然經過幾千年的化合，已變成混合的，在這幾族中，是以漢族為主體，而同化其他的民族：（一）是因漢族人數比較多。（二）因漢族所居之地理環境比較好；（三）因漢族是農業的民族以文化勝，其他民族為游牧民族，以武力勝，兩方同化，將產生新特質。（四）因漢族的智力比較其他民族為優。惟是漢族自北宋弱於遼，滅於金，南宋弱於金，滅於元，近三百年為滿族宰制，雖能同化滿族，而本身之文化力量，經數次剝削之後，又有退落之勢，遂為帝國主義者壓抑中國民族之遠因，文化復興，民族獨立，是有待於今日。

（三）民族的特性與文化的影響

中國建國，遠在五千年以前，有世界最長的歷史，而其文化在古代，又爲古代東洋諸國之冠，依進化向上之義，現今當超越世界各國之上，豈知自近代以來，不但民族之氣質，隨時間遞衍而日益消沉，而文化的精神，亦隨世代演進而日益退落，環顧宇內，歐美文化競新突進，超越我們的國家，不知幾千百里，而關於人類精神活動所創造的科學藝術政治經濟學術思想種種文化，亦隨世變而日益向上，所謂具有古代光榮歷史的文化國如我邦，不但不能並駕齊驅，而且相形見絀，這是何種的緣故呢？關於物質環境社會環境諸複雜的原因，雖然是很重要，而關於民族精神之振奮與創造新之朝氣，以組織牠的文化網，成爲人類生存整個的活動者，有所歧異之故也。我們研究一國的文化，從政治宗教物質經濟學術思想各方面以爲評估，本來亦可知到牠的動因，而從民族的方面，所謂生理的和心理的條件之中，也可以得到牠癥結的所在；一個民族陷于衰微的，毫無生氣的，暗淡的，平庸的，屈伏的，苟安的形態時，他生活日趨於水平線之下，試問不振奮，文化尚能提高於水平線之上麼？

文化的演進與提高，要靠在國民的經濟力物質力，這是誰也不能否認的。然而中國幾十年來，學步歐美，注重物質文化之輸進，凡船艦大砲飛機工廠，應有盡有，而國家至今沒有富强起來，國家文化，也沒有突進的表現，這是何故？不能不歸根於國民精神的方面，失去古來優美的民族性啊！予於民國四年在港報發表中國文明進步之動機一連篇有說：「民族觀念者，先天的觀念也，基此民族觀念，以樹立民族之精神，由此民族之精神，以團結其愛國之思想：彼大日耳曼主義，德意志民族觀念之發現也；彼大不列顛主義，英吉利民族觀念之發現也；彼士拉夫主義，露西亞民族觀念之發現也：所以保祖國之國勢而不致淩弱者此觀念，所以揚祖國之文明而不致衰落者此觀念。〔國家之强弱，文化之盛衰，受影響於民族性質之優劣者甚大，歐美人有歐美人之民族性，印度人有印度人之民族性，中國人有中國人之民族性：各民族承其本國幾千百年先哲文化之遺澤，社會之環境，以養成其特殊之性質，又由此特殊之性質，以胎成其特殊之文化。民族與種族不同，種族以皮膚毛髮，骨骼等生理條件作標準，民族則以血統文字語言思想風俗宗教等文化的條件作標準，中國民族各與地理的環境，以形成略爲殊異的性質，演生略爲殊異的文化，據地理分布狀況分析之可分爲三大派：（甲）黃河流域的，黃河流域氣候較寒，雨量復少，水旱無常，飢饉時有，人民身體壯健，性情直爽，任俠好義之風，古來素著。（乙）揚子江流域的。揚子江流域氣候溫和，雨量豐足，物產富饒，蠶桑棉茶之利，甲於全國，俗尚奢華，性嗜文藝。（丙）珠江西江流域的，珠江西江流域位置偏南，氣候愈暖，雨量愈豐，物產愈富，人民性情敏活浮動，惟具進取的精神。但就中國普遍的民族性論之，全國亦有相同之點，而表現其優劣之特性，影響於文化者甚大，就優點的方面而話：（甲）勤儉性。中國民族具有勤儉的性質，故社會的信條，教訓的設施，極注重養成此種德性，以此種德性的多少，爲人格高下的標準，惟勤，故注重實際的生活以保存目前經濟自足為目的；惟儉，故對於踵事增華，奇技淫巧，在所排斥，偉大美觀的創作，素所輕視。(乙)和平性中國民族素具和平天性，歷史上的先哲言論，主張以德服人，不主張以力服人，幾千年的文教，注重汎愛衆而親仁，此性的發展，可以包容許多環伺的異民族，逐漸同化。而中國幾千年的文化，所以悠遠廣被啊。(丙)忠孝性。中國幾千年的文化歷史，提倡忠孝兩德，植根於民族的天性，遂形成為日常的社會生活，歷史上盡忠盡孝的烈士義士，史不絕書，孔子孟子諸先哲，提倡孝道，為人類社會倫理中最高的文化，且提倡立己立人之說，以維繫社會根本的組織，進而提倡恕道，以己所不欲勿施於人，凡事盡在我為標準，這種種教義，影響過去的文化殊鉅。宋朝之亡，轟轟烈烈以殉國難者，多至數千人，元清兩代竊据中國，卒能光復，不致文化終斷。這也可說是歷史上忠孝大義感召人心者至深。故能致力於君父之仇也。(惟此後當移忠於國方有意義)(丁)中庸性。中國民族性常表現中庸性，以中為倫理之原則，為應世接物之信條，此性能循正軌以表現，則能調和物質的生活和精神的生活，所以窮奢極侈姿縱物慾之事，視為大戒。予在中國文化復興之基本問題一書，中國文化發展之特質一篇有說「中國幾千年的物質，沒有講求到如今日西洋人之進步，這是中國文化之缺點，但中國人之人生觀念，價值標準，不是以物質供求之豐富為教訓的，不是以個人之過度享樂為標準的，這是中國文化之所長。」(見七十六頁)中國人的中庸性，能調和物質的生活，與精神的生活，致幾千年來的變化，不偏於頹廢之境，故其一原因。中國民族性從劣點方面而說：（甲）依賴性。依賴性，是中國民族性之一弱點，壯年人之倚賴老年人，老年人之倚賴少年人，全社會也是互相倚賴，而失去其強的獨立性，創造性，這倚賴性，自秦漢兩代君權發達以後，更為發展，而最要者，可說是倚賴天命，成敗得失吉凶禍福榮辱貧富貴賤，凡事倚賴天命，而不敢別有主張，此乃由孔子之教義，提倡有命之說，深入人心，而墨子非命，荀子否定天命之主張，素來不為社會所信仰。此種心理，影響於民族者，對於國家的存亡，概歸之天命；而國家文化，即使發達，必成為靜的文化，而不成為動的文化了。（乙）自利性。中國民族，是注重實利的民族，然因公德心的薄弱，很少注重國家的實利與社會的實利，而注重家庭的實利與個人的實利，因為過重於家庭與個人的實利，久之，遂由熱烈的情緒，而陷於自私自利，此種惡習的發揮，往往放利而行，損人利己，孳孳為利，言不及義，舉凡公的教育事業文化事業之不能發展，皆為此自私自利之心所貽誤，甚至國家之將亡，民族之危險，為私人利益之故，可置諸腦後，此性的變遷往往注重私利，不注重公德。宋朝滅亡之時間，有從敵國方面，受了賄賂，殺害忠義之士的事，明朝滅亡之時，流寇李自成攻掠北京，皇城全被包圍，思宗皇帝，努力防戰，危機急迫，國庫的金不多，不能給士卒以特別酬賞，所以請求內帑金，然而皇帝重臣，大家都不願拿出資金以急國難，皇帝遣使者向當時的富豪徵集軍費，很多都是託故，祇出少許，所以兵士，也因之而不努力作戰，北京因此攻破了，皇帝因此殉難了，國家也因此滅亡了。前車之覆，後車之鑑，這種性習，如不掃除，必影響國家的危亡，民族的消滅，文化的墮落啊！試觀教育一項，歐美注重農工商的實利教育，而中國注重個人學優則仕之官僚教育；幾千年國家文化教育，受惟我論者(Egoist)的影響是很大的。(丙)保守性。中國民族是謳歌古代之黃金世界，是讚美古代之英雄豪傑的：日常百般之禮儀風習，墨守幾千年的傳統，這因爲在古代時中國的文化，已卓絕於四隣的異族，故自尊心與保守性很強，自信己國的文化，有無上的權威；如以孔子教義，也是述而不作，信而好古，以古代的文明作保障；所以歷代鼎革之後形式雖是革新，內容却仍其舊，而社會習慣，處處是表示着保守性的威權。加以老莊的哲學，佛教道教的彌綸把這保守性，更爲發揚，所以在歷史上賈誼以特出的天才，想力改正朔，易服飾，制法度，定官名，興禮樂，想把秦法完全更改，受了守舊黨的元老周勃灌嬰馮敬的反對，於是被貶謫了。王安石以爲偉大的政治家，想力行新法，也被保守黨，完全破壞了。清末康有爲之徒，雖表面樹起維新的招牌，但是骨子裏，也是以保皇爲號召，不脫保守的法綱。自革命運動開始至今，提倡進取革新，對於保守的性習漸漸衝破，而於歐美的新文化，遂有迎頭趕上的趨勢了。(丁)渙散性。中國的民族性，因歷代閉關自守老死不相往來之故，加以惟我主義個人主義自利主義的發揮，遂使民族的性質，日趨渙散，而不有實際的團結這種民族性，影響於國家，沒有表現充實的愛國觀念；影響於民族，沒有表現堅決的民族精神；影響於文化，沒有表現學術的團體合作。無論何項團體組織，常以此性為梗其中，終致解散破壞，這種性質不改變，民族的文化力量，是不夠發展的。

(戊)消極性。中國民族性，凡事不願作積極的主張，每因因循妥協而貽誤時機。凡積極的創造作為，每以為迂遠，不切事實。在道德上，常主張安貧樂道，隱遁山林的消極生活；在風習上，常主張生活事小，死節事大的消極行為；在社交上，常主張只顧門前雪，不管他家瓦上霜的消極意見。這種不重積極的精神，即為民族精神與文化建設逐漸消失的一原因。美國杜威博士，對於中國人之評論有說：『中國人在華盛頓會議，及一切外交談判時，終始抱注目靜待的態度。』又說：『中國人為什麼不前去開發自已的富源呢？為什麼不像美國那樣去借外國資本，把政治和經濟權，拿到自己手足呢？詎中國所走的路，已陷於惰性麼？』我以為這是不難解釋的，有消極的態度，當然不能表現積極的精神。中國的民族性有優點，又有劣點，把劣點的民族性逐漸淘汰，把優良的民族性，逐漸增長，這是中國民族的文化和力量重行振興的基原本因。美國 Carlton J Hayes 於族國主義論叢什麼是中國主義一章有說：『民族斷然是文化的一方面，民族的結合的性質，應該用社會的和基本人文的科學來理解，不應該用植物學和動物學來理解。俄人希臘人德人日人，及任何其他民族的特質和特性不是僅僅種族的附帶品，或物理的偶然物；民族的特徵和特性，是社會境遇及文化傳統的創造。』(見濮譯本十六頁)可知民族性影響於文化者至大

(四)民族的創造能力與文化的影響

一個民族的創造能力，與他的文化發展有重大的關係。文化不外發見與發明，然何以與發見宇宙間的眞理？何以能發明世界物質的精神的文化？非民族的集團與分子，有創造的能力不可。中國古代中代的文化，對於世界沒有遜色，是因爲中國古代中代的時期，先民利用他的能力以供獻於文化事業的緣故，在中國古代發現耕稼，經土設井，教民植桑養蠶治絲，製定衣服宮室器用，而且醫術天算音樂貨幣學校禮制官制，皆燦然大備，莫非表示我國民族在古代具有的創作能力。至周代實集合黃帝堯舜禹湯諸哲的大成，上下幾千年的政教與禮。悉萃於此；中國之有周代，猶歐洲之有希臘，周代政制體樂文物之所以如此發達者，賴有特出的大才創作家周公，就其制度之充實，文化的光輝者大約如下：（甲）官制，定官號三百六十，以掌理財政選士祭祀五禮兵賦刑法民政。（乙）爵祿，自天子以至庶人，皆有一定的爵祿。（丙）田制，定一夫授田百畝之制，使無失業的游民。（丁）稅制，稅制則定粟米之征，布縷之征，力役之征，以均人民之負擔。（戊）兵制，則兵制採用通國皆兵之制，服役年限在二十歲至六十歲之間。（己）學校，中央太學與地方學校，中國歷代教育，以周爲最普及。（庚）選舉，選舉分選士俊士造士進士以定官制祿。（辛）雅法。刑罪之重者，常多寬厚之典。(壬)實業，對於農業，有籍田祈穀勞農諸農政；對於工業，有考工專職分工之制；對於商業，則與商有官，司市掌市之治教政刑；此可以表見周代周公之創作，於我國文化有重大貢獻。春秋戰國之世，百家爭鳴，學術思想，發揮張皇，可說是我國之哲人時代。秦代始皇巡游天下，刻石頌德，可知雕刻學已開始；又長城之築，是世界建築物大工程之一。阿房宮建築於渭南，亦極其華麗。秦之蒙恬造筆，文化傳播賴以便利：張衡(後漢南陽西鄂人)研覈陰陽，作渾天儀和候風地動儀；蔡倫造紙(後漢桂陽人)而及於利劍器械；前漢有唐都，李尋，後漢有蘇柏，郎雅光，均以通天文名；前漢有淳于意擅方術，後漢有張機通黃帝內經，扁鵲難經，及神農本草之旨。三國時，魏馬鈞作翻車及補以利灌溉，漢諸葛武候，作連弩矢及木牛流馬以利戰爭。晉代紛爭，幾無寧日，及南渡後，文化集於江南，美術尤爲所長，如顧愷之，衛協精繪事。阮咸作月琴，宋識作拍板，流傳至今。建築如張駿所起之謙光殿，窮極珍巧；製造如晉杜元凱作連機水碓以利農事。隋代開通運河，爲世界人工造成之第一長河，又築西北兩邊的長城，偉績不在始皇下。唐代天算大家，有李淳風製渾天儀，頗稱精妙；繪畫有北派之李思訓，南派之王維；音樂當時教坊有生員二千八，太常樂工至萬餘戶；醫學有孫思邈所著千金方翼，甄權作脈經針方；建築有高祖時之披香殿，玄宗時之華清宮，皆甚壯麗；陶工以南昌窰越州窰爲著；機械如內庫所藏之十二時盤，楊思勗所作之傀儡等，亦極奇巧。宋代東京西京宮殿寺觀，規模宏備；活版發明於神宗時（畢昇）。元代郭守敬，對於曆數上集古法之大成，旁搜泰西新法，匡中國三千年來曆法之謬誤；醫學有朱震亨等考校醫經，製造則因海運而造平底船，因用武而造軍器。明代有呂復，王履，戴思恭，於醫術多所發明，李時珍著成本草綱目為醫界的大觀；徐光啟譯幾何原本，測量法義諸書行世，西方學術，開始萌芽，繪畫之學，有王冕，王履，沈周，唐伯虎，文徵明等，均有名於時；工業方面，有鄭和航海造大船，長四十四丈廣十八丈六寸有二。清代文化，雖是中衰之期，然以海禁大開，西方學術，從此輸進，中國關於曆算有閻若璩，楊光先，孔廣森等的中法派，薛鳳祚，游藝，李光地等的西法派；王錫闡，梅文鼎，陳厚耀等之中西調和派：醫學有陳念祖著有醫書二十種，徐大椿著有醫書十三種，武之望著有濟陰綱目等書；關於製造，有江浙等處之織染，江西景德鎮之窰磁，北京之景泰藍銅器，廣東之刺繡象牙，長城沿邊之製皮毛氈等。從以上的引証，可以知道幾千年來，我中國民族之創作能力。中國幾千年來有三大之發明創作，對於世界有重大之貢獻的：

（一）是印刷術。當歐洲黑暗時期，我國印刷術，已有萌芽，唐末益州已有墨版，五代之際，印刷術大盛，宋代活版完成，我國印刷術之流入歐洲，始於十五世紀初葉，歐洲木刻文字，始於一四二三年。（二）是指南針。指南針，由我國發明，由阿拉伯學之，然後傳入歐洲。（三）是火藥。火藥之發明，我國最古。宋太祖時，創造火箭，真宗時有火球，十二世紀中葉，岳武穆將魏勝創砲車拋火石，此實近世鎗砲之原始。其後阿剌伯人伊思瑪，因之製造火砲，後於魏勝百餘年。民族主義第六講有說：「外國現在最重要的東西，都是中國從前發明的，比如指南針，在今日航業最發達的世界，幾乎一時一刻都不能不用他，推究這種指南針的來源，還是中國人幾千年以前發明的。如果從前中國人沒有能力，便不能發明指南針。」中國民族所創造的文化，在過去是有貢獻的。近據國民新聞社特阿爾塞通訊，美國約翰霍璧金斯大學，中國留學生關慶炳與哈佛大學中國留學生呂崧棠，在美國科學協進會年會演說，聲稱血循環與消化理論，皆係中國首先發明，遠在西方發見之前，中國之發明血液循環　尚比西方哈威爵士於一六二八年發表此項論文時，更早二千年；中國紀元前一一二二年時，則有解剖學家著書，闡明人體內臟。及其功用；中國醫生，紀元前第三世紀，即知使用麻醉藥，更有若干外科器械，中國醫學在紀元後第七世紀，即已使用，而西方則迄今僅使用一百餘年云云。二君演講，雖然尚待詳實，惟中國醫學在幾千年前，是比世界任何國當進步，是可信的。中國自滿清統治政權後，利用科舉八股以消磨漢族之聰明才力，且加以威迫，斲削漢族進取的雄心，故幾百年來。科學落後，發明稀少，與歐洲文化進展的景象比較，真有不勝今昔之感。十九世紀歐美文化的特色，是新發明，那末，二十世紀的現代，更當以新發明爲特色了。在二十世紀的現代，差不多在每一年中有一種重要的發明：如一九〇一年勃郎克的力的量子論，得普里斯的變遷論，一九〇二年刺得福的鐳射氣，一九〇三年來得的最早的飛機，一九〇四年的電子管，一九〇五年愛因斯坦的特別相對論，一九〇五年的維他命，一九〇七年最初的無線電，一九〇八年原子論的證實，一九〇八年密可斯基的空間和時間的統一論，一九〇九年斐利的第一次發現北極，一九〇九年彌爾根對於電子的測量，一九一〇年拉蘇對於鐳的說數，一九一二年阿瑪得森第一次發現南極，一九一五年愛因斯坦的普通相對論，一九二〇年變光星的測量，證明了巨大星的存在，一九二二年愛因斯坦光的曲折的證實，一九二四年愛因斯坦分光論的證實，一九二五年彌立根對於光線的研究（見英國艾迪博士著現代的新信仰第四頁），二十世紀以來，歐美科學的發達，可說已達到最高峯，這可以說現代的世界文化，惟有科學的進步，可以說明他發展的形態。我們中國的現代文化，有那一種可以比較歐美現代的文化呢？有那一種的文化。可以比較歐美現代文化爲進步呢？在歐洲從柏林到倫敦只費一天工夫，在阿非利加的人到晚上的時候，可以聽見倫敦的音樂，英國和非洲殖民地的交通，只要費一秒鐘的四分之一，科學已經把世界縮小了，同時又把宇宙的範圍擴大一千倍的光景。在生物範圍內，歐美科學家已提出二萬五千多種的脊骨動物，以及二十五萬多種的無脊骨動物，又發現了人類身體中的四十萬萬個白血輪，以及五十兆兆個的紅血輪，而且每一個血輪，都具有複雜的世界；在天文學中，人的眼力祇看見四千個星球，倘用有效的望遠鏡，可以看到幾千萬的星球；在物理學中發見一磅的一百十五分之一的脂肪，乃是一兆輕氣的分子所造成的；科學家不但能計量分析分子，而且可以分析原子：電子，乃是世界上最微渺的東西，科學家能知道牠的對徑爲一寸的五千兆分之一，那末，要有五千兆顆電子，才能成爲一寸，這精密的計算，眞是令人驚奇。現在世界的文化，我們可以用民族的創作能力，在科學進程上可以說明牠發展的形態，然試問我國現代的文化，在科學的創造發明上，有那一種可以同歐美現代科學的文化比較呢？歐美在二十世紀時代，每年有重要的發明和創造，而中國民族在二十世紀時代，有甚麼重要的發明創造呢？最近中國有四位發明創造家，在科學史上文化史上，雖沒有重大的貢獻，然亦可以稱述的。一位是創造中國電風扇之楊濟川，他先由洋布店的學徒，做到洋布店賬房，再由是而做到電氣工程師，組織華生廠，最初一年造電風扇只有一千具，民國十五年增至三千具，民國二十一年遂到二萬具，出品優良，比外國便宜到四分之一，搶回外國貨十分之九的生意。這是値得稱道的一件事。一位是發明藥沫滅火機的薛霞祥，他在上海百司洋行做學徒，費了十年的工夫，發明滅火藥沫爲消防上的利器。一位創造味精的吳蘊初，他積了二十年研究化學的經驗，辦了不少的事業，如天津硝鹼公司，上海熾昌公司，天廚味精廠，天原電化廠等，都是於國貨事業上有貢獻的。一位是發明木炭代汽車油的湯仲明，他是河南孟縣人，民國八年赴法，民國十五年歸國，在法七年專攻機械，歸國後，充隴海路開封修械廠廠長，及機務工程師，其代油爐之創造，先後經五次，方造得成功，（可參閱人物述評一書），若他近人如浙人厲汝燕，粵人謝纘泰，於飛機亦有所發明，粵人羅福能製水面行車機；創造能力，雖未足與歐美人並駕齊驅，也可說對於歐美現代科學的文化努力追踪的。

(五)民族的遺傳關係與文化的影響

遺傳血統的關係，影響於人類的生理心理與智能，由人類的生理心理智能，而影響於他的文化之高下，有許多的科學家是贊成的，有許多科學家是反對的。我遊南洋英荷兩屬和澳洲各省紐絲蘭南太平洋各羣島北美洲南美洲巴拿馬秘魯各地，看見當地的土人與白人的比較，土人大概是膚色黧黑愚魯無文智識低下的，這種種土人與當地白人之土生子，同受地理環境所支配，爲甚麼有智識的高低，文化高下之差別呢？此不能不採用遺傳因素以解釋了。多爾西（George A, Dorsey）在他所著種族與文化一篇，他是反對遺傳關係與文化有影響的（見傅耳德所編現代世界與文化商務譯本二七七頁），美國霍布金司大學(John Hopkins University)生物學的哲林師教授(Prof,H,S. Jenings)及配耳教授(Raymond Pearl)是相持同一之意見。劍橋大學教授哈登(A,C,Haddon)在人類之種族裏說：「以文化爲標準而把人類劃分若干種族，對於社會學家是很方便的，不過這種分類，對於遺傳並無根本重要之關係，雖即可以說明民族互相之影響；種族的文化，並無這樣東西。某民族之文化，完全是根據於他們生活之方式，而生活之方式，又是根據於地理的環境。」(見三〇七頁)民族的地理環境與文化有重大的關係，但不是唯一的關係。我以爲遺傳的關係，是其中因素之一；倘使以地理環境為唯一的關係，則美洲上古文化的發源地，在秘魯高原墨西哥高原俄亥俄(Ohio)流域三處，為甚麼現在他的文化至今退落而不能仍然繼續呢？可見除卻地理自然環境之外，尤有其他的原因，而遺傳關係，也是其中重要原因之一。世界的人類，分許多種族與民族，這種種之種族與民族，因種類的不同，血統的分別，結婚的傳衍，致令其性格身體性質才力，有許多的不同，由性格身體性質才力許多的不同，因影響到歷史文化有種種的差別，這是確定不移的事實。試問高加索的白色人種與蒙古的黃色人種，有相同的遺傳血統麼？有相同一致的文化程度麼？馬來之褐色人種，與黑色的尼革羅人種，有相同的血統遺傳，有相同一致的文化程度麼？種瓜得瓜，種豆得豆。這是自然的定律。愚蠢白癡的父母，那裏能產生強幹聰慧的子女？人類的皮膚毛髮眼睛，以及身材的長短，體質的强弱，才力的高下，性情的剛柔，總是由遺傳得來的。智識低下，心性柔弱，體魄衰殘的民族，他的文化進程，斷不能超越智識高尚心性剛强體魄雄偉的民族的文化。在遺傳的定則中，其所謂遺傳的類似性，和差別性，或變異性，且有所謂分配遺傳，擇一遺傳，混合遺傳的；不論遺傳的形式如何，子女都是酷肖他的父母祖先的。其有不同者，大概是屬於變例。英國加爾頓 (Francis Galton 1822,1011) 努力研究遺傳問題。他於一八六五年時，主張精神的性質與肉體的性質，都有遺傳的可能；一八六九年他著成遺傳的天才一書(Hereditary Genius)，把歷史上有名的三百個家族，分為異常優越的，與比較優越的兩種統計，，知道在這三百個家族內才能異常優越的，有四百十三人，才能比較優越的，有九百七十七人，這些優越者近親，如子兄弟父祖叔伯從兄弟等，都有相當優越的禀質，而且血線愈近者（如子）其優越之人數較多，血線愈疏者（如從兄弟），其優越之人數較少；因此，他就斷定凡優越的天才，多出自優越的家族。一八五四年哥賓留（Count Arthur Gohinean）著種族不平等論，以爲文化盛衰之成因，是種族或身體之構造，國家發達，是由於種族血統之純潔；他以爲祇有雅利安族，建立了一個眞正偉大的文化，（見商務版現代世界的文化二八〇頁。）法人拉普池分歐洲種族爲歐羅巴族及諾迭克族（Homo Nordicus）他說：「德國兼有三族，法國亦兼有三族，美國亦兼有三族以上，但法美之所以强大者，則三族之一——歐羅巴族或迭諾克族——爲之也。餘則附贅懸疣耳。」又說：「偉大之人物，大率自純正的歐羅巴族或迭諾克族產出，然亦有自間種產出者，則間種血統中，歐羅巴族之成分，有以致之。」（見潘光旦著人文生物學論叢引證二四頁。）歐洲民族爲世界優秀民族之一，他對於世界現代的文化，有偉大的貢獻，是值得稱頌的，但是歐羅各民族雖然優秀，不能說他惟一的優秀民族，高出於其他優秀民族之上，因爲除却民族遺傳原因之外，尚有其他純環境或與社會環境的。奧斯本（Henry Fairfield Osborn）教授，在他寫給於紐約時報的一封信，證明歐洲近代與現代許多的大思想家，大發明家，對於世界文化有重大之貢獻的，如拉斐爾（Raphael），達奇（Leonardo davinci），伽利留（Galileo），科修斯古（Kosciusko）與拉斯啓（Pu

註三）．科利尼(Coligny)科爾伯特(Colbert)，霞飛(Joffre)，福熙(Foch)大藝術家羅丹(Rodin)，大文學家拉馬丁(Lamartine)等，都是那丹民族。從以上各項引證，就知道民族的遺傳關係，是與文化有巨大的影響的。因此我們可以擬一個定則，凡一個民族內他具有優良品質的分子，與其他同一民族內，具有優良品質的分子結婚，必產生更為優良品質的後一代分子，以促該民族文化的進步。凡一個具有優良品質的民族，與另一個具有不良品質的民族結婚，必產生較為次等品質的後一代分子，以致該民族文化的沒落。其在後者的引例，著者於民國十年間游澳洲及南太平洋各羣島，十一年至亞包加柄等埠時，曾親察當地的白種人與當地的土人結婚的子女，非特他的形體面貌不如純粹白種人結婚所生之子女，即其智識能力，亦大有所不及；其在前者的引例，紀元前五百三十年至四百三十年，希臘一個很小的阿提喀市(Attica)，付用生十四個有名的人，平均四千三百個自由民裏，就有這樣一個人；從紀元前五百年，至二百年，這個很小的市境內，至少出了二十個有名的人，他的面積與人口總額，恰與現在羅得島，(Rhodeisland)相當，至於自由民還不及羅得島五分之一，政治家詩人哲學家科學家建築家美術家歷史家，在中世紀之中，蟬聯而起，為後世所罕見；這些有名之家，都是地中海沿岸優異的種族，經過一番的自然嚴密的選擇，集合攏來。因謂雅典，是個尚材智重社交的城市，所以一般喜事好功與有能力的人們，皆集其間，貝特孫(Batason)認為雅典種族所以優越者，由於該市出類拔萃的民族，彼此互婚之故。(可參閱錢嘯狄著人種改良學概論四二頁）。在城市的文化的進程與鄉村的文化進程來比較一下，自然鄉村的文化，比不上城市的文化，除却城市文化環境設備優異於鄉村之外，在城市裏因爲人物萃聚，尚才智賴社交的利便，利用選擇婚姻較爲容易，故優秀分子多產生在城市之間（亦有不盡然者），我們知道遺傳對於文化的影響，是因爲先天稟賦所決定之故。甲民族的文化，何以與乙民族的文化不同？甲民族的文化，又何以優勝乙民族的文化？除環境的影響之外，是受遺傳所影響的。種族和民族所遺傳的品質，是決定文化的高低和優劣的。自達爾文華萊斯（Darwin Wallace）同時唱生物進化以來，生物學家與善種學家，接踵研究生物遺傳性質之影響，而進及於人類，如曼德爾（Gregor Mendel）衛士曼（August Weismann.）加爾頓（Francis Galton）沙利比（Caleb W. Saleeby）等，闡發人與生理心理上之進化理論，其結論如下：（一）人種欲求最適生存，當舍數目而取品質。（二）康强體魄，明敏心靈，皆不可少，二者難兼，當以心靈之完美爲首要。（三）凡國家富强其種族於內，始能競存於外，未來的戰爭，非決於疆場，乃決於父母之遺傳。（四）遺傳的原則，先天的或原有的特性，能遺傳於後代。（五）父母有形體與精神的良品質，始能遺傳於子女。（六）男女愼擇配偶，始能孕育碩大俊偉優美子女，爲國家之俊傑，以資繼管領世界的文化。諸如此類，都是說明優良的遺傳，是使人類心身方面的健全，人類身心方面健全了，自然可以促文化的進步。（可參閱拙著的中國文化復興之基本問題一書暨南大學版四一頁。）加爾頓曾說過：『向使雜與能保存其卓越之性，子孫繁衍散佈於通都大邑，將劣等人民之位置取而代之，則其所成就之結果，必有大造於人類的文明，出於吾人預想之外，可斷言也。』現代世界的文化在將來能否進展呢？是以現代世界各國家，對於人種改良在遺傳中有否控制的方法以為斷。在現代社會經濟制度的下，如大多數的優秀分子，常處於艱難生活中，所受祖先遺傳質中的優良因子，缺乏適當環境之刺激，無由發展，即想得到一個配偶，把潛伏在本身優良因子，不能延續下去，以為未來文化的發展，祗是生理心理品質低下之分子，在現在制度保地位，以孳生蕃衍，這就是現代文化在將來退落的動機。反之，社會制度日漸改良，容許品質優良之分子，佔了社會的高層，以孳生蕃衍，這就是現代文化，在將來進展的傾向。中國民族，號稱四萬萬，照大體而說，是以優秀稱，然而現代的中國民族生理上心理上，能否仍保持此優秀的傾向呢？現代中國民族，遇實際的調查，就知道因早婚及及門第階級財產地位的選婚種種緣故，中國民族的體質，一天虛弱一天，體質的虛弱，當然精神能力，也是虛弱的，民族古代冒險的精神（如班超張騫等），日益消退，開拓一世之奇功偉烈，已不如前，以現代中國民族的體魄能力，與歐美人士之體魄能力比較，有愧不如人之嘆；今後想中國能繼續古來優美的文化，改造現代的文化，發展將來的文化，在於人種改良的方面，須要加以注意的。倘使中國民族，愚劣的，低能的，犯罪的，祖係的分子日多，和這種分子結婚的數目日多，數世紀以後，中國的文化，會隨這種分子的日增而進步麼？決不會有這現象的。縱使中國民族智慧的，溫和的，誠實的，能幹的，矯健的，堅忍的分子日多，和這種分子結婚的數目日多，數世紀以後，中國的文化，會隨這種分子的日增而退步麼？決不會有這現象的。周建人於讀中國優生問題一文中有說：『現在中國人的文明創造力怎樣？和別族競爭的能力又怎樣呢？這大概無論何人都不敢說中國民族，現在是最強盛的民族罷？然則數千年來流行的合於優生學的制度效果在那裏呢？』（見東方雜誌二十二卷八號。）他是懷疑到潘光旦所主張中國的家族主義，門第主義，科學制度等等，都是合於優生學的話。

中國現在的民族生命，已到於屢受帝國主義者環攻的地位，這就是證明中國現代的文化，已到退落的地步，如果中國現代的文化是進步的現象，同時中國民族決沒有現在這樣的衰弱的。改變這種的狀況，在人種改良的方面用力，是一個條件。我們測驗中國現代的文化，當以大多數的人民程度為標準，而不能以少數的人民程度為標準的。據報載南海縣官窰北村各處地方，於（二十二年）陰曆正月廿六日觀音誕生菜會，各處男女前往參神絡繹不絕，每日萬餘人，神壇中參神者，怪狀百出，喃喃拜神者有之，求財賜子者有之，這等迷信陋俗下等的文化，恐怕全國遍地皆然。所以由現在中國大多數的民眾的俗風尚，來觀察中國現代的文化，決不是高尚的。所以在教育方面而救濟以外，要注意實行優生的制度。生物的演進與人類保存，他在天演界的位置，是注意於兩性選擇之作用的。在動物界中兩性選擇無不以對方的美麗強健敏捷勇敢為標準，很少選擇病關乎容貌消極的性質的；在人類兩性的選擇中，在於形體的美觀儀容表面的選擇，比較容易；在於心能智識品性的優良的選擇比較難；就之社會的現成制度門第階級財產的支配勢力，可以使感覺者偏弱者，根據以爲兩性互相的選擇。總之：人類選擇偶配，偏以優良的品質爲標準，則根據優良分子產生的定則，優良分子日多，必有助於文化的發展，這是可以確信的。中國婚姻之大弊病有三：(一)是男女婚姻不自由；(二)是一夫多妻；(三)是婚姻太早；欲矯正這種弊病．要制定婚姻法。美國哥倫比亞首府，關於婚姻律，有父母允許結婚年齡法，禁親屬結婚無效婚姻之條文；歐洲意大利對於法禁婚姻規定：(一)癲狂癡呆有神經病者不能通婚；(二)男子未滿廿四歲以上者，不許結婚；(三)男女未滿廿四歲者，非經父母或保護人允許不能結婚；(四)軍人非經長官允可，不許結婚；(五)男女兩造，未自由允許願作夫妻者，不許結婚；(六)犯罪應處重刑者，不能結婚；(七)有夫或妻者，不許再婚；(八)親屬同血統者，不許通婚；(九)犯姦之男女，不許通婚(十)肢體五官不全不能成爲夫婦者，不許通婚。法國之婚姻律亦有大約相同的規定(可參閱中山大學版拙著民族主義與人口問題一書第十八頁)。我們知道優秀民族，必產生優秀的分子，但是世界上現在的民族，那一族是最優秀的呢？這不能根據現在的國勢而斷定的。法國有名著作家哥賓連(Gobinnen)認定歐洲之亞利安種族，是最優秀的種族，是受有天賦的才能，以統治其他之民族的，因爲亞利安民種，是具有遺傳優異的特質之故。這是種族偏見，不足以據爲定則的。亞利安種族，

最優秀的，是可貴的，然不能以他優秀之故，而有統治其他民族蹂躪世界各民族文化的權利啊

（六）民族的道德能力與文化的影響

道德是行爲的規範，民族道德，是民族行爲的規範。所謂民族道德，不是專指個人內心生活誠意正心的消極道德，是指一個民族分子爲他自己民族貢獻他道德力量，爲全體民族努力奮鬥犧牲，以創造倫理價值，道德價值，文化價值之謂。美國哈佛大學白璧德教授於其所著歐亞兩洲文化篇有說：『彼英吉利人，所以能併吞印度而保有之者……實由於英人品德之優越。其於道德精神沉毅；英人之所以爲世界古今最善統治之民族者，以此，其能覆滅印度者，亦以此也。』（見白璧德與人文義一書二六頁）英吉利民族對於他自己的民族講道德，對於別的民族，就不講道德，這算對於自己的民族講道德，對於其他的民族不講道德，是沒有民族真正高尚的道德標準的。我在民族的特質篇曾說過：「民族有優異的特質，未必有民族的道德；因爲優異的民族，對於自己的民族就講道德，對於其他的民族，就不講道德；對於自己民族就講親愛，對於其他民族不講親愛」。（見中山大學版拙著孫先生之思想及其主義一書七二頁）。我們知道一個民族，沒有正義的，博愛的，高尚的道德，惟具有殘忍性，浮囂的，暴動性，狡悍性，撮積民族對於世界的文化，是沒有可稱頌的貢獻，而且必利用消極不良的性習，以摧殘弱小國家的文化。一二八滬戰之

役，東方島國的日本，利用飛機炸彈，燬滅上海種種文化機關，中國現代新文化，方在幼稚萌芽中，無道義的的傷殘，其所受的損失，誠難以一言而盡。我在拙著人生問題一書道德與人生篇，由國家穆狀影響而起之道德問題一段中說及：「近世國家侵掠主義，如狂潮噴射，橫溢世界，一方面國家藉假仁偽義之空名，以薰化人民，其目的非以爲道德問題，實所以收人民反側之心，其操刀以搜之富貴利祿，得以長此無恙也。且國家以侵掠爲必要之信條，人民平日潛移默化，于講信修睦據德行仁之學，實放棄殆盡。」（見拙著二九三頁。）一個民族對於其他民族要講道德，而對於自己的民族，也要講道德，對於自己的民族能發展他的道德力量，互相依存，互相協助，爲他們民族的全體幸福文化價值而努力創造，當然影響文化的前途甚大。一個民族，受了强暴的民族侵侮壓迫，倘自己民族，卑怯服從，以圖生存，豈能表現民族的道德力量麼？希臘以世界文化搖籃稱，然必待與波斯戰爭以後，打倒他的强敵，保障生存的經濟地位，同時由外觀的認識，進於內心的認識，並由以內心的認識，發見人生觀的見解，及道德善惡的倫理價值；蘇格拉底，伯拉圖，亞里士多德，名賢輩出，提倡知慧勇氣節制正義諸道德，以爲民族的領導；其後幾何學，物理學，天文學，生物學，論理學，建築學，雕刻學，才日益發達。一個民族的節制性，與文化發展有重大關係，現世物質文明日益進步，同時人類的慾望，亦隨之弛縱。現世所謂文明病者，在人類社會，跋扈飛揚，不容易制服，文明病愈流行，而人類文化發展的前途，愈受障礙。所謂文明病者即是：（甲）酒精中毒。享樂主義，隨一般人慾的進步而流行，於是狂飲之風，各處蔓延，歐美患酒精中毒之人，及由狂飲而犯罪之人，非常之多，這種現象，就是歐美現代文化的病點。據英國內務部報告，倫敦市平均每日入酒店之人數裏面，女子占三萬九千五百餘人，小兒占七萬零一百餘人，各國也有頒佈禁酒律，然秘密狂飲者也甚多。（乙）黴毒。黴毒之在文明國中，既以非常之勢蔓延，不可挽迴，社會生活困難，男女達結婚之期而不能有結婚之力，性慾衝動，沉溺而不能節制，直接戕賊個人之創造力量，間接損害國家之文化事業，中國現代之城市，日日趨歐美化，而這種病症之蔓延遂日有進展之勢，上海爲繁盛都市，中國文化之中心，據東方雜誌三十卷十三號載上海營醜業之女子，公私統計幾六萬人左右；西諺所謂開化者（Civilization）梅毒化也，（Sphilization）兒風日熾，燎原不息，其使現代文化之退叢，豈不是意中事麽？此外社會之競爭日烈。謀生之路日窄，不惜用陰險狡詐傾陷之手段，以對付社會集團內之人民，且以自由競爭之日烈，行掠奪壟斷的制度，資本日益集中，社會之豪奢愈甚，而在生活水準上，不能維持最大多數羣衆，因利害的衝突，鋌而走險，或擾亂社會之秩序，監獄驟增，不勝煩苦，這等現象，豈文化發展的幸福途徑麽？復次，民族的內部鬥爭，也是使文化退叢的。中國歷史上的內亂，不脫成者爲王敗者爲賊的兩條路道，每次內亂暴動即表現道德上的混亂，而摧殘文化的。洪容齋隨筆記，說及秦爲無道，暴兵露師，百姓罷敝，孤寡老弱，不能相養，死者相望，影響文化，當然很大。赤眉賊之亂，樊崇統衆至百萬，由山東西向，一齊暴動到長安，長安爲文化之區，大遭蹂躪，黃巾賊之亂，張角引個暴動的羣衆，數十萬人，當時皇甫嵩，朱儁，統率兵士殺了幾萬人，並殺了三萬多民衆，被迫跑到河裏溺死的人，有五萬多人，被焚燒的車輛，有五萬多，這種內亂的屠殺拼燬，豈不是關係於文化的損失麼？唐代黃巢賊之亂，統率暴動之衆，陷落河南淮南江南鄆州許州濮州宋州汴州潁州建寧廣州，他們所到的地方，號稱洗城，這洗城之舉，豈不是對於地方文獻加以毀滅麼？明末流寇李自成，張獻忠，統率賊衆至十二萬，凡陝西山西河南湖北安徽湖南四川等地，無不大遭慘劫，所過之處，必屠城邑燒房舍，豈不是對於文化加以摧殘嗎？自民國成立，中國現代文化，方在滋長，然以北京政府時期，急劇的內爭混戰（除革命征伐外）其擾亂城邑公私建築，學校建設亦以億萬計。可知民族內部的鬥爭，可以證明民族的道德能力的缺乏，不論直接間接，也影響於國家文化，而至於退縮的境地。一個民族須具有道德能力，表現民族犧牲，勇敢，親愛，堅忍，和協的美性，以充實人格之內容，然後民族可以繁榮，文化可以發展，倘一個民族祇充滿貪汚，卑鄙放縱，淫逸，鬥爭（內訌）狂放的不良道德，在文化線上，祇有頹廢的景象，那裏有創造文化的偉大貢獻呢？

（七）民族的地理環境與文化的影響

一個民族，要根據地理環境，以發展民族整個的文化勢力，猶太民族，自稱爲選民的、但自紀元前五九七年後爲巴比倫，馬基頓，羅馬，波斯，阿剌伯，土耳其，埃及等國家所蹂躪，到紀元後，民族分佈到全世界，他的民族整個文化沒有表現，在散處的人民中，雖然有多少對於文化上學術上有貢獻的，如大哲學家斯賓挪抄(spinoza)，大經濟學家李嘉圖(Licardo)．大社會學家馬克司(Marx)，大科學家愛恩坦(A.Einstein)但因爲失却國家領土之故，未能表現猶整個民的文化。我們知道民族的地理環境，與文化有巨大的影響。地理環境如地域氣候山脈河流等等，對於社會經濟有一定的影響。同樣對於物質文化精神文化，也有一定的影響。古代的幾個文明國家中，巴比倫，希伯來，印度，中國等，都是根據優美的地理環境，尤其是河流，如埃及之尼羅河(Nile，R.)，巴比倫希伯來之幼發拉底河(Euphrates)，與底格里斯河(Tigris)，印度之恒河(Canges)與印度斯河(Indus)，中國之黃河等，都是促進上述國家文化進展的一動因。巴恩拉於其所著社會進化論曾說及(Harry Elmer Barner, Ph.D. The Evolution of the Great Society)是等國家，因爲受天然的地理的保障，又不致過於隔絕，陷於完全孤立，阻礙外交文化的輸入，所以最古的文明，能夠發生。人類在經濟歷史生活中，不但要適應人類自身經濟生活社會生活的條件，同時要適應自然界的地理環境，在熱帶地方，因爲太陽光線強烈，人類的皮膚，變成黑色，甚至純黑的。因此，人類便分出許多種族來。酷熱氣候之中，自然界生產之物，非常豐富，在那地方之人，用不着勤苦的勞動，也就沒有促進他們精神能力發展的機會。在嚴寒氣候，如此冰洋一帶之中，自然界的產物，異常貧乏，他們努力於保存生命之外，沒有可以發展精神能力生產力的工夫。人類開發文化，正適合於溫和氣候之地，這等地方的自然界，既不過於豐富，使人類不致荒廢其勞動力量，生享其成；又不過於貧嗇，使人類的努力，不致徒勞而無功；地面組織，構造山地，或平原河流豐嗇，海岸的遠近，動植物的多少，對於人類歷史文化的發展，都有很大的影響。人類文化發展的速度和方向，開始之際，就自然界地理環境之支配，等到發展在地理條件限制之下，開始有一定的方向之後，則人類歷史文化之進程，就於自然的影響之外，還有自己的人工上的原因，都是人類在經營經濟生活中的生產力的進步，與社會生活中，各已成勢力和經驗的傳授，但是自然的地理環境，是其中重要原因之一；也可說自然的直接影響於社會經濟，又由於社會經濟直接影響於各種文化的發展。（可參閱馬哲民著精神科學論六二一頁陳著歷動力論一四六頁）在自然的地理的環境當中，其一是氣候。氣候與文化的發展，是有重大的關係的。德國氣候學家亨尼（Hen-ge）開氣候係有影響於動植物生活的各種氣象現象的總稱」。人類是高等動物之一，他的生活，當然受氣候的影響的文化，是人類生活表現的形態，亦當然受氣候的影響。洛爾教授（Prof Lull）說過：「變換了環境，可以刺激遲緩的進化之流，而使之迅速活動。其間之因果關係，無論什麼時候，可以追起來的，而氣候就是這普遍的一種直接影響」。（見商務版陳[illegible]著氣候與文化之引證一，氣候與物質供給有關係，物質供給與文化有關係。當哥倫布未到美洲以前，在加列福尼亞(California)與猶他(Utah)兩地居住的印第安人，和他們鄰近住在新墨西哥的秘勃羅人(Pueblo)相比較而觀之。就可以明瞭住在加列福尼亞與猶他兩處的土人是很下等的野蠻的，他們住在很簡陋的草舍，所食是很鄙陋的食物，常爲求食之故，東奔西逐，這樣孤單的游牧的生活，當然祇有極幼稚的社會組織和政治組織，但是秘勃羅人，因物質供給較優，終在於美洲土著中佔了最高的地位，推究其中的原因。就是秘勃羅有適宜的氣候和雨量的緣故。古代文化發達的國家中，都是位於適宜的氣候，地帶過寒，如埃士忌摩人(Eskimo)所居的地方，他們爲抵抗寒冷之故，已費了全部精神，試問尚有甚麼精力發展文化？予遊南太平洋各羣島如大溪地，紐絲尼，亞包，加柄等埠。看見當地的土人，居於炎熱地帶中，天然產物足供飲食，用着振發精神，發展文化，至今尚在榛榛狉狉的境地啊。其二，土壤。歷史上極普通之點，凡是古代偉大文化之起源，都是在肥沃的平原，在那地方中，用灌溉法從事耕種，發展農業，如埃及，美索波達美亞，北印度和中國，都位於離赤道二十五度的地方，幾千年來以相當的努力與同心協助，造成他比較完美的農業社會組織。與相當的文化。在西藏居住的人，地勢險峻，沒有合適的平原土壤耕種，所以人民性習頑固保守。如美國俄亥阿(Ohio)和法蘭西北部的平原，都有深厚適耕的土壤，其農民都很富足，他們的文化進程，比之西藏自不可同日語。(可參閱商務版人生地理學原理及紐約 D. Appleton & Co 版亨勃(H. P. [illegible]

(三)著世界地理(International Geography)其三礦產、礦產與人生有重大關係，與文化的發展，也有重大的關係。地下礦藏有金屬的，有非金屬的，金屬鐵銅鉛錫鋅等屬於第一類，石炭石油泥炭屬於第二類，各有各的用途，假若世界所有金屬，都行銷毀，人類的活動，差不多沒有甚麼變化，若把鐵除去，人類的生活狀況，便要比美洲初開闢時還要困難。以人類利用器物而分別他開展的時期，為石器時代，銅器時代，鐵器時代，人類知道鎔鐵之後起了一種根本變化，經過了三千年的鐵器時代，鐵的用途，可以斬清森林，鋤破泥土，挖掘礦穴，建設鐵路汽船，以及各項機器。在近半世紀中，鐵的用途更廣，可說是達到鋼鐵的新時代，可以用鋼鐵的多少，而徵驗國家文化進展的程度。如美國于一九〇〇年鋼鐵的出產，增至一千萬噸，一九〇五年增至二千萬噸，一九一三年增至三千二百萬噸，一九一八年增至五千萬噸，其他沒有利用鋼鐵的國家，她的文化可與英國相比較麼？埃及巴勒斯坦美索波達米亞希臘羅馬等國古代文明，和西歐美國的近代文明不同，其中有種種原因，而關於日用的鐵量，也是其中的一端，近代現代的文明，和古代文明不同，就是因為近代和現代，容易獲得它以及鎔鐵燃料的地方。英國自一六〇〇年以後，人民知道把煤變成焦炭，用以鎔鐵，美國，英格蘭，德意志，比利時，法蘭西等國，煤與鐵的豐富，這等國家，物質文化都有驚人的進步。中國的煤藏，只次於美國，但許多的煤，沒有開發，不知利用於機器的方面，所以物質文化，沒有多大的發展。河北省每年民家消耗的石炭百萬噸，是消耗於主要的燃料，最少有消耗于飲食與服飾的應用上，據此一端，就知道牠與文化的關係了。其次動植物。的植物的繁盛與否，與文化之盛衰，是有關係的，植物中如米，大產地如中國，印度，日本，使這等國家缺少米的供給，她的文化能夠維持下去麼？產麥最多的地方，如北美合衆國，俄羅斯，加拿大，法蘭西等，使這等國家缺少麥的供給，她的文化能夠有今日的興盛麼？世界產棉額最高者，如北美合衆國，印度，埃及，與中國；產絲最多者，如南歐羅馬諸國，日本，及中國；產森林最盛者，如北美合衆國，加拿大，瑞典，挪威，芬蘭，俄羅斯，德意志，與大利，法蘭西等處；使這等國家，缺乏棉森林等的供給，她的文化能夠繼續進展麼？人類經營種植能力的表現，也是文化能力的表現，在世界熱帶許多的地方中，有白種的冒險家，開墾家，到去經營許多的農場，種植場，相當地未開化的土人，如自然供給以資生活。仍保原來的舊樣子，他們要是夠吃，此外之事，一概不管，若是一天，工作足夠三日食用，他們每日只做三分一的時間。試問這沒有經營種植能力的土人，能夠發展他的文化麼？動物中如馬，被人豢養，最初是在東歐或西亞，馬的用途，大都爲人背重負貨，供人乘騎，澳洲美國以及歐洲許多地方，用馬耕田，亦復不少，歐洲的野牛，印度的犛牛，中國的黃牛水牛，多用之於曳犂耕種，及用爲食料的供給；羊是獸類中數額最多的可供人類的食料和衣料，現在世界養羊最多的區域，如澳洲，美國西部，阿根廷，南非洲，紐絲蘭等地，作大規模的羊羣牧放，以供世界羊毛的需求；象可以負重，可以曳犂，可以載人，英國非印度駐軍中，以象爲壹種單位；二千年前，迦太基的軍隊，侵擾羅馬國土的時候，誰知道用象作戰，試問以上許多國家中，沒有這等動物的供給，他的富力與文化，能夠達到今日的程度麼？

其五水陸交通。世界歷史之三大時期：（一）爲河流文明時代，如埃及之尼羅河流域，巴比倫之幼發拉底河底格理斯河流域，印度之恒河與印度河流域，中國之黃河楊子江流域。文化的歷史有三四千年之久，直到耶蘇紀元初，她們的文化，已達到很高的程度，而周圍的民族，大部份尚是在半野蠻的部落。上述流域內，能夠誕生人類文化，其中就是在共同調劑自然力量之外，（如尼羅河流域東西二面是山嶽，流域內的居民，從事農業，山邊居民，從採鑛和製造業，在此不相同的天然條件，就有許多不同的經濟活動，促進居民向前發展。）尚藉河流爲交通之利器，以發展其智識才能。西方兩支文化（埃及與巴比倫，）因交通之便利，把他們的文化成績，傳授給地中海邊的人民，腓尼基人，希臘人，羅馬人，並且經過他們散布於歐洲，至近世全部文明的民族，西方的兩支文化，因位置在地中海旁。航行不感困難，因此就使西方文化，由河流時代，轉到海洋時代的偉大階段。（二）地中海時代，人類歷史第二時期——地中海時代——腓尼基人，擴充殖民地於地中海沿岸，首先霸佔了海上貿易的霸權；古代希臘人的勢力基礎，也和腓尼基人一樣，建築於海上貿易，其後羅馬帝國統一了，佔有地中海四旁全部的領土，最終受了東方與北方野蠻民族的侵襲而崩潰，這些民族，在他遺址上，組織民族的國家，吸收了古代文明，所以從中古世時，是人類文化的中心區。自七世紀時，阿剌伯人，開始伸展勢力於地中海沿岸，曾統轄羅馬所屬的領土，由貿易的交通，直達印度南洋羣島與中國。H,C°Thomas與Hamm合著近代文化基礎有說：」貿易是把人從原始野蠻狀態，升到現在的文化境地的主要因素，貿易是把世界各處的人帶着互相接觸，使文化和科學，變成世界的，把歐洲從中世紀的昏睡中喚醒的，是貿易；導與文藝復興的是貿易，把歐洲人從茫茫的大海中，送到世界不知到的地方去，帶着他們底語言習慣文明，以及物產，使歐洲的文化，變成大多數人類底文化的，也是貿易」（見漢譯一七三頁。）黃國璋於所著社會的地理基礎有說：「現在世界上許多國家的昌盛，多半是作靠他們的商務爲立場，而關位於萊因河口，便於海上貿易，所以他們的勢力，能及於世界許多部份。他如位居內地，像玻利維亞與瑞士諸國家，與海洋隔絕，他們在國外的勢力則是很少。就是一個位於海濱而海岸形勢不良，或是海岸長度有限的國家，他們的對外關係，也是要受限制。現南美和非洲許多的國家，與外界不大互通聲氣，文化仍是幼稚，缺少良好的海岸，實是一大原因。」（見一二五頁）交通便利，能發達商務。地中海能於中世紀時代，成爲人類文化的中心區；是有賴於商務，而商務之發達，是有賴於交通。（三）大洋時代。世界歷史的第三時期，──海洋時代──海洋時代，自十五世紀後半葉開始，歐洲人欲發現到印度去的新航路以致富。從前歐洲赴印度的舊路，經埃及由海路沿阿喇伯前進，或由旱路，經敍利亞美索波達米亞，與波斯而達印度，及爲土耳其所截斷，就發見由海洋達印度之通路。一四九二年哥倫布發現新大陸，一四九八年瓦哥的加馬發現環繞非洲的航路，一五二一年麥哲倫周遊世界的航行成功，因這船路的發見，市場的擴充，殖民地的探尋，商業與工業的發展，文化的吸收，交負日益發而世界遂改換舊觀了。現代世界的海上交通，商務日益繁盛，而文化也隨之日益進展，如上海，橫濱，孟買，倫敦，利物浦，漢堡，紐約，均是世界有名之大港，即是世界有數的海洋貿易文化中心；據民國十九年六月十二日中央日報所載，以上海十八年的海洋貿易而論，入港船隻共有二千六百八十六隻，從海外載入貨物九百八十二萬二千九百八十五噸，共值銀六萬二千四百六十四萬九千八百二十三海關兩，出港船隻二千二百七十隻，載往海外的貨物，九百十二萬二千六百五十六噸，共價銀一萬八千五百一十六萬九千四百六十海關兩；上海在中國現代的位置，成為經濟的中心，文化的中心，就是這個緣故。陸路交通，關係於文化的擴展，也是很重大的，人類發明車輛，為運搬的工具，知道在軌道上運輸更為便利，這是鐵道的起始；自一八〇四年Trevithuk 利用蒸汽機關車，一八二五年George Stephenson改換林敦Darlington)和斯拖克敦Stockton間的馬車鐵道，一八三〇年試行於孟却斯特與利物浦，自後逐漸發達，達到現在的情形，而人類文化，也隨此交通機關的發達而進展。世界的鐵道，若依地方分別而論，據一九二六年的統計，美國是四〇一，四〇三粁，德國是五八，〇八九粁，法國是四一，八一一粁，英國是三二，八一九粁，日本是二四，六八〇粁，中國是一二，〇二〇粁，鐵路交通的延長數，須與領土面積和人口的密度，成正比例，換句說：交通的延長數，與面積人口成正比例，則國家文化的開展，是成了正比例的。

英美德法，她的交通發達，她的文化，也隨交通的發達而發展。中國面積如是之廣，人口如是之密，而鐵路交通，祇有此數，可以徵驗現代文化發展的形態了。（其詳可參閱經濟地理學大綱一九六至二二二）。中國已成之國有鐵道，如滬杭甬，津浦、北甯、中東，瀋海，泗洮，打通，吉長，呼海，洮齊，洮熱，京包，平漢，正太，道清，隴海。粵漢，株萍廣九等，其中北甯，中東，瀋海，泗洮，打通，吉長，呼海，洮齊，洮熱，（從洮南至熱河的承德）等鐵道 已入於日本侵略者之手，其他全國已開築鐵道地方，交通已比前發達。而鄰近地方文化，亦比較進步。非洲大陸的大部，即撒哈拉沙漠以南之地，及巨大的高原，都是交通不便之地，八十年來歐洲列強開始非洲的分割地，一八八○至一八九○年間，非洲大陸之一半（五百萬平方哩）為歐洲列強所併吞，至十九世紀終，非洲乃分割殆盡，以後列強遂從事於鐵道的建設；非洲大陸內部，雖因此開通，而非洲民族失却地理環境之獨立基礎，淪為被征服者，更有何文化之可言呢？其大生產力之增加與國際之貿易發展。生產力之增加與國際之貿易發展，完全根據於地理環境 優勢，惟備諸國家在生產力能夠增加，在國際貿易能夠發展，而文化自然隨之發達，非洲至印度之航路發見，與新大陸之發見，世界貿易之範圍，隨之擴張，聯成商業的革命。商業革命之後，國際貿易，隨變通之發達的發達，從前囿於一隅的文化區域，乃擴大爲世界的文化區域；中國文化與西洋文化的接觸，其動機全在於葡萄牙，西班牙，荷蘭，英吉利等國東來貿易，一時西方文藝學術思想由海傳之士的介紹。植基於中土，加特力教宗，自一五五二年傳布於中國，其後范禮安(Valignani)利馬竇(Mateo Ricci)羅明堅 (Michael Rugieri) 等，先以數學地理等科學之思想，灌輸士流，而湯若望(Jonnes Adam schall von Bell)南懷仁等(Ferdinandus verbist)推闡天文學與儀器，尤足光大本宗。自是而後，西方文化隨國際貿易而盛輸於中邦。近代文化基礎一書論及貿易文化發展中一個最重要的因素，對於歐洲人民生活影響有說：「貿易是引起那個十三世紀，到十六世紀間，發生一般的智力復興的工具，由貿易所引入的新物品與新工業，影響了全歐人民生活底式樣；貿易助成了農奴制度的崩潰；貿易消毀了基爾特，而把資本家引進了製造業；貿易產生了一個新的階級，——商人銀行家股票經紀者資本家——布爾喬亞，而注定其爲歐洲任何國家之統治階級；貿易發展了民族國家的情緒，增加了帝王底權力，而使今日所存在的民族國家，能以成立。貿易引起了殖民事業，而使歐洲文化，散布於全世界。」(見二〇九頁。)貿易何以能成就如許的偉大工作呢？是因爲由貿易上可以交換兩地的文化思想學術和工具啊。中國民族散布於東亞大陸，據中部及東部的地理南起北緯十五度四十六分之土萊塘島(triton)，北至五十三度五十分薩陽山脊，西起東經七十四度之烏仔別里山口，東至百三十五度之烏蘇里江黑龍江會口處。東西寬八千八百餘里，南北長七千一百餘里。北及西北接俄屬西伯利亞，西界俄領中央亞細亞，東北界俄屬東海濱及朝鮮。東隔海與日本琉球羣島，及台灣島相望，南臨海南，西南界印度，緬甸，總面積約三千四百九十六萬六千餘方里，當亞洲面積四分之一，全世界陸地面積十五分之一，為世界第三大國。計田圃面積一百九十萬一千八百餘方里，，森林面積，六萬六千一百八十餘方里，採礦區面積，二十五萬七千八百餘方里。荒地面積，一百五十七萬二千一百餘方里，（見商版中國分省地誌一六頁），可說是天府的雄邦，此氣候以溫和的土地，物產礦物豐富的場所，本應成為世界最文明的國家，即以水上交通而論，世界上沒有第二大河在交通上運輸上影響及人民之衆有勝過於楊子江的，此江本流和支流，合計共有能通船隻之航線，一萬一千一百六十一英哩；又黃河流域，自石嘴子至包頭鎮一千二百英哩，西江流域四千二百九十一英哩，閩浙兩省之通流域，一千一百六十二英哩，河北省四百五十五英哩，全國合計現有可通船隻之水道一萬八千三百六十九英哩（除東三省四千六百六十八英哩，）這與河道關係於水運交通及農業上的灌溉者甚大，（可參閱商務版中國年鑑一〇六至一〇七〇頁）。可說是保持中國農業文化的台柱。但是中國民族根據這優美的地理環境，而今與歐美的文化比較，望塵莫及，就是因中國民族沒有利用科學方法，開發他的富源富力，同時中國民族本身幾百年來受異族之專制束縛，把原有充實的力量剝削，文化成為式微的景象了。歷史家考察世界各民族文化的發生與增長，都在一定的地域。遂指此一定的地域，為文化的搖籃，

(The Cradle of Civilization)，中國古代文化的發生與增長，是在黃河流域，黃河流域可稱中國古代文化的搖籃，但是中國文化的發生，並不在黃河本身，却在黃河的支流，因爲支流，沒本身汎濫不定的緣故。黃河支流，一個是汾水流域，一個是涇水與渭水之間，汾水發源於管岑山脈，自北南流，至河津注入黃河，長凡千餘里，是黃河第一支流，這支流左近地方，是古代民族發展文化的根據地，如堯都平陽（即今臨汾縣），舜都蒲坂（即今永濟縣），禹都安邑（即今安邑縣），從這幾代的都會看起來，就可以知道上古文化的發祥地，是在汾河下游。中國古代文化的第二發祥地，是在涇水與渭水之間，渭水發源於甘肅鳥鼠山，涇水發源於甘肅六盤山，流至咸陽，注入渭水，這兩條河，是自西向東流的，在這一帶地方，所謂關中的平原，沃野千里，古人稱爲天府之國，在這很好自然環境中，自然可以發育民族的文化；這民族文化的創造者，是號稱八百年天下的周朝。南宋以後，清代以前，文化的搖籃，可說是在揚子江流域，（據朱君毅中國歷代人物之地理的分布說），揚子江有最長之水運交通，兩岸地方，適於農業的發展，在文化上當然有發展的根據地。現代文化的搖籃，可說是在珠江流域，珠江流域，因交通的方便，貿易的興盛，物產的富饒，氣候的溫和，東西文化接觸的頻繁，民族性質的顯著，可以說現代文化復興的基礎；但是依中國自然地理的環境，雖可以如此分別，若依世界自然地理的環境分別，中國現代文化的階段，可說是海洋文化時期。海洋文化時期，是指中國現代民族，能保障他自北至南的海岸線，及沿海各地的良商口岸，能發展對於各世界的海上交通權與貿易權，能吸收東西洋各國的文化，能掌握太平洋的地位而說；故中國民族能做到這幾層，中國文化今後只有一天發展一天，這是中國民族現在應該注重的重大事件啊。

(八)民族的社會環境與文化的影響

每一個民族所創造的文化，除卻自然地理環境之影響外有社會環境的影響。社會環境，是一個民族生存於社會中，爲了保障生存的地位，意志的向上發展，造成許多的物質工具，及社會制度宗教道德倫理風俗法律習慣等。這種種可說是社會環境，也可說是人爲環境，即是每一個民族在空間中，經過許多相互的工作，在時間中，經過許多的努力所成的環境，成爲一種文化勢力，影響於每一個人之思想行爲的。社會學家倍那特（L.L.Bernard）對於環境作如下之分析：(I)物質的環境，如天象，氣候，地形，無機物，自然力等。(II)生物或有機的環境如動植物生物的關係等）。(III)社會的環境，(1)物質的社會環境，如器械工具等：(2)生物的社會環境，(A)非人類的如家庭，五穀，藥料等。(B)人類的如奴隸，工匠，技術家，兵隊等。(3)心理的社會環境，如制度，風俗，信仰，輿論，語言等。(V)綜合的環境，(1)普遍性的，如政治，經濟，種族，美感，倫理，教育等。(2)特殊性的，如人種，性別，宗教派別，思想派別等。倍氏所分析的，亦有消滅不消之點。如綜合環境中，特殊性的，人種性別，可編入生物的社會環境方面，宗教派別，思想派別，可編入心理的社會環境方面。又生物環境中，如奴隸，工匠，技術家，兵隊等，非天生而為奴隸，工匠，技術家，兵隊，實是社會制度所構成的；社會是人類造成的，社會環境，是人類集合的復雜勢力造成的。予在拙著中國文化復興之基本問題一書有說：「文化已開，人為之力量常造成複雜的社會環境，這社會的環境是劣的，可以使文化的衰落；倘是優的，可以使文化的發展。初民的社會，是淺演的粗野的沉靜的怪誕的，所以牠的文化，也受影響而成為淺演的粗野的沉靜的怪誕的文化。文明的社會，是活動的理智的科學的有生氣的，所以牠的文化亦受影響，而成為活動的理智的科學的有生氣的文化。在初民的社會裏，豈能產出拉馬克（法國博物學者）達爾文，斯賓塞爾，赫胥黎，海克爾（德國博物學家）之進化理論，克魯泡特金之互助學說，邁爾（德人Robert Mayer）佳爾（英人Dames Prescottgoule）之物質不滅說，湯姆生之電子說（英人）勃蘭克（德人Blanck）之原能說，愛因斯坦之相對論。在野蠻怪誕迷信的社會裏，豈能發明陰極線，X光線，週期律，電信機，分光鏡，消毒法，電報機。社會環境，即人為創造已成的勢力，對於人類文化之發達，有重大的影響。倘使沒有這相當之複雜環境，斷難發生一種特殊的優異的文化。」（見暨南大學印行本二一六頁）。民族文化在社會環境中，有重大的影響，民族在一個地方，嘗過共同的社會經驗，在許久的年代中，產生許多社會的成績，以成社會的環境促文化的進步，Bernard Joseph在所著民族論裏有說：「民族之興起，是因為環境，對這一羣的天資歷久的影響，構成民族的一羣人，必須在一個地方，嘗過共同的經驗，至少至數代之久，直至這些經驗，給予這一羣的集體的天資以影響，產生一種特殊的生活方式，換言之，產生一種特異文化。」(見劉君木譯民族論二二六頁。)各民族居住於他特殊的社會環境，以形成他們的實際生活與精神生活，由這等生活以形成民族的特性與特異的文化，誠如嘿茲教授所說：「民族是文化的現象，俄羅斯人，希臘人，德意志人，或日本人的標誌特性，不只是種族的附屬品，或地理的反映，他們是社會情況和文化演變的產物。」(見上書二二五頁)。由這說可以證明民族的文化與社會環境的關係了。人類文化演進的程序怎樣？十九世紀下半葉摩爾根(Morgan)有明白的解答，他身居美洲土人印第安民族中，從實際的觀察，著有太古社會一書(Ancient Society)分人類歷史為三大時代：(一)野蠻時代。(二)半開化時代。(三)文明時代。這樣分析如的確，那末，就可以為此理論的佐證了，野蠻時的初期，人們生活於樹上，以菓子樹根為食品，熱帶森林，為人類的原始居住，試問在這時代，不經過野蠻時代的中期而可以直接發明或創造野蠻時代的高期的弓箭木具手織物獨木舟木屋村落麼？又在半開化時代初期中，不經中期的時代，而能創造文明時代，工業與技術及種種機器，與生產力的偉大組織麼？文化之演進，當經過每一階段的嬗變，因為在某一個階段中，有社會承接遺傳的環境勢力，辯證根據，以次推進，不能越級超過而創造各種的文明工具啊。予在人生問題一書文化演進與人生概念嘗有說：「文化之發展有因於强度環境之刺激，强度之環境，每會支配人之思性，而人類思理所傾向之處，即爲文化發展也。周末時代，乃吾國思想界活動之時代也，論者謂平王東遷以後，中央集權破壞，而爲地方分權，封建制度瓦解，而爲羣雄割據；是時諸侯競力於强兵富國之問題，故人才輩出，而文化乃以發展，一也。春秋戰國五百餘年，實爲競爭最烈之時代，而各個人間智力之奮鬥，激而爲言論之開放，思想之自由，而文化乃以發展，二也。……十六世紀法國之里昂派，成爲文化的中心，而勢力激射於巴黎之故，乃因里昂爲法國意大利之孔道，商業繁盛，而意大利人日耳曼人與法人雜居一處，其精神刺激而益强。日耳曼當十五世紀時代，古學甚盛，因當時有十五大學，而其間八大學均教希臘拉丁文，故也。」（見四五四頁）。從上引證而觀；社會環境有如何已成的勢力，以促進人文的發展，就可以知道了。當歐洲還是過着野蠻的游牧部落的時候埃及的國土，已是古代文化繁榮的地方，在希臘人和羅馬人，還未開始創建文明以前，埃及才智之士，已知曉自然的秘密和具有很豐富而有組織的社會生活，金字塔氣象的縱橫，已在紀元前數千年，表證牠偉大的藝術技能了。但爲甚麼近千數百年間，延至現代，遂經了黑暗的時代。今日的埃及人，已不能盛誇他遠祖所創造的優美的文明，因爲當他沉淪的千數百年間，埃及已爲許多不同種族參入，故換他原有的社會環境。（七世紀時，阿喇伯人征服埃及，阿喇伯的語言和回教，便風行於埃及。）經過這千數百年間，爲異族所統治的期，埃及在幾千年歷史上，原有的文化，已斷壓毀了。到及現代，埃及所謂民族主義運動，雖然自歐戰以後，頗爲活動，但因埃及人口十分之九，是無智無識的農民，他們的文化，在開化的人埃，可算是最低的，現在英國政府，和埃及民族運動的領袖，以四十年的努力，不能救濟這文盲的運動，（人口中男子有百分之九十二不識字，女子有百分之九十九。）可知社會教育的環境不良，和文化是有直接的影響的。美利堅民族在美國文化上的發展，可說是植基於社會環境的陶成；美國在政治上，完成大一統的大業，在美國學校對於服從國家的訓練，是甚普遍的，有許多民族，移居於美國領土，因經濟的商業的生活的教育的機構，感到利害之共同意見的一致，成爲同具的一種特性，所以在外國移美許多歸化的美國人中，不致搖動她根本觀念和政治原則，在哲學道德觀念藝術發展文學旨趣等等，都受移民族文化薰陶的影響（其詳可參閱 A,M,lou,"The American People" vol,II, P.22,)。一個民族能維持高級的文明，有一部分是要靠在社會環境的力量的。在文化越發達的國家，這種力量，也越發大，如果個人離却社會，或離却高級的文化社會，會變成低下的生活，比斯治（Peschel）曾引一段故事說：「一五四〇年 De Sotos同他幾個同伴航行美國，到南部上陸，不知如何忽然斷了歐洲本國方面的接濟，他們的馬死了，火鎗因爲沒有火藥，也失了用處，刀劍鏽壞了，衣服靴鞋都穿破了，以後有人看見他們，穿着印第安土人的裝束，用印第安土人的武器」。（見商務版譯本社會進化史四〇頁）這些文明人，何以會墮落到野蠻的情形呢？就是失却原有文明的社會環境的緣故。據此可見社會環境轉移的勢力了。人類精神文化生活可分為三種。即論理的倫理的與審美的三種，即是科學道德與美術三項，從這三方面中，可以看各個民族中在文化發展的階段，倘社會進展，這三方面可以完成他優美的社會環境，以促進各個人在文化上的創造興味。歐美社會的環境，如工商業之發達，都市的繁華，教育之改進，農田水利之改良，彫刻建築之精美，交通機關之發達，科學實驗室圖書館之完備，皆足以喚起個人之好奇與研究心，以促進文化事業之發展。中國文化，向來趨重於哲學倫理文學政治禮教等，故中國社會的環境，所培育人才，多傾向於此，而對於科學的工業的文化，是缺少的。因此，中國近代文化，與現代文化，缺少科學性的工業性的文化，我們知道社會環境，可以由人為的力量造成之改變之；中國的將來文化，雖然是缺少歐美科學的工業的文文化，但繼今以往，能吸收歐美科學的工業的文化，改造之成為固有的文化，則中國的文化，自然可以產生科學的工業的文化。中國近代自與歐美交通和貿易以來，可說是對於歐美的文化，覺得有吸收之必要，同時也感覺到自己原有的文化之不如人，有急起直追的傾向。清代末年，以平日守舊如劉坤一張之洞等，也上變法之奏摺，在他們變法事宜疏中，籌議四條，主張設文武學堂，酌改文科，停罷武科，獎勵實學；在教育制度中，主張學詳細地圖，精深算法，航海使船法，於天文學物理學化學電學力學光學軍事學機械學醫農工學測量學，皆當精究。同時注重譯書與派遣留學。咸豐中李善蘭，客於上海，與英人艾約瑟等，譯述重學幾何學等書。同治初，總理衙門，設同文館，並設印書處，以印翻譯的書籍。李鴻章建方言館於上海，教西文西學，以譯書爲學者畢業之程。容閎留美回國時辦了機器回來。李鴻章將與有機器合併，辦成江南製造局，加以學人在上海所立的廣學會，格致書院，又從旁贊助譯述，譯出之書，存在清末所列的西學大成，富強叢書，格致彙編，格物入門，格致啓蒙，西學啓蒙等叢刊，考之已達二百餘種。這種種，吸收歐美的文化運動，可說是風起雲湧；爲什麼到現在中國文化，仍然落後，仍然趕不到歐美的後塵呢？尋究其中的原因是：（甲）這種文化運動，只是很少數的上流階段周旋，沒有普及到全體的社會去。（乙）這種文化運動，因教育之沒有普及，所以阻礙發展的路向。（丙）學習歐美學藝的皮毛，而沒有探到精深的境地。（丁）清代末年，因政治經濟狀況的不良，無力加以推廣。（戊）參加這種文化運動的分子，以歐美學藝爲獵取功名的工具，目的已達，工作停頓。基此數因，所以沒有造成社會環境的普遍勢力，而促進現代文化的發展，和歐美文化作齊驅啊。

（九）中國民族的復興運動與現代文化的影響

中國民族，本來是世界上優秀民族之一，中國文化在世界文化史上，本來也有相當的位置，到及元代清代，因爲經過兩次的亡國，受異族種種之壓迫束縛，把原來優異之民族氣質損毁，將國有優美的文化蹂躪，百年來，加以歐美帝國主義者文化的政治的經濟的侵略勢力，中國民族，一天危險一天，中國文化一天衰落一天，這種趨勢，不能挽回，中國的隱憂，是不能解除的。我的斷案是：民族復興了，然後文化可以復興，倘使一個民族受其他民族種種的壓迫束縛，民族自身生存的地位，尚不能得到，有甚麼機會，有甚麼力量，可以發展文化呢？意大利民族主義運動，可說是從拿破崙時代發生的，拿破崙帝國失敗之後，奧大利的梅特涅，繼續拿破崙而統治意大利，其後瑪志尼，加里波的等，爲意大利民族統一而運動成功，以後意大利國勢，遂蒸蒸日上，而文化隨之進展　德意志爲拿破崙蹂躪之時，民族散漫，國家沒有統一，及拿破崙推倒之後，經哥德(Goethe)施拉(Schiller)列申(Lessing)海恩(Heine)康德(Kant)巴黑(Bach)必士芬(Beethoven)等，鼓吹民族之統一意識，使散漫之德意志，歸於完整，其後德意志的文化，乃發達如日中天。我們看戰前德意志人所提倡的大日耳曼主義之目的，是想聯合散在各國的日耳曼人，在一個共同政府之下，促進日耳曼人，對於民族的感覺，及文化的親切，乃因歐戰的挫敗，把這種運動的企圖妨礙了。戰前之士拉夫民族，爲了士拉夫主義而運動，也是含着這個目的的，但居在俄羅斯外之士拉夫，不願受俄羅斯的指揮，得不到民衆的援助，沒有完成，且因戰後捷克斯洛夫，波蘭，及瓦哥斯拉夫等國家的建立，使這個觀感受妨礙了。大英吉利的運動，是主張世界說英語的人與合起來。這個聯合，是以英美爲本位，以他的經濟富源和文化之優越地位，支配全世界。一八九八年五月英國政治家張伯倫（Josph Camberlain）主張英美聯盟，一九二三年萊佐治（Lloyd George）於美國旅行中，鼓吹英美了解，進而維持世界的和平，其用心何在，可以知了。大拉丁主義，主張法蘭西，意大利，西班牙的親密合作，以恢復文藝復興時代的文化，拉丁美洲企圖政治的聯邦，成確文化的同盟，這種運動，是對美國的威脅而發的。近百年來有色人種之自覺，表示大亞非利加運動，在世界上約有一五〇，〇〇〇，〇〇〇黑人，差不多受全部白人的統制，黑人提出亞非利加歸亞非利加人之亞非利加口號，鼓吹世界各部的黑人，回到故鄉去，做復興運動，以排斥白人的統制，建立國家的形式與文化，他們覺得在文化上素來沒有根據，所以在一九二四年的年會中，認定上帝是黑種人的理想的創造者，並發見黑人的耶穌畫像，及黑色女人的馬利亞畫像，他們這種運動有成功的希望麼？我以爲黑人如不能先從事於民族復興的運動，排斥白人的統治勢力，或爭到平等地位，這種運動是沒有成功的。在美國西方文化發展最高的白人社會裏，雜處了許多文化不同和文化低下的黑人，美國人是不承認黑人的社會是平等的，常有不准黑人同住一旅館，同遊一戲院，同坐一火車的事實，在經濟方面，不能加入各種職業組合，不得自由選居他處，不易覓得相當職業，在這種情勢下，民族不能復興，能談到文化的發展麼？（可參閱美國Raymond L.Buell所著International Relations 一書。）英國干涉印度之政治組織，始於一八五八年，到一八七六年後，遂改印度爲印度帝國。自後英國遂施以榨取壓的政策，譬如干涉印度人的結婚，須納重稅，加重各種租稅：又屢次發生屠殺案，自英國統治印度以後，敎育雖然萌芽漸長，但印度的敎育，是殖民地的敎育，印度敎育制度，爲馬考尼（Maculay）所規劃，是愚民的敎育，是想將印度的思想，爲英人所同化的敎育，英人禁止印人學習本國文字，只准研究英文，想把他消滅印度原有的文化，而消除他們的愛國心。近年來印度民族漸漸覺悟了，他們對於英國的商業政策，敎育政策，法律制度，由懷疑而加以反對。在歐洲大戰以後，轟傳世界的不合作運動，拋在甘地指導之下而勃發了，接續代表民族運動的自治黨，也應時而起，但到底爲英國之妥協政策所軟化，試問印度以四十五類不同之人種，一百七十種相異之語言，二千四百種之族別，這複雜異常的民族，不完成他復興運動，能够對於印度原有的文化光大發揚麼？朝鮮於一九一〇年李完用簽字後而亡其國，日本併朝鮮、設置總督後，設立軍隊和警察，設警務局，壓迫監視朝鮮人民，爲嚴防朝鮮之反抗，立出許多森嚴的法律，除了警察處罰令八十餘條之外，又有保安規則數十條，以蹂躪朝鮮的人權；有東洋拓殖株式會社，以剝削朝鮮的經濟；朝鮮民族，苦不勝言。雖有獨立協會，興國協會，靑年敢死團，西北學會，保安會等，以爲民族復興的運動，結果日本用殘暴的勢力壓迫下去；試問朝鮮民族，沒有完成他復興的運動，能够發展他的文化麼？法人自以武力干涉安南後，至今七十餘年，法人對於安南人 惟知搾取剝削，關於敎育安南人，並無注意，如東京人口約六百萬，其中僅八千人，稍有入學機會，安南人口超過五百萬，而受女子小學教育者，僅二百三十二人。（見劉彥著近世大國家主義二二十頁）。自日俄戰後，安南獨立運動，開始萌芽，如梁玉涓在一九一七年的阮泰起義，一九一三年范鴻泰在廣州沙面謀炸安南總督，一九二九年，西貢與工廠已入罷工，一九三六年安南革命黨人發起安南民族獨立黨，和法人也極力彈壓抑安南之革命運動，試問安南民族獨立，沒有成功，他的教育，能夠普及，他的文化，能夠發達麼？中國陷於次殖民地地位，中國民族受列強的壓迫，至今已到於危險瓜分之境，與印度朝鮮安南備受亡國慘狀的國家比較，在百數五十年之間；加以日本之強暴之師，西侵中國，又族的獨立運動，要算大的打擊。（中國具有數千年文化的國家，能否保存他過去光榮的歷史，是在民族之獨立復興運動，能否成功與否判斷。倘使中國民族以後沒有將列強壓迫的勢力掃除，沒有對日本侵侮的暴力消滅，中國民族一天危險一天，中國文化一天墜落一天，這是鐵一般堅固的定律，不可逃避的。然而中國民族的復興，先要注意幾個條件：（甲）中國民族本身組織要統一。孫中山先生的主張以漢族為中心，將滿蒙回藏，同化於漢族，成一個大民族主義的國家，以整個中華民族的團結組織力量，保障其生存地位，（見民國十三年三月六日中國國民黨本部特設辦事處演講），假使民族本身，沒有統一的組織，必然沒有共同的政府，共同的理想，而民族間類的自覺心，也當然沒有發達，如此，何以能談到民族復興呢？倘中國民族，常因內部小小問題，自相分爭起來，常因區域不同，而劃分種種界限，中國民族，能否成立尚成問題，豈能談到復興文化麼？

（乙）中國民族要有自信的力量。中國民族現在地位，不論在經濟上政治上，已感覺到緊急的關頭，許多人以現在實業之不振，教育之不良，與沒有普及，社會之紀律，人心之渙散，農村生產之破壞，經濟地位之低落　遂感到中國民族復興沒有希望了，這消極的觀念，是無補時艱的；中國民族如要具有自信的力量，不論經何種困苦，都會有復興的希望，在歷史上中國民族經過兩次的亡國，受異族的統治，前後幾及四百年，但到底能够復興起來，現在民族的地位，已有式微的景象了！這種民族的自信力不要失掉才好。瑞士歷史學者 Fueter 有說：「假使中國的種族要想眞正的獨立，當然甚麼種族都不應該倚賴，都不應該輕重。」（見中山大學版拙著民族主義與人口問題一書二六頁。）換句來說，中國民族不要失掉自信力，倚賴他人，而發奮自强，然後可達到眞正的獨立啊。（丙）中國民族要有戰鬥的力量。民族的戰鬥力量，是民族爲正義而自衛的力量，一個民族沒有這種力量的，是很難生存於世界，土耳其大戰以後，是一個很衰弱的國家，一九二〇年與協約國簽訂綏佛爾斯（Sevres）條約，所有土耳其的領土，差不多分割殆盡，在敍利亞駐有法軍，士密拿駐有希臘軍，米梳波達米亞駐有英軍，土耳其國勢危險萬分，當那時候，有凱末爾將軍，在埃爾斯崙整軍經武，與希臘血苦戰三年之久，遂打敗希臘，進駐君士但丁之協約軍隊，也同時撤退；土耳其因爲有了戰鬥的力量，所以民族能够復興，而努力於文化教育的普及。中國民族受帝國主義者的環攻，要有這戰鬥的自衛力量，而後有獨立的希望，文化復興的可能，日本民族以武士道的精神立國，美國康莫多伯尼（Comodore perry）一八五四年統帶艦隊到日本，强迫牠打開門戶，卒能將美國的勢力掃去，以後恢復王權，整頓內政，最後一代將軍(Shoguns)辭職，藩士）（Daimios）也拋棄他們的特別利權，許多有遠大眼光的青年，如伊藤博文等，到歐洲吸收西方的文化，回國後建設他們種種的新制度。一八九〇年，開第一屆國會於東京，一八九四年，把治外法權廢除，經此之後，文化遂一天發展一天，可見民族能復興獨立起，然後可以發展文化啊。中國民族，本身要有統一的組織，在民族復興上要有自信力，戰鬥力，然後可完成獨立的事功。而恢復中國原有的文化，發展現代的文化啊。

（十）中國民族今後的文化運動與世界未來的文化

中國民族，必先從事於民族復興，而後現代的文化，有提高和發展的可言。同時民族也要努力於文化的復興運動，而後民族生機，有滋長繁榮的可據，中國現代文化，依原有文化的特質，而參雜於現代西洋文化的特質的。西洋文化有所長，也有所短，吸收西洋優長的文化，而補助中國文化之所短，還是今後中國文化運動的步驟，同時以中國原有的優長的文化，參加於西洋優長的文化，產生更為優異的新文化，在世界未來的文化史中，為其重要的台柱，這是今後中國文化運動的目的。方今中國社會在轉變期中，中國民族，也在轉變期中，由這種轉變，引起中國文化有有目的之運動，以改換中國社會民族衰頹沉滯的動向，而後前途有生活的新希望。美國P.S.Robins在其所著社會變動論曾說及：「一個必須普於勝變，以使他適合於各著社會階層，因此，在動社會的人中，即引起心理緊張之增加。」我以為不但個人要如此，全民族也要適合這變動的前軌，致力於正當的共同的目的，而後文化由運動以達到發展的希望。予在海外旅遊中，看見英荷屬的馬來人，南太平洋群島各埠的土人，檀香山的加拿人，紐絲蘭的毛里人，澳洲的黑人，南北美洲的印第安人，他們的社會民族，已變成靜態的頹廢的現象，受自然力與人為力的束縛，已動彈不得，試問他們還有甚麼文化運動的生活呢？文化運動，是趨向於一個完美的目的，是繼續一個更大的更長的有機演化，為那個有機演化的一部分，在靜態的社會裏，還有許多人將所有的精力，都消磨在飲食結婚生育家庭上，想不到文化的運動，（可參閱德國F. Muller Lyer著社會進化史漢譯本三四五頁）文化沒有運動，或運動沒有緊張的趨勢，文化是沒有提高的可言，依德國F. Muller Lyer在社會進化史說：「按工作組織文明國民可分為以下三類：（甲）低級文明級，如現在中國人，還沒脫出純粹工業的組織；（乙）中級文明級，已到資本組織的初期；（丙）高級文明級，此時資本組織，已大發展，已到『機械時代與女子的分工。』依這個分類，中國現在的文明，是在低級的文明級，那麼中國想提高現代的文化，不經多少努力奮鬥的運動，是不可能的。從各文化時代的年齡比較，我們可以說明現代的文化運動，其進展的紛紛，是為潦率的，哲學家康德主張文化時代越進越短，每次進步速度越快，進步更引起進步。文化的集積，不是按時間作正比例的，但是集聚的速率，逐漸的繼續增加，這個理論從歷史上證明是不錯的；過去三十年間的進步，比較以前一百年的進步更大，而以前一百年的進步，比以前五百年的進步更大，歷史學者分世界史的年代，也可證明這個理論是不錯的。歷史家所分別的年代如下：（一）古代期間約五千年；（二）中世紀的期間約一千年，（三）新時代的期間約三百五十年，（四）現代的期間約只一百二十年。從此看來，文化的時代越早，他的期間也是越長。（可參閱上書三六五頁。）在日本五十年來的文化進步，其速率也是很快的，中國最近三十年來文化進步，比較以前一百年間的進步更大。文化不是單方面的，是多方面交相錯綜的複合體，文化中有工具衣服房屋美術家庭生活財產政治法律宗教教育文藝，以及科學知識的進展，凡此種種，在最近三十年，可說是有進步的，這種運動，隨三十年來革命運動而俱進的。中國文化運動的動向，可說是經過文學革命運動而加緊其速率；文學革命運動，最重要的是思想知識，由白話文學的推廣，而普及於一般下層民衆，使知識思想，不爲上流社會的專有物，倘使文化，祇爲少數人或貴族所享受，而沒有普及到一般的民衆，這不是真正的文化。文學爲文化精神的一種表現，一時代有一時代的文化精神，蘊蓄於國民的思想，國民的思想，多寄托於文學的意識，所以文學意識的改革，也可以促文化運動的緊張。胡適等在文學改革運動上，有相當的努力，他從中國文學發展的歷史觀，以推測中國文學運動的傾向，文學之採用白話，的確是將文化普及於一般民衆的工具。歐洲各國十六世紀以前寫的讀的，都是拉丁文，後來學問的內容複雜了，文化的範圍擴張了，沒有許多時間來摹仿古人的話，漸漸都用本國文，他們的中學校，本來用希臘文拉丁文，作主要科目的，後來創設了一種中學，不用希臘文，後來又創設了一種中學，不用拉丁文，可見文化的提高，採用容易了解的文字，以普及一般民衆之知識思想，是很重要的。國民思想的改革，同文化運動，也是有關係的，現代歐美主動的文明，傳播中國來，歐美的工業經濟金融的勢力，壓迫中國來，中國受了這外力推進的鼓盪，社會組織，起了變動，倫理基礎有了搖撼。因此，思想解放言論趨新，而各種運動，好像奇花怒放，有新穎光明的現象，而舊來的禮教習俗，乃不復拘束國民的心理。思想經此大解放以後，而新文化乃有瀰漫全國之勢了。五四運動（民國八年一九一九）為愛國的運動，也可說是文化運動的前驅，因為那時巴黎和會外交失敗的消息，傳到中國，北京的學生激於愛國的熱忱，舉行示威運動，接着而有「五卅」事件，全國影響，由此運動打破中國沈悶的空氣，喚起一般青年，對於時代思潮的接受，提倡各種新文化的刊物，如雨後春筍，上海出版之星期評論，建設雜誌，少年中國，解放與改造，北京晨報的副刊，上海民國日報的覺悟，時事新報的學燈，對於學術思想，都有頗大的貢獻。同時全國思想界，對於社會改造的思想，旁採兼收，急不暇擇，如：（一）安納其（Anarchism）主義，中國之主張此主義者，以吳稚暉李石曾為最早，此派思想・多根據於克魯包特金（Kropotkin）布魯東（Proudhon）的著作，（二）基爾特社會派（Guild Socialism）此派以張東蓀郭夢良為中堅，對於社會改革，主張漸進，不主張急進；（三）共產主義，此派信仰馬克斯（Karlmarx）學說，表同情於勞農俄國，以李大釗陳獨秀諸人為首領；（四）好政府主義，民國十一年五月蔡元培胡適等十餘人，在努力週報，發表所謂好政府主義，好以人加入政治運動，而從改進政治，同時主張真正的聯省治；（五）三民主義，以民族民權民生為這個主義，對于民族方面以達到民族們完全獨立為目的；對于民權方面，以實現九權憲法，劃分權能，達到全民政治為目的；對于民生方面，以平均地權，節制資本為原則，達到社會共同福利為目的。這五派隨新文化運動的奔流，而增其機勢；惟以一二三四派，以不適合於革命的需要，社會的要求，不為國民所信仰，遂孤立而不能張其軍；惟三民主義，如日月經天，江河行地，適合於社會的實際要求與革命的需要，遂隨年來文化運動的高潮而邁進，可是三民主義不能完全實現，則革命運動，不能算完成，革命運動不能完成，不可不緊張文化運動的力量，以促革命運動的完成。緊張文化運動的力量，當採用何種方法呢？（甲）教育的普及。各國教育，沒有普及大多數的民眾，祇少數的上流階級，享受教育利益，則文化運動，沒有廣遍的勢力。歐美列強的文化發達，完全是教育普及的結果。普法之役，德國打敗了法國，是歸功於小學教育。英國自一七八〇年以後，將教育極力普及，國勢更加發達。新興的土耳其，革命後的俄羅斯，也時以全力振興教育爲要務。中國三十年來也提倡教育，但是教育沒有普及一般民衆，所以沒有長足的進步，因爲文化運動，不能有多大的效力。今後中國文化運動不可不以實力普及教育。否則以百分之九十文盲的大多數人民，不識不知，何以爲文化運動呢。(乙)學術的提高。中國今後的文化運動，當以學術的提高爲標準，學術的提高，當以科學的研究爲標準。我國文化學術之所以落後者，全在於科學的幼稚，因爲科學幼稚，關於科學的創造發明，甚少貢獻於世界，關於科學的著述，也甚少見稱於世界。據美國麥美倫圖書公司最近出版統計，於一萬六千餘種書籍中，屬於自然科學應用科學者，有四千餘種，約佔全數百分之二十五；日本東京出版協會，最近出版統計，於八千餘種書籍中，其屬於自然科學應用科學者，有二千餘種，亦約佔全數百分之二十五；我國商務印書館最近出版統在八千餘種書籍中，其屬於自然科學應用科學者，約千餘種，佔全數約百分之十二，雖不能以一家出版業代表全國，然亦可以推知梗概。我國出版事業的貧乏，與科學書籍的缺少，足以證我國文化的幼稚，所以今後文化運動，當以提高學術爲標準，而對於出版事業當增加科學的書籍。欲達斯目的，國家宜設立大規模的科學實驗室，大規模之化學工場，博物院，美術院，國家學會，國樂學會，國家編譯局，國營印刷局，地質學生物學各種研究會，統由國家負責經營。試問全國之大，有一文化機關，可以比倫敦之博物館，巴黎之美術館，柏林之圖書館沒有呢我們應發展國家原有優良的文化，如歷史館，美術館，文藝館之類，同時也應極力提倡採取西洋的文化，如科學館研究院之類。藉此融會東西洋的文化，而樹立未來新文化的精神與價值。民族主義第四講有說；「說到歐洲的科學發達，物質文明的進步，不過是二百多年的事，在數十年以前，歐洲還不及中國，我們現在要學歐洲，是要學中國沒有的東西，中國沒有的東西，是科學不是政治哲學。」西洋文化之所長，是物質的科學，然而西洋根據物質科學的偏長文化，發融於資本主義的氣質，結成帝國主義的新花樣，遂改變牠的文化精神與價值，何以故呢？因爲變態的帝國主義文化，非和平的，非正義的，非人道的，非自由平等的，非博愛的，故牠的文化，不能與世界的進化有關，人類的生存有關，社會的安全幸福有關。牠因爲具有戰爭性征服性掠奪性破壞性的變態文化氣質，對於世界人類的貢獻，祇有恐嚇的殺傷的殘毀的掠奪的影像，歐洲的大戰，日本的壯舉，就是受這種文化變態的播盪，世界未來大戰的準備，就是受這種文化備賦的朕兆。中國今後的文化運動，是採取西洋文化的所長，而放棄西洋文化的所短，換句話說：是採取西洋科學的文化，而放棄西洋變態的文化，就是將來世界的文化，於人類共存的基礎上，被擇正義的人道的和平的文化，不然，世界未來的文化，極有自趨毀滅之路，而不可以挽救。中國幾千年來是重王道的文化，精神的文化，使能加上西洋征服自然的科學文化，放棄其頹廢的文化，將來於世界的新文化，必有偉大的貢獻，而中華民族在未來的歷史上，必能發現光榮的時代，中西文化的融合，必可以滿足人類的欲望，必可以完滿人類的幸福，必可以慰安人類的心性，必可以實現人類進化的期望。單向前者努力，則不能自立於生存競爭之場。單向後者努力，則人將成爲物質的桎梏，必兼顧二者，纔正的人間生活始發現其光輝。（可參閱早稻田大學教授北聆吉論東西文化之融合一文，民國七年七月言治季刊東西文明根本之異點引證）。予於人生問題文化演講與人生概念篇有說：「欲使今後世界人類文化的價值，得以確定，則其所宜指定之標準有數點如下，（甲）除去非人的文化，創造人本的文化，（乙）排去貴族的文化，實現羣衆的文化。（丙）創造主動的文化，除去被動的文化」。（丁）除去局部不良的文化，創造世界的文化，在（丁）項一節有說：「所謂除去局部不良的文化，而創造世界文化者何耶？局部之文化，一國的一民族的具有之文化也。各局部有其自有之文化，隨其歷史之迹象以進化，未必同者，然以各局部有不良文化之薰陶，而世界各國家各民族，乃由此而多事矣。世界殺伐怨欲之事所由興，乃各國民族或受其局部不良的文化，而表見其歧異之特性，由此歧異之特性，而爲排斥嫉忌侵掠戰爭之行爲，故欲保障世界各局部良善之文化而不毀滅，宜創造世界的文化。世界的文化，消除東西文化之限閡者也，破除人類各民族間之殺伐心者也。世界的文化未有實現，則世界之戰爭侵掠，未有停止；創造世界的文化，即是提倡愛的文化；提倡愛的文化，則凡世界國家的一民族的文化，其與此愛的文化相衝突者宜消除之，一也。提倡美的文化，提倡美的文化，則凡一國家的一民族的文化，其與此美的文化相衝突者宜消除之，二也。提倡真的文化，提倡真的文化，則凡一國家的一民族的文化，其與此真的文化相衝突者宜消除之，三也。其二設立國際文化院，此國際文化院，網羅世界文化之所長，而創造世界優美之文化，爲世界各局部文化的標準，使其同努力於人類之幸福，世界的和平，能達斯目的，即世界文化收功之日也。」（見泰東版四六六頁）。世界的文化：非國家的文化，是超國家的文化；非戰爭的文化是和平的文化；非對抗的文化，是互助的文化；非卑下的文化，是高尚的文化；非肉慾的文化，是理性的文化；非迷信的文化，是科學的文化；非侵略的文化，是友愛的文化；非寂滅的文化，是生命的文化。今後中國文化運動，當以此爲標準，世界未來的文化，當以此爲歸宿。中國民族能够達到復興和獨立，而後可從事於世界文化的運動；倘中國民族爲他國民族所侵略而失却他獨立的機能，甚或不得到生存的地位，中國民族，惟有一天消滅一天，中國文化，惟有一天踏落一天，那裏能談到世界文化的創造呢！一九一六年九月八日美德加夫教授（Professor Maynard W.Metcalf）曾在奧柏林（Obernin）爲中國留美學生會演說科學與現代文明一題。論及中國之將來有說：「設有一民族于世界最終之民族中，能占一大部者，其惟中國人乎？其數量之衆，忍苦之强，愛重和平之切，人格品性之堅，智力之優，與夫應其最高道德觀念之能力，皆足以證其民族至少亦爲最終民族之要素。但彼等究與啓發未來最終民族生息於其下之文明型式，以若何之影響乎？中國其將於智於德有所貢獻於世界，亦如其數量乎，此殆全視彼等爲其發育於今古環接之新境遇下之成功何如耳。」「中國民族現在雖然處衰弱的環境下，但其本 的潛勢力，是不可侮的：中國民族，爲其本身之生存獨立，不可不努力于復興運動，同時也不可不努力於文化之復興運動，二者成功而後有所貢獻於世界未來的文化啊。

中國文化，原來在世界上是有位置的，是有許多貢獻的，然而古來的存優良的文化，能否保存呢？現代的文化能否發展的呢？是在於文化不要停滯，不要靜止，不要衰落以爲斷。換句說：中國的文化要適合於歷史的進化法則啊。適合於歷史的進化法，要注重兩個最重要的條件，一是經濟的條件，一是民族的條件，前者是物質的條件，後者是生理心理的條件，經濟衰落凋殘；民族萎靡不振，危亡之禍迫在目前，又安可復興古來優美的文化，發展現代的文化呢？德國克士蘭林 Haymann Keeysaling) 稱許東方印度的文化，他以爲印度熱帶的生活力，是最豐富的，在青天白日之下，各種植物的生長，特別顯出一種偉大的力量，印度古代婆羅門教的純粹精神的形而上學，深入一切印度民族靈魂的文化尤爲他所讚賞云云。克氏當知印度民族被重重壓迫之下，得不到眞止的自治自由，在民困財盡藏在租佃生活之下，得不到眞正的經濟解放；印度文化，可見稱於世界者，是否眞能滿足人類正當的精神的需要呢？所以我們論及中國文化演進動向，是不可不根據過歷史重要的先決條件所謂經濟復興民族復興啊。

第三章　中國社會與中國文化

社會的生活，推動社會的文化　同時社會的文化，也推動社會的生活，互相爲因，互相爲果。一般科學的社會思想家以爲社會的上層構造，如宗教法律政治道德文藝，是賴藉於社會的經濟構造。但是經濟的構造，是否如自然的構造，而不加於人爲的意志能力呢？經濟的基礎，是否如自然的堆積，而不加於人力的支配呢？社會的生活，雖然可以決定人類的意識，但是人類的意識，也可以推動人類社會生活，這是我對於社會文化演進的一個斷案。馬克斯關於唯物史觀所據的公式。「不是人類的意識，決定人類的生活，倒是社會的生活，決定人類的意識。」倘若根據局部的來觀察歷史，是可以如此說法的；若根據全部的來觀察歷史，是不可以如此說法的。何以故呢？人類的社會演進，是自然而然的演進，不加以人爲的力量鼓動麼？社會物質生產力的發展，和生產關係的總和，形成社會的經濟構造，是自然而然，不加以人類意識的推進麼？社會的物質文化與精神文化，是自然而然，不加以人類意志能力的發展麼？社會經濟基礎，所生出來的變化，便可以使巨大的上層構造徐徐或急劇地推翻；其變化其推翻，是自然而然，人類竟如木偶，不加以絲毫的力量，以促其變化或推翻麼？假定人類的生活，人類的社會文化，不是人類的意識思想努加其中，則人類社會的生活與文化，必由這個決定的已成勢力，成爲板滯的固定的寂靜的現象，則上古時代的文化，必永遠停頓於上古時代的文化中；中古時代的文化，必永遠停頓於中古時代的文化中；假定社會的生活，決定人類的意識，人類的意識，不能推動人類的生活，則人同此心，心同此理，古來東洋西洋的社會生活與文化，亦可以同一模型而取其同一的塗徑，而不致有所歧分；今日我們所見的機器電話自動機鐵路等等，非古代的人民所能預見，豈這種種物質的文明生活不加以人類的意識思想以探討發明麼？（可參閱Roscoe Lewisa Shley 所著 Early European Civilization緒論）社會的生活和物質經濟的形態，可以影響到人類的意識思想，人類意識思想，受這種種印象，每每不以目前社會的生活及物質經濟形態爲滿足，所以在社會的集團裏，用個人的力量及羣衆的力量改進之。A. Small在Encyclopedia American. Vol. 25. p. 208；Orgin of Sociology 會論及：「人類生活與文化，統於集團環境內以實現其發展」。就是這個意思了。我們知道人類的生活與文化何以能在集團環境內以實現其發展？這就是要靠社會環境各種周遭的事情以刺激人類的意識，同是以人類的意識，以促進社會文化的發展。倘社會的生活，是完全決定人類的意識，而不靠人類的意識主動的決定，則人類的文明史文化史，當遠溯於數百萬年以前，蓋數百萬年以前人類的社會生活需要，懸殊數百萬年以後。當知人類的文明史進化史，其開始發展，不過最近的幾千年來的事，這幾千年來文化的繼續發展，是要靠人類不斷的努力與探討。而且人類的文明史進化史其迅速的發展亦不過最近二三百年來的事，而最近二三百年來人類的智識思想，也比較的進步。但近代的社會尚有許多野鄙不獠的民族，他們仍然徘徊於上古時代的野蠻生活，百年以來，有許多野鄙狂獠的民族他們受優異的民族所征服所統治，仍不能上進與開化優異的民族爲伍，（指文化說）施拉（Schiller）在他所著萬國史裏有說：「航海家的發見，使我們接近了許多民族，很覺我們的這許多民族各有各的等級，有如年紀不等的小孩子，圍住一個大人立着一樣，……………人類從前的幼稚情狀，的確，很有可羞可憂的地方，但這些種民族恐怕還不是原始階級，因爲原始的人，比這些還要更不合理」。這些低下的民族，何以不能與開化的民族爲伍，就是他們沒有經過啓導的程序，使他們智識思想開發的緣故。生物學家杜里舒（Driesch）在南開大學演講曾根據生物學的意義說明：「人類之所以進化者，獨智識操而已。」這也可以證明人類的意識，亦可決定或推動人類的社會生活啊。但是不能忘記的，人類的意識，從社會的生活裏造成，社會的意識聚積而成社會的產業由此傳遞於後代世界的一切，凡是人類思想的接觸的希望的實行的事實：無一不是由此傳遞的，集中個人意識，以造成社會的意識又由社會的意識，派生個人的意識，互相爲因，互相爲果，所以社會生活，是決定人類意識的重要原因，而非唯一的原因；換句話說：社會生活，是決定社會文化的重要原因，而非唯一的原因。從人類的言語發展中，也可以說明這個道理，人類智識思想所以高出動物，一部分是由於個人的原因，一部分是由於社會的原因。由個人的聚合而成社會的組織；由個人生活的集合而成社會全體的生活。當社會組織之初，人類所賴以溝通思想感情者，即是言語，言語能發表意思成爲相互間交通的利益：(甲)傳達觀念意思，互相聯絡，爲社會組織的根原。(乙)個人思想的積集，爲有力的社會智慧的基礎。(丙)人類思想力，因爲有言語可以脫離笨重的想像世界，進而至於活動的想像的抽象思想的世界。(參閱德國 F Müller-Lyer 社會進化史漢譯本三十三頁)，同時人類祖先脫離樹上生活，到了新遭的環境的時候，利用他們的智慧思想及手，以製造工具，又用言語的交通伸展他們的感情，得到一個協作的合力，以造出種種之工具與武器。當人類爲着生存競爭之初所依賴的，是那種種工具與武器之發明。特別以戰爭所用的武器爲重要，在其時無論若何强大的民族，假定不能利用武器，必爲用武器的民族所制服，生存戰爭，就移到智識的方面，戰勝而生存者未必是體力最强的，乃是智慧較高，武器較優的。等到人類羣居的生存和生活已得到勝利後的保障，更相率利用個人之智慧能力而創造發明其他利益於生活及娛樂美觀的種種低級文明工具；當人類在中石紀時代，人類利用他們的才能，在羣居的洞空中，從事于繪畫雕刻油漆，成爲種種之美觀。至少在萬年以前的歲月，而在今日人類之眼光觀之，亦驚異其精力與才技。(可參閱 James Henry Brea ted著"History of Europe"Chaptetr.P.4.)人類使用語言以增進其智慧思想，確是羣居的社會生活，爲之原因，但是人類沒有了解言語使用言語的意識以爲之前，則人類必不能運用感情的聯絡和協作的能力，以創造一切適于生活及娛樂美觀的種種低級文明的工具，可知社會生活決定人類的意識，而人類的意識，也決定和推動社會生活的。人類意識的進步要靠腦力的發展，而腦力的發展．是人類進步中不能忘掉的，歷史上各代人類腦力的比較，可以造成一表如下：（1）猿人的腦力容量，僅有三百五十立方米特（mstre）；（2）稍後的畢即瑣羅人（Pithecanthroqus）的腦力容量，則九百立方米特；（3）稍後的奈安得塔人（Neandrthaler）的腦力容量，則有一千六百二十立方米特；（4）近代的腦力容量，有一千六百五十立方米特。腦力容量的大小，是與人類意識思想的發達有關係，此外還有腦的重量和質地綿紋的深淺，都是與人類的意識思想的發達有關係的。我們若觀察歷代文化的有進無已，也可以知道人類的腦力，是隨時代．在那裏進步不已，腦力的大小 質地的良劣，不但是與思想有關，而且影響到人類生理方面，又從生理方面，影響到社會的物質的方面的，所以馬克斯唯物史觀所據的公式：「不是人類的意識，決定人類的生活；倒是社會的生活，決定人類的意識」。恐怕不是人類歷史演進的公式呵。人類生存的根本的要素，就是要預備生存所需要的方法，第一是食物，第二是住所，以後是衣服武器工具；不錯．這種種是屬於唯物的方面，社會生活的方面；但誰去找尋食物呢？誰去經營住所呢？誰去製成衣服武器工具呢？是否這種種的物件，不須人類的智慧思想才力以籌維麼？近代產業，建設世界的市場，普及世界的交通，同時也使世界的文化，成了突飛的進步；不錯．這種種是屬於唯物的方面，社會生活的方面；但誰去建設呢？誰去普及呢？誰去推動牠進步的程序呢，是否這種種的形態，不須人類的智慧思想才力以解答麼？近世科學的發達，乃將世界的狀態改變，社會的生活改變，因而減少人生的痛苦，增益人生的幸福。（可參閱拙著人生問題科學與人生篇一四五頁至一六三頁）科學是用人類精確的思想和完密的方法，以發見世界的眞理和新奇的事物，這科學的思想和方法，在古代希臘哲人中頗鼎盛一時，但到中世紀黑暗時代，這科學的精神幾完全消滅，直到中世紀末葉，即西洋文化史上所謂文藝復興時代，這種科學思想方法，才恢復興盛。我們試問中世紀黑暗時代，何以這種科學的精神，幾完全消滅，這是在中世紀黑暗時代歐人的思想智識，爲社會已成的對象勢力傳統思想所壓抑所束縛，而不能得到抬頭的機會，等到文藝復興，人類自我的意識覺醒，思想從而解放，而社會更新的時代，遂迎運而來，這是一個顯明的例證。文學概論有說：「藝術和生活，同是一種生的力量表現，是我們個人的內部要求的一種表現，若生活完全要受環境的支配，那麼，藝術家的創造，不是幾等於無了麼？在這地方，我們要知道，一個時代和一個社會，若完全沒有支配生活的力量。那麼，人生就不得不漸消滅，同一自旋的陀螺一樣，外力停止的時候，就是人生寂滅的時候了。我們人類社會的所以有進化、所以不寂滅者，都因爲有超越環境的個性內部要求存在在那裏的緣故，偉大的個性，是不能受環境的支配的，改造環境，則新時代的工作，都是由個人的藝術的衝動演出來的」。（見商務版三二頁）社會的環境和社會的生活，支配個人的勢力，是很大的，受了這支配的勢力，而不敢起絲毫的反抗意志，不敢越雷池一步，是一般庸人的狀態，社會文化所以停滯不進，就是這個原因；偉大的個性與偉大的天才創造，是向人生恆久的路向邁進，是着眼於社會理想的目標及內部的根本要求而不受環境的支配與壓迫的；社會文化所以與時代而進，這是一個原因。倘社會的環境與經濟的背景，而完全控制人類的意志，人類沒有絲毫的意志自由，則人類的文化沒有演進和向上的可能了。社會的種種生活，是文化的表徵，有何種的社會生活，就有何種的社會文化。中國的社會有何種文化呢？看牠幾千年來的社會生活，是甚麼樣，就可以知道他的大致了。文化的表徵，非是在少數人的生活中可以尋到，要在多數的羣衆生活裏才可以尋到，又要在豐富之物質生活裏和文字藝術科學哲學道德宗敎的進步裏尋到（可參閱 Early European Civilization P,6.）中國文化、是否達到現在世界的高峯，亦可由以上所說種種生活證驗之。

第一節　從社會家族制度的方面論中國文化

中國的社會基礎，是在家族制度，幾千年來的社會，大概由家族思想家族主義所支配，他的文化彩色，確實浸染了家族主義的薰陶，這家族制度，由於婚姻制度所胎息。中國婚姻制度的維持，由幾種觀念：(甲)基於倫常的觀念。野蠻民族，大概不脫雜婚或一種與雜婚相同的混亂的制，然而在中國家族制度確立之始，已表現倫常的觀念，所以禮記經解說：「婚姻之禮，所以明男女之別也。」禮記曾記說：「婚禮：冠，笄；所以別男女也。」禮記郊特牲說：「天地合而後萬物興焉，夫昏禮，萬世之始也」。哀公問上說：「孔子曰：「天地不合，萬物不生，夫大昏萬世之嗣也」」。在這等信條上，確定男女的關係：所以有男女，然後有夫婦；有夫婦，然後有父子；有父子；然後有君臣；有君臣，然後有上下；有上下，然後禮義有所錯。（周易序卦傳）。經解上說：「故婚姻之禮廢，則夫婦之道苦，而淫僻之罪，多矣！」故在中國幾千年之文化史上，是視婚姻之禮，爲文化的表徵，反乎此者，必視爲未有開化的時期。如商君書開塞篇所說：「天地開而民生之，當此之時，民知其母而不知父」。呂氏春秋恃君篇：「其民聚生羣處，知母不知父，無親戚兄弟夫婦男女之別。」由這裏可以證明，在野蠻社會裏就沒有具有禮義的婚姻制度。（乙）基於宗法的觀念。我國幾千年的社會向爲宗法社會在宗法社會裏，最重的就是廣繼嗣，廣繼嗣，就是傳宗立後，孟子離婁上：「不孝有三，無後爲大，舜不告而娶，爲無後也，君子以爲猶告也」。郊特牲：「玄冕齊戒，鬼神陰陽也，將以爲社稷主（婚禮將以主社稷之祭祀）爲先祖後，而可以不致敬乎！」易經：「人承天地，施陰陽，故設嫁娶之禮者，重人倫，廣繼嗣也」。在禮記大傳有別子之義，別子就是公子，諸侯的長子是世子，將來繼位諸侯，次子以下無論支子或庶子，都是公子；別於嫡長，就叫做別子，別子分受莊園，爲卿大夫，成爲土地與農民的統治氏族的始祖，所以叫做「別子爲祖。」別子的嫡長子繼，世世繼承大夫的身分與莊園，叫做大宗。大宗宗子永遠祭祀別子，別子的主位，永遠得享廟祭，這是百世不遷的一義；同一始祖的宗族，永奉大宗宗子爲族長，而受他莊園的扶助，這是百世不遷的二義。大宗宗子既承繼始祖的身分和莊園。如果宗子的諸弟，沒有特別受封，則分受耕地而爲士，由此成這塊耕地的地主家族的禰，他的長子，承繼他士的身分與耕地，這一系統叫做小宗，小宗宗子收養同此一禰的分支，小宗分支的家族，祭奉小宗宗子，分支的範圍，止於五世。五世以外，就自立小宗，同一分支的宗人，只祭到高祖爲止，高祖以上的祖，在祭祀範圍以外，這便是五世則遷之義。由這宗法的組織，就遞衍而成貴族的組織，而享用封建的財產，分別尊卑的界限，造成封建社會的文化道德，國語楚語觀射父有說：「使名姓之後，能知四時之生、犧牲之物、壇場之所，上下之神，氏姓之出，而心率舊典者爲之宗，於是乎有天地神明類物之官，謂之五官，各司其序，不相亂也。民是以能有忠信，神是以能有明德。」宗法的社會是注重秩序與禮義，有違背者，視爲不道，且爲同輩所不齒。潛夫論卷九說：「昔者聖王觀衆於乾坤，考度於神明，探命歷之去就，省羣后之德業，而賜姓命氏，因彰德功。」白虎通卷八：「人所以有姓者，所以崇恩愛，厚親戚，遠禽獸，別婚姻也；故禮別類，使生相愛，死相哀，同姓不得相聚，皆爲重人倫也。」(丙)基於經濟的觀念。中國婚姻制度的存在和組織的嚴密，經濟的維繫，亦是重要的原因，禮記昏義：「婦順者順於舅姑，和于室人，而后當於夫，以成絲麻布帛之事。」詩豳風七月「七月鳴鵙，八月載績，載玄載黃、「染也」我朱孔陽，爲公子裳。」易經上說：「无攸遂，在中饋。」小雅甫田：「以其婦子，饁彼南畝。」鄭風「女曰雞鳴」一章，也說到男子在外邊「弋鳧與雁，」可見中國婚姻制度，關於經濟的維繫，是很重要的。

（丁）基於協助觀念。「夫和婦順，夫唱婦隨」是表示夫婦的關係，是維繫婚姻制度的信條，看古代的婚姻，庶人方面多在經濟的關係，而在貴族方面，就有其他的協助，禮記祭統上說：「既內自盡又外求助，昏禮是也，故國君娶夫人之辭曰：請君之玉女，與寡人共有敝邑，事宗廟社稷，此求助之本也。」中國婚姻所重的，要互相協助，故重夫婦偕老之義，所以易序卦傳：「夫婦之道不可不久也，故受之以恒。」但是中國婚姻向來是注重形式，不注重精神，注重父母之命，媒妁之言，而不注重男女對方的情愛，而且以夫爲婦綱，幾千年來扶持夫綱之故，把女子壓抑，剝奪她真正的自由權，祇有女子方面的貞操，而無男子方面的貞操，在女子可以「柏舟自誓之死矢靡他」，而在男子則妻妾盈庭混亂家庭的秩序，根據此點而論，中國的社會文化，是畸形的發展。復次婦女在夫族是宗統宗系的男子的附屬物，所以決定婦女的命運的有三種勢力，第一是宗廟及宗統，第二是舅姑，第三是夫，禮內則：「子甚宜其妻，父母不悅，出」。大戴本命：「婦人七出：不順父母，爲其逆德也。無子，爲其絕世也。淫，爲其亂族也。妒，爲其亂家也。有惡疾，爲其不可與共粢盛也。口多言，爲其離親也。竊盜，爲其反義也。」樹此七出之義，而婦女在社會上家族上法律上人權的地位，幾從而喪失，幾千年來婦女在這不平等的社會規律制裁，以過她痛苦生活者，眞是不少，這種不平等的社會文化，是値得頌揚的麼？由這不平等規律制裁的婚姻制度，影響到男女間的地位。穀梁傳上說：『婦人謂嫁曰歸，反曰來歸，從人者也。婦人在家制於父，既嫁制於夫，夫死從長子；婦人不專行，必有從也。』（隱二）家語：『女子者順男子之教而長其禮者也。』曲禮：『公庭不言婦女。』在理論上成男尊女卑之說，在事實方面上，社會注重生男不注重生女，小雅斯干：『大人占之，維熊維羆，男子之祥；維虺維蛇，女子之祥。乃生男子，載寢之牀，載衣之裳，載弄之璋；其泣喤喤，朱芾斯皇，室家君王。乃生女子，載寢之地，載衣之裼，載弄之瓦；無非無儀，惟酒食是議，無父母詒罹。』內則：『子生，男子設弧於門外，女子設帨于門右。』韓非子六反篇：『父母之於子也，產男則相賀，產女則殺之，此俱出父母之懷衽；然男子受賀，女子殺之者，慮其後便計之長利也。』男女在社會上，已有不平等的地位，因而在法律上，亦弄成不平等，依唐律男家有撤消婚約的特權，有強制解消婚姻的特權，而妻子方面則無之。又男子有繼承父母遺產的特權，而女子方面則無之；男家方面蓄妾爲法律上所特許，而妻子方面，有外遇則不能逃刑。關於貞操問題，只問女子的貞操而不問男子的貞操，妻死夫可以再娶，夫死婦不許再嫁，歷史上雖有少數人懷疑，然而都爲社會風習所壓抑，不敢明目張胆來主張，掃除這不平等不人道的風習。

中國與歐洲各國實行交通後，社會起了大變遷，資本主義向廣大的中國社會衝進，中國農村經濟，農民的耕地日日減少，以前擁大耕地而集合的大家族，遂不能保存，而普通的農家最平常的人口數，是三人至五人爲多，從以前通常的是八口或五口有百畝，現在卻是五口十畝，甚至五口五畝爲普通，五口之家，已屬於小規模的家族制，以前的大家族制，竟因時代的轉變而不能維持，這大家族制進到小家族制，是社會進化的一個表徵。以前大家族制時代，家長的威權無限，而現在改爲有限了；以前男女失却獨立自主之人格，而現在能在家庭的職能上而表現意志了；以前女子不能與男子同樣的管財產交際婚姻之自由，而現在不致受無理的束縛了；以前女子不能與男子同樣的有繼承權，而現在直系尊親屬沒有歧分了；（見民國二十年一月二十四國民政府公布之民法繼承編施行法第二條）以前男子對於女子有絕對離婚之自由權，而現在採取客觀相對的條件了；以前貞操的觀念，女子獨負，而現在採取相對的責任了；以前視男子爲家族的中心觀念，而現在易爲男女共同維繫的中心觀念了；以前視婚姻爲家庭之擴大與繼續，而現在則視爲新家庭之創立，共負國家社會的責任了？使能保存現有家庭協助與合理的道德觀念，則中國文化，可由這制度的改善而進步啊。

第二節　從社會階級制度的方面論中國文化

中國歷史上有階級制度，而未嘗有甚嚴之階級制度。據梁啓超於所編中國文化史社會組織篇說及：「中國人在全世界諸民族中，可謂最愛平等之國民。」從事實觀察，道也不盡然。中國沒有甚嚴的階級制度，如印度釋迦時代四級之遺跡，歐西各國在大革命前貴族僧侶優越的特權，俄國在革命前農奴的狀態，美國在南北戰爭前奴隸的待遇；但歷史上階級的歧分是明顯的，把階級的歧分，簡單表示可如下：

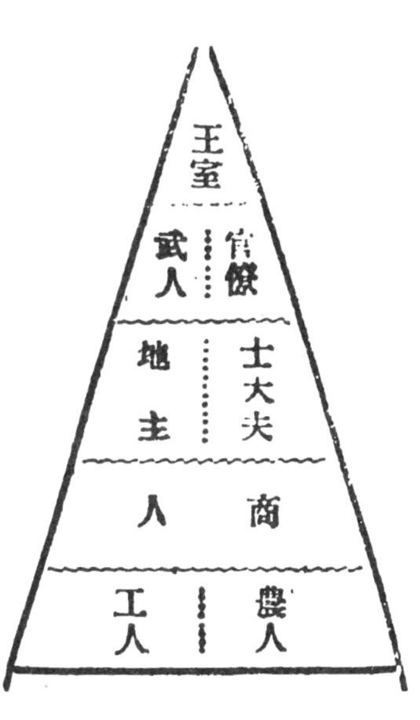

三代以前，百姓與民涵義不同，堯典「平章百姓」與「黎民於變時雍」對舉，又以「百姓不親」與「黎民阻飢」對舉是百姓與民顯然分爲兩階級。書呂刑篇：「苗民弗用靈」，鄭玄說：「苗、九黎之君也，此族三生凶德，故著其氏而謂之民，民者冥也，言未見仁道。」夏曾佑據此，因推定古代漢族征服苗族後，自稱其族爲百姓，而稱所征服者爲民，故民之上繫以黎或以苗，因謂百姓與民爲兩大階級之徵號，這是有等理由。降及春秋，爲我國貴族階級發達的時期，考隱公八年所紀：「夫子建德因生以賜姓，胙之土而命之氏，諸侯以字爲謚，因以爲族，官有世功，則有官族，邑亦如之。」胙土命氏，則被賜氏者必有世功，命氏之後，必得有領土，以爲食邑，食邑之下，有人民，是供驅遣，日久成爲貴族的集團。魯桓二年師服說：「吾聞國家之立也，本大而末小，是以能固。故天子建國，諸侯立家，卿置側室，大夫有二宗，士有隸子弟，庶人工商，各有分親，皆有等衰，是以民服事其上而下無覬覦，」楚芋尹無宇有說：「人有十等，下所以事上，上所以共神也；故王臣公，公臣大夫，大夫臣士，士臣皁，皁臣輿，輿臣隸，隸臣僚，僚臣僕，僕臣臺。」可知春秋時代各國，自諸侯以下，必有許多階級，名分之間，上尊下卑，井然不可混亂。（見予所著社會思想與社會問題　書六二頁附錄二春秋時代之貴族政制篇）。春秋時各國政權，率歸少數貴族之手，例如周之周氏，召氏，祭氏，單氏，劉氏，甘氏，尹氏；魯之仲孫氏（即孟氏），叔孫氏，季孫氏，臧氏，郈氏，展氏；晉之韓氏，趙氏魏氏范氏（即士氏）荀氏（後分爲中行氏知氏），欒氏，郤氏，胥氏，先氏狐氏；齊之高氏，國氏，慶氏，鮑氏，崔氏，陳氏；宋之華氏，樂氏，皇氏，向氏，鄭之良氏，游氏，國氏罕氏，駟氏，印氏，豐氏；衛之石氏，甯氏，孫氏，孔氏……春秋各國二百四十年的史蹟，純由各國若干貴族人物，在政治舞台上的動活所構成。各國貴族之執政者，多由前代親貴蔭襲而來，或由累代之公子派衍而來。晉之貴族，皆獻文兩代功臣子孫；亦有公族；有以一族為諸貴族的領袖，世掌最高政權，例如魯之季孫氏；有委由政府之一部分委為某族，例如魯之叔孫氏，世為行人，專責外交；有以若干貴族輪掌最高政權以年齡取得領袖資格者，例如晉自荀林父以後，士會，郤克，欒書，韓厥，知罃，荀偃，士匄，趙武，韓起，魏舒，趙鞅等，以次遞升；又如鄭之歸生，子良，子罕，子駟，子孔，子展，伯有，子皮，子產等，以兄弟叔姪之次第遞升；在這等制度之上，各貴族皆有取得政權的均等機會。有等由一貴族或數貴族總攬中央政權者，如楚如齊如宋等；有散於各地方，由數貴族分領者，如魯如晉等。春秋時貴族階級的內容，大畧如此。惟貴族平民之分，是相對的，而非絕對的，故階級懸隔不甚嚴厲。而且因為時代轉變的關係，故國滅亡者，踵趾相接，卿大夫多變為平民，各國內亂的結果，或亡命他國，或在本國失其爵氏，多變為平民，那末，平民中智識分子日多，抬頭的機會也日多，東周以後，如管仲起於縲絏，甯戚起於牧豎，百里奚起於乞丐，商人的弦高，可以干預軍國大事，白衣可以為卿相，加以孔子墨子以私人講學，弟子後代學徧天下，百家趨承興起者相望，於是學問之重心，不復為一階級所專據。至戰國之世，時代則急轉直下，各國因戰亂相繼，而階級的界限更疏，每以人才多少爭強弱，魏以失商鞅見弱於秦，乃卑禮厚幣以招賢者，燕築黃金臺以羅致樂毅劇辛之徒，齊則稷下先生，比列卿者以百數；即下至雞鳴狗盜之雄，皆備致敬禮而獲其用。以前儒家者流，出於司徒之官，道家者流，出於史官，陰陽者流，出於羲和之官，法家者流，出於理官名家者流，出於禮官，墨家者流，出清廟之守。縱橫家者流，出於行人之官，雜家者流，出於議官，農家者流，出於農稷之官，小說家者流，出於稗官，世官之制，亦因之而掃除。然戰國公卿貴族的階級，雖漸次平夷，而商業勃興，商人機敏趨時，富豪階級，代之而起，如子貢累財於曹魯之間，結駟連騎以聘享諸侯；呂不韋居奇貨，操大國君主廢立之柄；同時地主階級，也繼之而起，漢書食貨志：『秦孝公用商君，壞井田，開阡陌，急耕戰之賞，王制遂滅，僭差亡度，庶人之富者累巨萬，而貧者食糟糠』。『力役三十倍於古，田租口賦鹽鐵之利，二十倍於古，或耕豪民之田，見稅什五，故貧民常衣牛馬之衣，而食犬彘之食。同時士大夫階級，也繼之而起。戰國時代因各國錄取才智之士，以為卿相，士人遂得抬頭，而不致抑伏於草野之中，孟荀游學於臨菑，臨菑聚集的士人，常至數萬人，或賜列第大夫，不治而議論。（見史記陳完世家）荀子於儒效篇說：『我欲賤而貴，愚而智，貧而富可乎？曰：其為學乎？彼學行之，曰：士也』王制篇說：『賢能不待次而舉，罷不能不待須而廢，元惡不待教而誅，中庸民，不待政而化；分未定也，則有昭穆；雖王公士大夫之子孫，不能屬於禮義，則歸之庶人；雖庶人之子孫也，積文學，正身，行能屬於禮義，則歸之卿相士大夫』。至漢代士大夫，更有發揚的機會。董仲舒推崇孔子，罷黜百家，立學校之官，州郡舉茂才孝廉、全把士大夫，因而造成歷史的地位與文化。漢平帝元始五年時，徵天下通知逸經古記天文曆算鐘律小學史篇方術本草，及以五經論語孝經爾雅教授至京師者數千人。武帝時，初置五經博士，三國志王朗傳注稱：「西京學官博士七千餘人」。後漢書黨錮傳：「太學諸生三萬餘人，更相褒重，危言深論不隱豪強，公卿以之下，莫不畏其貶議。」考試科舉制度，是造成士大夫科名身份的制度，本來是一良好的制度，及至末流竟爲造成官僚階級的階梯，漢時始選舉，西漢高帝十一年，詔郡國舉士，他的詔書說：「今吾以天之靈，賢士大夫定有天下，以爲一家，欲其長久世世奉宗廟亡絕也，賢人已與我共平之矣，而不與吾共安利之可乎？賢士大夫有肯從我遊者，吾能尊顯之，布告天下，使明知朕意。」東漢以後，賢良制度逐漸廢弛，延康元年，（獻帝年號）尚書陳羣以爲「天朝選用，不盡人才」。（見鄭氏通志卷五十八選舉第六頁）。乃立九品官人之法，於州郡置中正官，本鄉評第區別人物，朝廷則因其銓第以爲登庸，自晉及南北朝，取士用人，沒有一點的制度，可是中正官制仍然存在，當時的中正官，多顧門閥官資爲愛憎，不以士人賢愚爲區別，由是天下之士，互爭權勢，互相傾軋，所以當時有「上品無寒門，下品無世族」的譏誚。隋代確立考試制度，以後士大夫於科名上遂成一特殊階級。高門寒門之分，據梁啓超於中國文化史社會組織篇論及高門寒門之分，實起自漢末及五胡時民族轉徙。；至少爲當時構成門第重要原因之一。東晉南渡，中原士夫隨而播遷者，翹然自表異，而孫吳以後，故家久在吳會者，亦不肯相下，故江左有僑姓與吳姓對抗。五胡之難，異族侵入偏於於河北，士著之氏，欲自表明遺胄，於是有郡姓，郡者是示異於種族部落，魏孝文自代遷洛，盡改虜姓，於是有代北之國姓；南之「僑」「吳」，北之「郡」「國」，各稱其異族以相援繫，族愈大者，享受特權愈優越。六朝階級界限，亦甚嚴。南史謝秘微傳，『晉世名家，身有國風者，起家多拜員外散騎侍郎。』（謂朝外之官，）梁書張纘傳：『秘書郎有四員，宋齊以來，爲甲族起家之選，待次入補。』趙翼陔餘叢考：『當時風尚，右豪宗而賤寒畯，南北皆然，牢不可破；高允請各郡立學，取郡中清望人行修謹者爲學生，先盡高門，次及中等；魏孝文帝，以貢舉猥濫，乃詔州郡慎所舉，亦曰：門盡州郡之高，才極鄉閭之選。』當時階級之懸隔，其主要原因，在不通婚姻。魏太和中（孝文帝年號）曾定望族七姓子孫迭爲婚姻，南朝曾否有此規定，雖不可考，然以習俗覘之，可得其大概。趙邕寵貴（邕後魏南陽人，太和中給事左右，官終幽州刺史，）欲強婚范陽盧氏，盧母不肯。得罪外家。侯景稱兵犯闕，生殺由己，欲請婚於王謝，梁武帝曰：王謝門高，豈可令與女屈事卑族，罪至終不能奪。又魏孝文帝太和九年的詔上有「奴婢依良」的一種事實，則奴婢制度，在南北朝是依然存在的。當時有一種部曲，是屬質任，（質即周禮所謂質劑，任即保證，就是現代所謂甘結）換句說，就是和主家之間，結有賣身契約的。凡爲部曲，不得隨意破壞契約，有部曲這種人，遂由法律行爲，形成中國社會上一特殊階級。這種部曲（其初屬一種非正式的軍隊，邊將擁兵自重者，別募一種兵如後世所謂家丁者，以爲己之心腹而部曲之名立）父子相繼續襲領，不能擅自解除，遂成一家的所有物。其後社會情狀日變，部曲遂至今失其軍隊的性質，而與奴隸同罪。唐律疏議鬬訟二部曲奴婢過失殺主之部說：「部曲奴婢，是爲家僕。」（卷二十二），又同賊盜一之末說：「奴婢部曲，身繫于主」。（卷十七），但部曲和奴婢是略有分別的。疏議說：「奴婢賤人，律比畜產。」（卷六）「部曲不同資財，奴婢同資財。」（卷十七）唐律鬬訟二上規定：「諸部曲毆良人者，加凡人一等，奴婢又加一等。」可知部曲雖爲賤民，但比普通奴隸階級還要高些。唐代大體上是有下列的階級：

- 人民
  - 良民
  - 賤民
    - 臨時的……隨身
    - 永久的
      - 雜戶
      - 番戶……官戶
      - 奴婢

唐制別賤民於良民中又分三級，最下曰奴婢，次則番戶。次則雜戶，番戶亦稱官戶部曲身分與官戶同，國有者爲官戶，私有者爲部曲；部曲之女，謂之客女，其身分亦等於官戶；番戶一稱爲官戶，祇屬於本司，在州縣沒有戶籍，有次於雜戶的位置；奴婢乃是下級，是由於相坐沒官而成爲奴婢；所謂隨身，是根據僱傭契約奴隸，（見唐律疏議卷二十五註），其身分祇在契約期間，所謂雜戶，乃是永久賤民中民的最上級，如少府監所屬的工樂雜戶，及太常寺所屬之太常樂人等。當時奴隸，除當時因罪沒官，及前代奴籍相承外，大概是販自南方，即現在的福建兩廣，湖南，貴州，雲南等地販來的，當時稱之為南口；(見唐會要卷八十六)豪强商賈，以這等奴婢當作財貨看待，或驅使，或買賣，或贈人。此外還有畜養西北邊之突厥奴，吐蕃奴，回鶻奴，而在山東登萊州等處則盛行販賣新羅奴，在社會上層的武人，據優異的地位，分收田賦徭役之外，他們有雖有賜田；做官僚的，且以其勢力，廣佔良田。唐中葉以後，土地兼併的事實，尤為顯然。

所謂十節度使，如平盧節度使，(駐營州今奉天省)，范陽節度使，(駐幽州管轄今直隸省)，河東節度使，(駐太原管轄今山西省)，朔方節度使(駐靈州管轄今甯夏)，河西節度使，(駐涼州管轄今甘肅北部)隴右節度使，(駐鄯州管轄今甘肅等地)，西安節度使，(駐龜茲管轄龜茲于闐等地)，北庭節度使，(駐庭州管轄今俄領七川州)，劍南節度使，(駐益州管轄今成都等地)，嶺南節度使，(駐廣州管轄今兩粵及安南東京等地)，這些節度，手握土地中兵財賦之權，儼然成為武人階級。唐以後，遼據中國北部，不久金又代之，在這期間，有許多渤海人，高麗人，以至宋人，都成為俘虜(遼聖宗統和四年，以伐宋所俘生口賜皇族及乳母)金軍南下的時候，漢族成金之俘虜者，變為奴隸。洪邁容齋初筆卷三說及：『自靖康之後，陷於金虜者，帝子王孫官門士族之家，盡沒為奴婢，使供作務。』是記實也。元代統治中國，以俘到男女，匹配為夫婦，而所生子孫，永為奴婢，奴婢男女，止可互相婚嫁，例不許聘娶良家。若良家願娶其女者聽，奴成致富，主人利其財每藉詞抄估，有時奴願納財脫免奴籍，主人則執券付之，名爲放良。江南富室養奴動輒百千家，有多至萬家者，並議增其賦稅。（見續文獻通考卷十四）。明代鑒於宋廢藩鎮致爲胡元所乘，故大封其子弟，如秦王樉王西安，楚王楨王武昌，寧王權王大甯，魯王檀王兗州，瀋王模王潞州，代王桂王大同等，雖然造成封建的階級勢力。但下層的奴隸，不易以壓迫馴服，甚至主人反爲其所左右。顧炎武於日知錄卷十三奴僕一段敍述明末的奴隸狀態說：「今士大夫多有此風，一登仕籍，此輩競來門下，謂之投靠，多者亦至數千人，而其用事之人，則主人之起居食息語默，無一不受其節制，有甘於毀名喪節而不顧者，奴者主之，主者奴之。」這也可以想見當時奴僕，是想得到抬頭的機會。清代也有奴婢的存在，一種是從來由於賣身契約而成的奴隸；一種是由於犯罪而成的奴隸；一種是滿洲的世僕。（謂包衣服役於宮廷或王公的）。此外，另有一種類似奴隸的特殊階級，如山西等省內敎坊樂籍，世執賤業，不與平民相伍，浙江紹興府的惰民，江南徽州府伴當，寧國府的世僕，蘇州府常熟昭文兩縣的丐籍，江浙閩各山縣有棚民，粵閩兩省的蜑戶，在雍正年間解放其籍，列爲平民。（參閱商務版拙著中國近代政治史四一頁）但習俗相沿，階級的區別，尚未易廢除。自國民革命的運動，以平等之義號召國人，民國成立，我民國臨時約法第五條特聲明中華民國人民一律平等，舉國風氣，爲一之變。中國文化的開展，是在於除去武人官僚土豪劣紳之種種懸隔，在其法律之下，萬民平等之義，以建設新的社會新的國家，否則階級制度，雖然掃除，而在國家社會上一般平民，受惡劣勢力的欺侮壓制，則新文化的展望，自不能有許多大的進步啊。

第三節　從社會統治的方面論中國文化

國家是社會發展之最高的形式，或可如希臘亞里士多德說：「國家爲一個最高的社會。」(Aristotle Theoolitics I)，社會是人類共同的目的或發展而發生而組織相互關係的集團；爲達到這個標準計，所以有強制的結合。故國家與普通的社會不同。普通的社會，可以自由結合，而國家這個社會，是具有強制結合的性質。人類建立國家的目的，在求生存，求生存不是很容易的事，如何以滿足生存的需要，如何以抵抗生存的危害，如何以防禦侵犯生存的敵人，如何以達到生存共榮共榮的目的，這些，是要社會有統治的力量而後可的。社會之所以進化，文化之所以發展，是要看人類何以滿足生存的需要，何以抵抗生存的危害，何以防禦侵犯生存的敵人，何以達到生存共榮共榮的目的，看社會統治的力量，是否爲適應這個目的而表現？是否爲達到這個標準而存在？就可以明白了。社會統治的力量，分三方面進展：（甲）是養民。中國自古政術注重養民，洪範大政，注重食與貨，孟子說：「養生送死，無憾，王道之始。」又說：「明君制民之產，必使仰足以事父母，俯足以畜妻子，樂歲終身飽，凶年免於死亡，然後驅而之善，故民之從之也輕。」

」養民，就是國家之統治者，使人民衣食住行的四大需要，得到相當解決，人民於豐歲不能飽，於凶年不能免於死亡，這衣食住行的四大需要，已不能解決了。管子是中國有名之政治家與政治家，他是極注重人民之衣食住行四大需要，而認為國家統治者，須要負責而達到的。他於五輔篇說：「修樹藝」「勉稼穡」，是為足食而主張的。「衣凍寒」「振罷露」是為足衣而主張的。「利壇宅」「修牆屋」是為發展民居而主張的。「修道路」「導水潦」「慎津梁」是為使利行路而主張的。八觀篇說：「觀民產之有餘不足，而存亡之國可知也。」讀存亡之國，是要統治者負責的。(乙)保民。人民能夠施行養民的收穫，仍不足以達到生存的目的。所以要用統治的力量保民，孟子也曾說到統治者的責任：「保民而王，莫之能禦也。」國家統治者的任務，於養民之外，猶在於保民，不能盡保民之責，則人民咸受蕩析離居國破家亡的景象，那裏有什麼方法，發展國家的任務呢？(丙)教民。已然養民保民，猶要盡教民的責任 孟子說：「仁言不如仁聲之入人深也；善政不如善教之得民也」。「謹庠序之教，申之以孝悌之義。」傅玄說：「中國所以制四夷者，禮義之教行，失其所教，則同乎夷矣。」教民的意義，物質方面，在教導人民以生活技能與生產的方法；在精神方面，要提高社會國家的文化，能盡這個教民責任，則統治者才不負國民的信托。我們知道養民保民教民這三種責任，是統治者所不能脫卸的。從國家的存在和發展而說，統治者不但要注重人民的物質生活，尤要注重人民的精神生活。能夠顧到這兩種生活，然後國家的文化可以提高。然試問我們國家幾千年來的統治者能否做到呢？對於我三類責任，能做到的有幾人呢？有的少數君若相，祇能面鋪張歷治，當朝代更易，一時雖然取得大平，不多時又陷昏亂殘暴，大多數的人民，飽受他的壓迫痛苦，因而幾千年的朝代，陷於一治一亂的循環政治，事實上我國之數朝建設，不久又隨末代帝王的昏庸淫蕩與他們的影響到殘亂而破壞了。易白沙之帝王春秋，描寫中國統治者的罪惡：有人類，殺戮，弱民，媚外，虐偏，窮奢，愚閉，嚴刑，權奸，多妻，多夫（指帝王家居），僭逆，芸奐曠章所說：「主家日用飲食有不可思議者，焚燕窩斟，吃玉以與水氣：賜食必數百器，陸面積至一方丈之寬，大金龍盤白磁器勝器三十萬七千有奇，金銀工官費五千餘萬。……飲食一端，已得其統計之大概矣。至於宮室，衣服，器物，又百倍於此。明世宗籍江彬家，得黃金七十櫃，白金二千二百櫃，其他珍寶，不可計數。籍錢寧，得玉帶二千五百束黃金十餘萬兩，白金二千箱，胡椒數千石。滿清時，大學士和坤之私產，值銀二億二千三百八十九萬五千一百六十兩，尚有一半未估價者；下至知縣小吏，私囊亦往往得銀數十萬兩。洪憲以來，至於武人，各擁巨資，一縣之餘贏，至數十萬元，……政象紊亂，人民日在水深火熱之中，皆供此最少數民賊之犧牲也。」其次關於多妻。禮記曲禮：「天子有后有夫人，有世婦，有嬪，有妻，有妾。」昏義說：古者后立六宮、三夫人，九嬪，二十七世婦，八十一御妻。」史記秦本紀說：「秦每破諸侯。……所得諸侯美人，鐘鼓以充之。」後漢書陳蕃傳說：「比年收斂，十倍五六，萬人飢寒，不聊生活，而婦女數千，食肉衣綺，脂油粉黛，不可貲計，鄙諺曰：盜不過五女門，以女貧家也。今後宮之女，豈不貧國乎？且而不御，必生憂悲之感。」晉書胡貴嬪傳：「武帝多內寵，掖庭殆將萬人，而并寵者甚衆，帝莫知所適。」唐書宦者列傳說：「開元天寶中，宮嬪大率至四萬，宦官衣黃衣以上三千人，衣朱紫千餘人。「宋元明清各朝代的統治者，亦莫不如是。賭博至唐代而更甚，上自天子，下及庶人，不以爲諱，武后竟自撰九勝博局，令文武官分朋爲此戲。（見記纂淵海，）玄宗時楊國忠（貴妃兄）乃以善摴蒱得入供奉，當時博戲，王公大人，莫不耽翫，至於廢慶弔，忘寢食；（見李肇國史補），明末時朝士，若江南山東，幾於無人不爲，至「窮日繼明，繼以脂燭，人事曠而不修，賓旅闕而不接，」這可以說描寫統治社會的賭博情狀。宦官在中國歷史上成了播亂朝政的汚點，二十二史札記卷五論宦官之害民有說：『東漢及唐明三代。宦官之禍最烈，然亦有不同，唐明奄寺，先害國而及於民，東漢則先害民而及於國。……蓋其時，入仕之途，唯徵辟察擧二事，宦官既操權勢，則徵辟察擧者，無不望風迎附，非其子弟即其親知，並有賂宦官以輾轉干請者，……天下仕宦，無一非宦官之兄弟姻戚，窮極暴虐，莫敢誰何」。這也可說描寫中國歷史上政治社會文明之汚點。中國的官僚，大多數不是以養民教民爲目的，而以奉君求祿爲目的，新民叢報宮制議有說：「天官之庶司百職，乃無治國事民事之人，合比庶司百職，皆以奉一君，甚且六卿中六大六少之職，皆以奉君奉神爲主，其餘百官之事爲行事者尚多。自是古所謂設官以治民者，則皆爲設官以事君矣」。中國歷史上統治階級方面，皆上列數事，均可以證明實際上未能盡養民保民教民的責任，甚或弄成愚民害民虐民的行動。統治者以獨裁專制的行爲，對付人民，其影響國家社會文化的發展甚大。往昔政府之任務，做到對外禦侮對內治安，已算了不得的事，假定盡了對外禦侮對內治安的保民任務，也不外謂「消極的目的；而積極的目的，即養民教民的目的，許多是不能克盡的。教民是現在國家政府的重要任務，即所謂文化的目的；這文化的目的不能達到，而養民保民之目的，也從而不能達到，（不教民戰是謂棄之），所以教養的任務，是非常重要。但是中國數千年來之統治者，是忽略這教養的任務，致國家社會的文化目的，不能順序發展，所以中國文化雖開展於幾千年前，而幾千年來，徘徊於政治上一治一亂的循環圈套，不能邁進，這是很重要的原因，而爲自來文化史家，所忽視的一點。

第四節　從社會法律的方面論中國文化

法律，乃社會個人與團體間生活的反影，又可說是社會風俗習慣的反影。社會風俗習慣，是胎原於人類相互的生活；人類的生活，是根因於人類的基本生活：人類的基本生活，如經濟生活和兩性生活，是其他一切社會生活的基礎，而法律就是維持經濟生活兩性生活的安全者。我們看歷史的民法和刑法，大概是爲保護私有財產維持婚姻制度而設的。又查各國的犯罪統計，犯罪原因。多半是由於財產爭執利兩性的糾葛，人類的基本目的，是維持自己的生存，與繁殖自己的種族；想達前者的目的，則有財產制度；想達後者的目的，則有家族制度；今日私法，就是以這兩種制度，爲其趨向的歸宿。法律現象發生變遷，是由於人的基本生活的要求，也可說是適應於人類社會生活的工具，然而就古今來的法律的變遷，就可知道一社會的文野程度。文化沒有達高度的國家，她的法律當然沒有達到高度的進程；文化低落的國家，她的法律自然有許多是不公平的，不人道的，不與社會理想相適合的。反之文化高度的國家，她的法律的創制與設施，自然適合於公平的，人道的，與社會理想相適合的。古代埃及的法律和道德，由希臘羅馬的媒介，而影響於歐洲的法律文化，由埃及的文化，多帶有原始的文化痕跡，尤其是法律文化幾合於近世的思想。埃及對於保護貧弱之地位者起見，採取制限利息的立法，對於女子地位和男子相同，對於奴隸的待遇，沒有非人道的行爲。猶大的法律生活以宗教思想爲其基礎，摩西(Moses)的立法，根據神的啟示，其內容可以看出猶太人特有之宗教感情；在她的法律中，也可以看出她文化特徵。希臘古代實際的法律生活，亦富於近代的色彩，立法雖沒有統一的大法典，在社會生活上，市民各有很大的自由，但是奴隸與外國人，不許有市民法律的地位，這理可以看出她文化的特徵。羅馬人以他們法律上的文化，影響於近世者，是何等的偉大；當羅馬建國之初，羅馬人大體是農民，他們的法律多爲農民的。缺乏倫理的色彩，以嚴格的法律，維持社會秩序和實踐的精神，這裏可看出牠的文化特徵。中國的文化有牠的文化特徵：在法律生活中很可以體驗到的：中國的法律特質：是以家族爲本位的，我國自古以來，實尚宗法，故親家族特重，影及法律，則家族與個人發生衝突時，必屈個人以伸家族。是君權本位的，以反抗君主爲大逆不道，視爲不可赦，亦株連親族。是階級本位的，禮不下庶人，刑不上大夫，官民犯法，罪各不相同。我們看一個國家，一個社會執行刑律懲罰罪囚司法裁判，是否根據正義，就可以知道牠的文化程度了。我國古代的法制多重精神道德，故尚德不尚刑；但是君權制度確立以後，幾千年來多是注重殘酷的刑罰，秦代有車裂，梟首，戮尸，誅族，生埋之刑；漢代有東頸，棄市，腐宮，磔市，腰斬，絞首，族誅之刑；王莽並有燒殺，鑊烹之刑；三國有劓面，鑿眼刖足，車裂，鋸頭，族誅之刑；晉代有梟首，斬首棄市，族誅之刑；南北朝有[illegible]，斷食轘裂斬，殊死，棄市，絞死之刑；隋代有梟首，轘裂，罪及九族之刑。唐代法律，較稱完備；而殘不良的如謀反大逆本人斬首之外，牽涉到子年十六歲以上皆絞，十五歲以下及母女妻妾祖孫兄弟姊妹，若部曲資財田宅並沒官，這豈是文明的法律麼？五代有粗枷大棒，頭相擊脚以致死者，而謀反大逆，誅殺骨肉，籍沒家產，與前代無別。宋代有杖脊，杖臀，杖腿之分，斬刑有先斷四肢然後斬首之別，甚至州縣官訊囚，有掉柴，夾幫，腦箍，超棍等，種種名目。遼金有車轘，肢解，梟首，坐爐，鬼射箭，砲擲，投崖等慘刑。元代有皆會不赴而私宴者斬，諸公事非當言而言，四犯至論死之刑；私商越境，越界販鬻，不覺其應重大之罪，而竟罪於處死。明代有剝骨釘，寸寸緊夾棍，立枷，綁根板，生樹枷，腦箍，竹簽，跪鍊，瞎指，剝皮，刷山，剜心等非刑。清代有割腳筋，穿耳鼻，囚木籠，腦箍，大鍊，短夾棍，大枷，格殺勿論之刑。文明法律，是維護人民利益與幸福者；野蠻法律，是摧殘人民利益與幸福者；犯罪者，當加以制裁。當加以治罪，以保障社會的秩序與公安，這是一定的道理；但犯輕罪的，而法律竟治以重刑，審訊而竟施以殘酷之非刑；不倘感化主義以對付囚徒，而輒加以誅戮方法對付犯罪者，以求一時的相安，沒有能達立法的目的。法律是社會生活之反影，法律之良與不良，可以表見文化程度之如何。中國的唐律，從優良的方面看去，是值得稱許的。近人董康著科學的唐律一書，對於唐律曾加褒評，可見唐律價值，歷千餘年而仍光餘萬丈。（所數何見中國法制史一二二頁）。唐律嚴密之處，若何謂故意，何謂過失，何謂自首，何謂累犯，何謂併合論罪，何謂共犯，以及如何免予處罰，如何得以減等，如何加重其刑，均有相當的規定，其所定之刑罰，雖未免偏重事實主義，然未嘗不於事實主義之中，兼及于人格主義，且既離報仇主義而漸入於目的主義。我國法制之有唐律，在文化史上，固足以自豪也。（見予所著中國法律史大綱中大鉛印本八九頁，）中國今日之刑法，多取自暫行新刑律，而草訂暫行新刑律者，則多斟酌於唐律。中國現行法律，又多採取歐美法制，使能準據公正的人道的平等的民意以修訂，則國家文化的目的，自然可以漸次達到。

結論

文化是人類社會生活的總表現，從社會家族制度的方面，社會階級制度的方面，社會統治的方面，社會法律的方面來說，中國文化自然有所短處，然在其他的方面，維繫中國幾千年社會組織忠孝（忠於社會的忠非忠君的忠）仁愛信義之信條，與及表現人類感情的文學，表現人類思想智識之歷史哲學藝術等（指中國原有的）也有他的長處，是值得保存的。一個民族本身便全無文化或值得保存的文化可言，則這個民族只有隨天演的淘汰與亡國奴為伍而已。我們知道保存是保存良好的文化，與復古絕對不同。復古是凡古的東西都要復。是要不得的。保存要跟時代，要謀吸收新鮮的優良的文化以謀擴充。中國文化之改進與發展，要從民族的復興，經濟的復興，以為基礎，而後言發展自可言啊。

跋

自東北淪陷以還，國人憤於夏聲之淪墜，夷患之日深，外交軍政之無能，民族文教之委敝，乃茲焉蹶躓失步，知求民族復興之不可以須臾緩。念一年秋，予歸自歐洲，默察大勢，知欲救國家危亡，必先求民族之復興；而求民族之復興，必先求文化之復興。以爲藉西方科學藝術之識，以理董吾國五千年之歷史文化，去其糟粕而存其精英，取他人之長以補自我之短。異邦新知，則培植蕃滋；故國英華，則發揚光大；以此成其文化革新之業，比於歐土近代史中之文藝復興。使中國民族，得此新精神之淬厲驅策，重闢其活潑銳進之新生命，於世界人道進化史中，再建一再生時代之偉業。而民族復興之功告成，而以革新庶政，捍禦外患，建立自由平等之現代國家，於排國難乎何有？於爲政乎何有？吾友陳仟甫先生安仁於民族文化相關之故，嘗爲專門之探討，近爲中國文化演進史觀一書，於中夏文教源流，風土習尚，博考精研，窮本極末，使人瞭然於故國文化演進之程，迺求所以革新發揚之道；則於今後建立民族文化復興之業，此書實爲導其先路。書若屬稿之初，嘗命序厥原指，牽於人事，卒卒鮮暇。今國難日深，夷氛日迫，而此書排板告成，勉書數語，附於書末，粗明民族文化復興大業之不容以已。庶幾覽者考文教源流，知民族興衰所自，而有以瞿然惕厲，而共今後完成革命建設之業，則其有當於此書著述之微指也歟！詩曰，惟其有之，是以似之，著者之思想行事，校以是書，知其必有以似之也。

[illegible]民國二十四年國歷三月五日，吳康敬跋識於廣州國立中山大學文學院，時東北淪於夷狄，四年矣。

社會科學之部

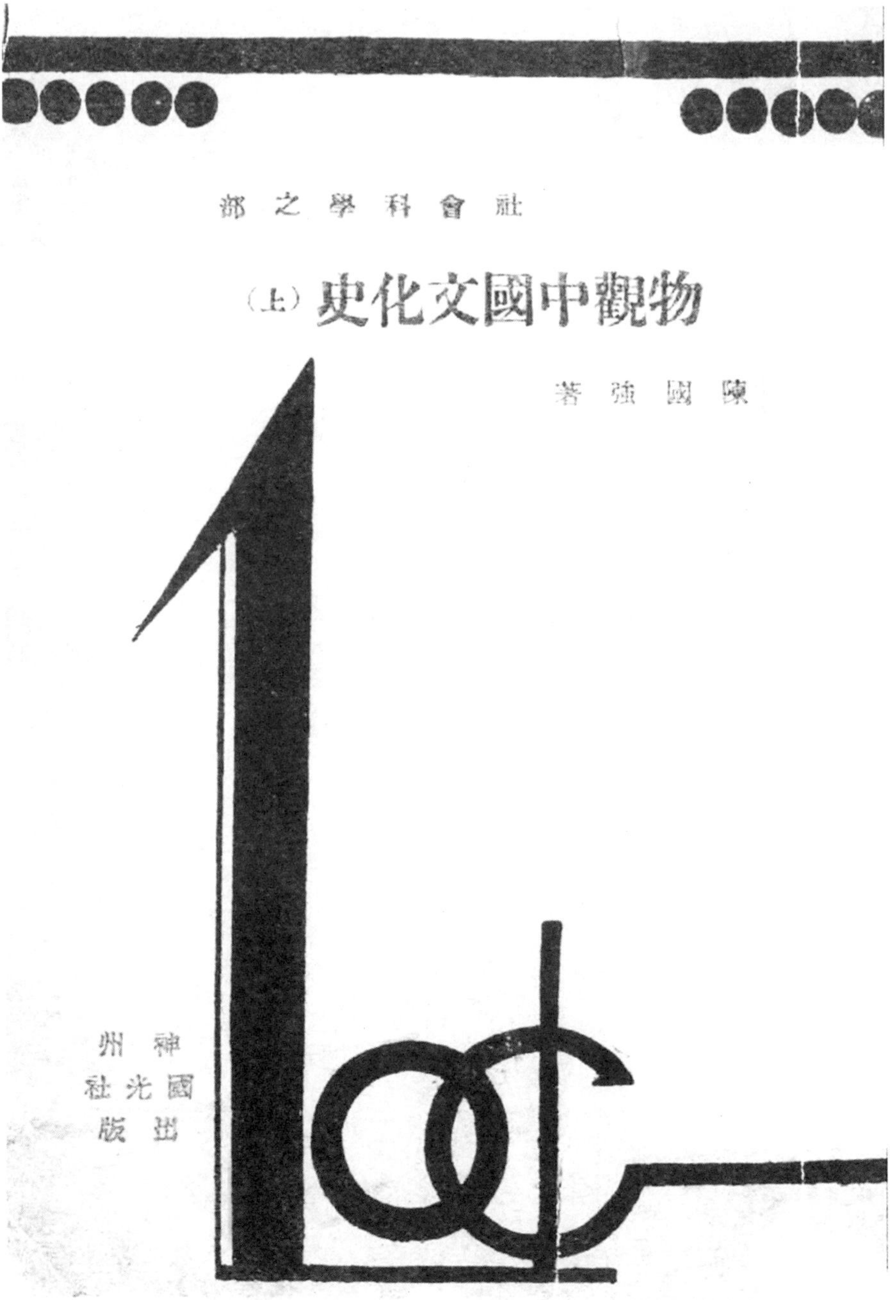

物觀中國文化史（上）

陳國強著

神州
國光社
出版

物觀中國文化史 目次

目次

物觀中國文化史

導言

人類不獨從事物質的生產以求其生活的持續，同時幷從事精神的生產以求其生活的豐滿。所謂文化，就是人類依其物質生活條件爲基礎而創造，而展開之精神生產的成果之總和。文化史的任務，就是在從人類過去在精神生產方面所努力之全部的過程，加以檢討和紀述，使現代的我們能夠對於先民在文化發展階段上所努力的成績獲得比較明確的概念。這種編纂文化史的工作，在外國大半已有很良好的收穫，然而談到我們中國，却至今仍未見有能以科學的觀點對中國文化史作系統的敍述之著作產生。

自然，在編述中國文化史的進行中，要遇到許多實際而不易解決的困難。

第一，中國的歷史，素來就沒有科學的敍述，所謂「正史」，大半是綴拾古代的神話傳說而加以附會，不但縹渺無稽，而且根本是不合理的。

第二，中國的歷史，照例是對於各歷史階段上之文化狀態以及對於文化狀態具有莫大之支配作用的生產關係，都與以毫不經意的疏略或遺忘；於是在中國之汗牛充棟的史乘上寫着的，竟有百分之九十以上是偏於爲歷代帝王和上層官僚貴族敍述興廢得失的家譜和傳記。這種史書，充其量不過只能成爲歷史的一部分，至於那些龐雜瑣屑，無關宏旨的紀載，則更是史料的糟粕，毫無用處。

在這種毫無頭緒，數量浩瀚的史書未經過一番艱苦的整理與檢剔以前，要從事一種中國文化史的編纂，的確是非常困難的一回事。然而話又要說囘來，唯其是中國史書數量浩繁，缺乏科學的敍述和對文化發展狀態的忽略，更證明一種以科學的觀點來紀述中國文化發展過程的著作，在實際上有亟待產生的需要。

這一本短小不過三萬字的中國文化史的編述，自然不敢僭妄，企圖滿足中國對於文化史缺乏系統的，科學的敍述之實際需要，不過是開始墾荒之一種嘗試；希望藉以引起大家對於中國文化史的重視和研究的興趣，進而產生更豐富，更正確之中國文化史的著述，使本書成為『速朽之作』，很快的歸於揚棄。

本書的編述，是根據下列的原則來進行的：

第一，認定文化是以各個時代的社會生活為基礎，隨着社會生活的演進而轉變的，所以在敍述各時代文化發展的過程中，特別注意說明當時的社會生活和生產技術的發展階段，使讀者明瞭這兩者間的適應關係。

第二，對於史料的選擇，務求眞確有據，必須在眞實的典籍或考古學上有所根據證明，纔取作說明中國文化發展過程的材料。所以敘述古代文化，斷然從在古物中能夠找到證據的商代開始，而對於那些所謂伏羲畫八卦，蒼頡造字等神話，以及一切不可靠的傳說，均與以屏斥。

第三，本書限於篇幅，事實上不能有充分的引證與發揮，所以在記述中，力求簡單扼要，提綱挈領，雖明知這種辦法難免有太籠統和語焉不詳的缺點，但也只好由他了。

第一章　古代文化演進之概況

一　中國歷史與文化之起源

原始人類生活的演進

原始時代的人類，因爲生產工具的簡陋和生活條件的貧乏，忙於與自然界各種足以防害人類生存的力量（如洪水猛獸氣候風雨等）作艱苦的奮鬪，兢兢業業，還難免於死的威脅。在這種草昧時代，人類的全部精力都用於作生存的掙扎，實沒有精神生活的餘裕，所以亦沒有什麼文化的可言。後來經過很悠久的進化，人類始逐漸由動物般的羣居生活轉變成爲以母系爲中心的氏族社會。氏族社會是任何文明民族在進化過程中所必須經歷的階段；在氏族社會以前的人類，還只是石器時代之原始未開化的野蠻社會。中國古代傳說中的三皇五帝，其祖先的誕生都是『感天而生』，知有母而不知有父。從這些傳說來看，我們可以想見那正是一個遠古羣婚的野蠻時代。堯舜時代的婚姻，尙未脫離由雜婚演進而成的亞血族結婚。中國儒家所粉飾爲古代聖人的大舜，實際上不過是與他的老弟象共娶娥皇女英二位女士爲公妻的一個酋長而已，所以楚辭上說：『眩弟並淫，危害厥兄。』這種亞血族結婚，正是氏族社會之典型的婚姻。我們敍述中國文化史，爲了根據確鑿，不涉空想起見，必須排斥一切捕風捉影的神話和傳說，從氏族社會中探討古代文化演進的跡象。

中國歷史始於商代

人類的文化，是在人類已開始其歷史生活之後纔發生的。因此我們在敍述中國文化起源之前過程中，我們若超越商代而上溯更遠古的文化，則除了綴拾傳疑的神話與僞史而外，實無略可置信的跡象之可尋。

二　商代的文化

商代的生產狀況

史記殷本紀關於商之先人說：『自契至湯八遷』，自湯至盤庚又遷過五次，商書盤庚也說：『茲猶不常寧，不常厥邑，於今五遷。』由此可見商民族在盤庚以前還只是遷移無定的遊牧民族。

又在盤庚篇裏，亦有關於農業方面的話，如：『若農服田力穡，乃亦有秋……』可見在盤庚時，已是由牧畜時代在向農業時代推移。次之，在甲骨文卜辭中，更有很確切之關於商代產業狀況的史料。卜辭中多數關於田獵的記載，都有『王』字爲句主，顯然這種田獵，在當時已成爲統治者的一種娛樂；同時獵犬和馬，在卜辭記載中迭有發現，更說明當時的生產已超過以漁獵爲本位而進展到牧畜時代。再者，在卜辭中頗多用牲畜作爲祭祀犧牲的記載，這種用作犧牲的畜類，不但馬牛羊雞犬豕六畜全備，而且所用牲畜的數量，有時竟達到三四百頭之多。由此可見：

牧畜實爲商代社會之最基本的生產。至於：

農業，在實際上自然要因牧畜的蕃盛與芻料需要的增加而逐漸發生。先民最初的田，實係以牧畜爲對象而作種植芻秣之用；同時在卜辭中亦有多處之「卜受禾年」的記載，可見以人的食料爲對象之禾黍的種植，在當時業已發生。農業之長足的發展，當在殷末周初之際。次之，在：

工藝方面，當時已有關於宮室器用的鼎、尊、壺、爵、彝、絲、帛、衣、裘、弓、矢、舟、車……等很發達的工藝製造品的產生；可見商代的工藝，已超過很簡陋的土器石器時代而進展到石器與青銅器並用的時代。還有：

貿易，其最初的形式，起源於漁獵民族與牧畜民族相互間生活必需品的交換，所以中國的「財」「貨」等字，都是從「貝」。在卜辭中有原始貨貝『貝朋』的使用；同時在易經中，亦有極簡單的關於商旅事項的提及。這種原始的商業，自然因爲牧畜農業的發展以及私有財產的發生，然後纔實現的。

商代的社會組織

商代的生產狀況，既是一個由以牧畜生產本位到以農業爲生產本位的過渡時代；所以建築在這種經濟基礎上面的商代社會組織，亦表現着是氏族社會和奴隸社會兩個階段。

氏族社會與母性中心

商代的社會，在盤庚以前乃是建築在牧畜生產上面的母性中心的氏族社會。所以在卜辭中，常有商人之多母（如：『祖乙之配曰妣乙，又曰妣庚』），多父（如：『貞帝多父』）的痕跡。這顯然是先民到了商代，還保存着舜象時代之亞血族羣婚的遺習。再者，在卜辭中還充分表現商代社會之母權中心的現象。主要的證據是：一，卜辭中隨在有商人之先妣特祭的記載；二，商代帝王稱『毓』，甲骨文的『毓』字，即產子的象形，清王國維亦說產子爲毓字的本義；三，「商代帝王的承繼，多兄終及弟。至若商代的：

政治制度，當時雖已有天子、王、公、侯的等差，而實際上却都不過是大族、大宗、小宗各等級的酋長統治而已。同時當時的政治，實粗具民主評議政治的雛形，我們試看尚書的盤庚，一再有平民集中王庭，干與政事的記載，這就是民主形式的政治現象。其次，在原始人生活中占重要地位的，就是：

戰爭，故在卜辭中爲了征伐而貞卜的事項很多，當時與商民族爭戰之主要的敵人，就是分處中原四週的呂方土方等氏族；在戰爭中屠殺的人數，據卜辭所載，亦有達到二三千之多的。同時在易經中，談到征伐的亦比較其他任何事項爲多。戰爭發達之主要的原因，就是由於生產力的增加和私有財產制的發生。原始人爲了擴大佔有，侵奪他人的牲畜田園和掠取異族的男女以爲童僕妻奴，都不得不以戰爭爲主要的手段。

氏族社會的崩潰與奴隸制的發生

牧畜和農業的進步以及戰爭頻繁之必然的結果，便是男女從屬地位的轉移，母性中心的氏族社會的崩潰以及最初以奴隸制爲骨幹的國家刑政的發生。奴隸的來源就是戰爭中的俘虜，奴隸的用途就是作祭祀的犧牲、服御、牧畜耕作、充當兵役以及作爲奴隸所有者互相販賣的商品。奴隸制的完成，當在殷之末季；倘書盤庚篇中之『汝共作我畜民』和微子篇中之『商其淪喪，我罔爲臣僕』等記載，卽奴隸制在殷代已經確立的明證。

思想和宗教

從甲骨文看來，商代在文化上尙是初發軔的幼稚時代，文字始在絕對象形的草創過程中；思想自然亦因這些實際條件的限制而不能有充分的發展。反映商代文化思想之最重要的典籍當首推易經。關於易經的起源，舊史上異說紛陳，實則均無所本據。在實際上易經不過是殷周之際的卜筮的底本，與神籤符呪相等，是一種社會的創作品，其作者決非只一個人，產生的時間，亦非在一個時代。全部易經的構成，都是以宗教、迷信爲骨幹。這是當然的；因爲原始人頭腦簡單，對於自然界一切風雨水火、日月山川以及季候轉換的現象都不明其所以然，自然會由驚奇而神秘，由神秘而崇拜。所以先民最初的思想，必然表現爲宗教的和迷信的。宗教的原始形式，就是庶物崇拜，是多神的。易經中八卦的根底，就是原始人生殖器崇拜的孑遺，畫一畫以象男根，分爲二以象女陰，由此推演而爲天地、陰陽、父母、男女、剛柔等觀念。同時因爲烏龜背上的花紋有些像八卦，故將烏龜靈化而視爲神的意旨的宣示者。因爲階級的奴隸制度成立，地上的權力歸於一尊，天上的權力亦因之而歸於一統；天堂即因地下國家的形成而發生，上帝亦因地下天子的發生而出現。最初人格神的上帝，就是古代酋長頭目們爲了鞏固統治，實施愚民而以自己爲標本，揑造出來的。所以，『聖人假神道而設教』。次之，在卜辭中，尤可以看到原始人思想簡陋，宗教迷信之一般。卜辭的本身，就是純粹的宗教材料；故每事必卜，每卜必乞靈於龜板獸骨。這種現象，充分表現原始人對於宇宙萬物之一切變化的神祕與無知之極幼稚的思想形態。

藝術

商代產業幼稚，物質條件簡陋，故在藝術方面，亦因之表現成爲一種初創的幼稚形態。藝術之見於卜辭者，有舞有伐，都是用於祭祀的；樂器則有鼓、磬、龠、大籥小笙等。其次，在易經中更可尋出下列之初期的藝術來：

跳舞——鴻漸於陸，其羽可用爲儀；

裝飾——賁於丘園，束帛戔戔；

雕塑——鼎黃耳金鉉——鼎玉鉉；

音樂——日仄之離，不鼓缶而歌則大耋之嗟——得敵或鼓或泣或歌。

還有文學，則如詩經中的商頌以及尙書裏面的商書各篇，都是商代社會之文學的遺產；次之，就是易經的爻辭，亦多半是韻文，其中不乏頗有詩意的。

上述之很幼稚的藝術，實與當時的生產狀態及初民的社會生活相適應。因爲在盤庚以前，商人還是以遊獵牧畜爲主要的生產，所以以鴻羽爲儀而跳舞；同時工藝亦不很發達，所以連鼓也是用土做的。次之，宗教和戰爭是當時生活的基調，所以鼓歌不是用之於祭祀，便是用之於祝捷。鼎也是祭祀的用品，是『聖人烹以享上帝』的，所以也很愼重地施以銅環玉環的裝飾。

三　西周時代的文化

周民族的勃興

周代姬姓，多半是一個發明農業最早的民族，所以周人以神農的后稷做他們的祖先。周民族的發展，實在古公亶父（卽文王的祖父）以後，歷經王季文王三世，必須先確定中國歷史之眞正起頭的時代。關於中國歷史的起源，論者執說不一；尚書是開始於唐虞，史記是開始於黃帝；但是這些說法，都是很渺茫而無所本據的。我們根據近代考古學知識所推論的結果，應該肯定中國眞正的歷史，是從商代纔開始。因爲：

一，從古物的發掘來看，商代的器用仍只是些石器、骨器、青銅器。在殷末還只是金石並用的時代。

二，在商代中國的文字還只在構造的途中，其中有十分之八是極端象形的圖畫，而且每一字的寫法有多至四五十種的，同時文句的排列，亦橫直左右，極不一律（詳見羅振玉編：殷虛書契）。

三，在商代還只是牧畜盛行的時代，農業雖已發明，但所用的耕器還只限於石器，鐵器尚未發明，所以當時的農業，還是很幼稚的。根據這一事實而加以經濟科學常識的判斷，則商代的社會，還顯然遲滯在原始共產制的氏族社會。迄至殷末，始因農業的發達，私有財產的發生而進展到奴隸制的社會。

從上述三點確切有據的事實來看，我們可以推斷商代以前的中國，還只是石器時代，文字尙在草創之原始未開化的野蠻社會；同時更可推想那中國儒家所謳歌爲郅治之隆的『唐虞盛世』，只不過是經過後世儒者依理想而加以塗飾的一個野蠻時代而已。

中國文化的起源

中國歷史既是從商代纔算眞正的開始，則中國的文化亦無疑地是到了商代，纔在發軔漸進的。因爲生產的發達，人口的繁殖，遂使整個的民族隆盛起來，接連征服了昆夷、虞、芮、密、阮、共、崇等種族，造成所謂『三分天下有其二』的局勢，終於滅殷，創造了周代八百年的統治。

封建制

周代征服了殷人，霸取中原而造成比商代更龐大，更統一度之創造。的國家之後，即創行封建制度以維繫其家天下的王朝統治。封建制度的實質就是以政治、武力或經濟手段的兼併掠奪，造成土地的私有（所謂『普天之下，莫非王土』）及對農民之慘酷的剝削。周代實行封建制度的情形就是以兼併所得的土地，分封子弟功臣以爲王室的屏藩。據荀子儒效篇說：『周兼制天下，立七十一國，姬姓居五十三，』又左傳也說：『武王兄弟之國十有五，姬姓之國四十，』這種分茅裂土，盡封同姓及少數功臣的辦法，在西周誠然是鎮壓異族，鞏固王室之最有力的武器。但我們同時須注意，在周公時代，一方面雖然在創行封建制度，但在另一方面，卻仍保持着奴隸制度的殘餘以爲鎮壓被征服的殷民族的武器。試觀周公時代，將殷人整批迫遷洛邑，叫他們大興土木，建築宮室；周室的人都稱他們爲「蠢殷」，爲「戎殷」，爲「頑民」，爲「殷庶」，簡直是不以人齒；以及殷人不堪壓迫而發生的「武庚之亂」，可知在周初，奴隸制度還有子餘。

宗法社會形之成

周朝鞏固支配階級權利的第二武器，就是宗法。所謂宗法，就是以鞏固私有財產和土地爲出發點，以「親親尊祖，敬宗收族，嚴宗廟，重社稷」爲思想骨幹的一種封建社會的倫理。盛周時代的天下，因爲是在封建和宗法兩種制度下所控制的，由此自然形成「王臣公，公臣大夫，大夫臣士，士臣皂，皂臣輿，輿臣隸，隸臣僚，僚臣僕，僕臣臺」這種梯子式的階級社會了。

井田制

井田制實爲中國古代史上聚訟紛紜的一大疑問。井田說

度之傳疑

的根據是周禮，但周禮實爲後儒所僞託，不能直信。後來又有孟子的倡說及漢儒的附會，所謂『方里而井，井九百畝，其中爲公田，八家皆私百畝』。這種辦法，在實行上是不可能的。我們可以相信，在氏族社會中，土地爲氏族所公有，授田而耕，自屬必然的事實，但一則決非劃成豆腐乾式的方塊，再者這種公產制度，必然隨私有財產制的發生而消滅，到了封建制已在創行的周初，決無存在之理。尤其顯然的就是，在歷代發掘的周代彝器——周金中，只有不少的錫土田或者以土地爲賠償抵債的紀錄，卻絕無井田制度存在的痕跡。

盛周的思想與宗教

後世儒者，大多視周公時代爲政治學術禮樂文章之全備時代，實則這都是過於裝璜粉飾的一種誇張。周初文化的實際狀況，我們不難於中國古代文化史材之最重要的典籍詩經、尚書、易經三書中求之。尚書易經以及詩經中的雅頌，都完全是宗教的書籍。易經中的宗教思想，我們在前一節中已約略言之；詩書中亦完全充滿了人格神主宰一切和神權政治的思想。這種神權思想，自然是封建社會支配階級爲了鞏固特權之當然的產物。反映盛周思想並演繹成爲一個嚴整的思想系統之最重要材料，當推尚書中的洪範。照洪範的本文所說，是周初商朝的一個遺老箕子做的，這其中眞假，我們頗難斷定，不過我們從洪範本身所代表的思想以及其他書籍的旁證來考察，可以相信縱非箕子所作，却也不會是周朝以後的儒者所僞託。洪範裏面以水、火、木、金、土、五行爲演化宇宙萬物之五大原素，由自然界的五行演化而爲人事上的貌、言、視、聽、思五事，休咎上的雨、暘、燠、寒、風五徵，以及刑政上的食、貨、祀、司空、司徒、司寇、賓、師等八政。而全篇思想的結晶就是絕對肯定人格神的存在和集政權教權於天子一尊的神權政治。從洪範的五行化生萬物這一點看來，我們可以看到先民之極幼稚的科學觀念和哲學思想；但可惜同時又加以『惟天陰隲下民』，『王道蕩蕩』的鬼話，却露出當時統治階級藉鬼神宗教以實施愚民，綿延治權之一貫的欺騙了。

藝術　周代仍是宗教思想支配一切的時代，所以當時的藝術，亦充分具帶宗教的氣氛。如建築方面，則宗廟明堂，當時頗見宏備；雕塑冶鑄方面，則周金中的彝尊象斝，已極雄偉精鏤之能而大都屬於宗祀上的器用。至於文學，則周書周詩，在體制上均極純樸簡約；在內容上大都爲宗祀的與廟堂的製作，周詩中的七月楚茨等作，不特表現當時平民歌謠之一般，同時充滿農事上的描寫，這更反映盛周農業黃金時代的生產狀況。

四　春秋戰國時代之社會劇變及其文化

東遷以後之周代社會

周朝自平王東遷（西元前七七〇）以後，即逐漸形成王室衰微，諸侯強大的現象，迄至春秋五霸及戰國七雄之際，不但在政治狀況民衆生活上起了急劇的變化，同時在文化上亦因時代潮流的激盪，造成一燦爛光輝的黃金時代，促成這種變化之根本的動力，便是生產的發達。

生產的發達

從尚書的呂刑看來，在周穆王時已有刑罰爵祿的買賣，這當然是生產和商業均有長足發展以後的現象；同時罰鍰的流行，可見當時已有金屬貨幣的使用。又詩經大雅瞻卬篇：『如賈三倍，君子是識，』可見當時的達官貴人已在『談生意經』了。商業的發達自然要以農業和手工業的發達爲前提。詩經中的大雅、豳風、豳雅、豳頌各篇中歌詠農業的詩，充分表現出當時農業發達的盛況。又因民智日開，尤其是鐵器發明以後，手工業當然隨之發達而漸趨專門化，故在管子的時候，除了農人用的『一耒一耜一銚』而外，并有婦女用的『一鍼一刀』和工人用的『一斤一鋸一錐一鑿』的擬制。手工業發達，貨幣關係發展以及商業繁盛之必然的結果，便是大都市的興起，如齊之臨淄，趙之邯鄲，楚之郢以及秦之咸陽，都是當時有龐大人口之集中，形成政治中心之有名的大都市。

各方民族之同化

東遷以後促成中國文化煥發光燦之另一原因，便是散處漢族四周之各異民族的同化。在北方，有最強悍的遊牧民族狄人，於春秋初年分爲白狄赤狄兩種，分居於直隸中部及山西東南部。春秋初年狄人不時向河南山東方面侵入，其後因齊桓公管仲的一再征攘，開尊周攘狄之局。齊國衰亂以後，又有晉國稱霸，繼續與狄人相持，迄至赤狄的大國潞爲晉景公所滅，最後白狄的中山國爲趙所滅，於是山西東西一帶以及直隸南部都完全開化了。西方最大的異族爲犬戎，自西周末侵入鎬都，殺了幽王之後，卽盡有陝西周朝舊有之地。迄至秦穆公時，滅了戎人二十餘國而稱霸，到了戰國時戎人少數殘餘的國家亦爲秦所併，此實陝西一帶民智開化的關鍵。在南方漢水一帶，異民族中以楚人勢力爲最強，春秋初年自稱王國，時與晉國爭戰，後來因與中原諸侯接觸頻繁，遂漸次同化於中國且有很高的文化表現。在東南卽今之蘇浙皖一帶，原爲很複雜的異民族居留地。楚國強盛以後，全服於楚，太湖流域及錢塘江東於春秋末年新興吳越兩大國家，不久吳爲越滅，戰國中葉越又爲楚所併。上述各異族之強制同化（卽被征服）及自行歸化，不但在文化上發生很大的影響，爲南方文學及戰國諸子百家學說形成的另一原因，同時在政治上亦爲擴大中國疆域，混合各異民族，構成後來大帝國出現的一大原因。

社會關係的動搖

因爲手工業的發達，商業的擴張和都市的集中，不但都市成爲當時經濟政治的中心，而且王室貴族的勢力，日益衰微，反之，那些『惟利是圖』，素來爲君子士大夫所不齒的商人却逐漸抬頭。由此遂促成當時封建社會的動盪，促進土地法律所有權的變化，造成封建階級重新分配土地的基本條件。由春秋經戰國這二百六十多年的長期戰亂，便是表現這一演進的歷史過程。換言之，這種土地的重新分配，土地所有權由封建貴族向封建地主手中的轉移在實際上的表現過程就是春秋戰國時代之長期的，兼併呑倂的戰爭。以至最後秦之統一，亦是這一歷史演變的一幕。

新國家的出現

經過春秋二百餘年的兼倂侵呑，不但散居漢族周圍的異民族逐漸爲漢人同化，即周初分封或自立之多數小國家亦逐漸合倂爲幾個大國家了。戰國時代，就是韓趙魏齊楚燕秦七雄並立，互逐雄長的世界。因爲生產的發達，貨幣關係的發展，而造成封建社會之自身的軋轢動盪，於是構成廣大的失業農民，成爲七國諸侯長期爭戰之無數萬軍隊的來源。誠如太史公所說：『厚賂之可赴矢石如渴得飲……不避法禁，走死地如鶩者，爲財用耳。』

學術思想的解放

因爲王室貴族的衰微，對於學術思想上的限制不似以前那樣的嚴厲，同時在社會生活長期動盪與不安的狀況下，促進一般人士研究宇宙人生之所以然的要求。於是由春秋末以迄於戰國之世，在文化思想上反映成爲一燦爛光輝的黃金時代。不但諸說紛起，而且斐然自成一獨立的思想系統。

各派思想的成熟

因爲社會的動亂與探討眞理要求的迫切，於是到了戰國時代，偉大的思想家紛紛產生，或於哲學領域內創立門戶，或於政治思想上自成系統；不但當時風靡一時，蔚然成爲大觀，亦且傳諸後世，爲歷代學者所矜式。關於戰國時代的各學派，後世論者各有所持，漢書藝文志分爲九流十家，亦不甚適切。茲以對當時或後世社會確有影響以及卓然自成一獨立思想系統爲標準，我們可以將當時的各派思想分爲五個系統，就是：儒家、老莊、墨家、法家和陰陽家；茲分別概述於後：

儒家　儒家是最先出而且在中國歷史上最佔優勢的學派，其創始者為孔丘。孔丘生當春秋末季，對於哲學、政治、倫理各方面的思想，均有很深的造詣；他憧憬於盛周時代的政治與文化，在初想從實際政治上努力以達到他『祖述堯舜，憲章文武』的宏願，但是周遊列國的結果，這種企圖却歸於失敗，乃專力於思想學術的傳布，終於達到弟子三千人，通六藝者七十二的盛況。儒家的哲學思想，當以易傳為代表，其實踐倫理之思想的結晶，盡在大學中庸二書之中。儒家哲學思想與實踐倫理之根本出發點是折衷主義和改良主義，其政治思想的根本則在倒溯進化輪軸，使反於堯舜文武周公時代的治平之世。孔丘之後，續有孟軻對於儒家思想作更大胆，更積極的鼓吹；荀卿亦為儒家的鉅子，同時在思想上又有些與法家接近。

老莊

後世往往以老聃爲道家之始，其實老聃與道家思想毫無關係。道德經一書，是否眞爲老聃所作，我們不得而知，不過這書至少不會是戰國以後的作品，同時在思想上亦卓然自成一體系，有永不磨滅的價值。與老聃並稱的就是莊周，著有莊子凡十餘萬言，文章思想，均屬子書中之上乘。老莊二氏，均爲個人的思想家，不似孔墨之熱中政治和公開講學，故當時傳播，亦不若儒家之盛。老莊的思想，以放任無爲，歸反自然爲主，其反對當時統治階級以政治制度及愚民思想爲武器而宰割平民的言論，頗多精采切要之處，但一味消極地主張廢棄政治組織，甚至連文字也主張屏棄不用，卻是無異於要將封建時代的社會生活向原始的社會生活倒推，根本違反進化論的原則了。

墨家

墨家學說創自墨翟，時代略後於孔丘；在當時各學派中，墨家思想實係最落後的。因爲墨家的思想，既不似孔子之適時折衷，又不似老莊之放任虛無；而是根本迷信鬼神，肯定宇宙爲固定不變之一種宗教的學派。墨家對當時好戰弄兵的風氣，雖有兼愛非攻之說以爲糾正，但其學說之出發點，却是宗教的，非進化的；所以終於不敵社會進化的趨勢，儘管他們的弟子有摩頂放踵，任俠好勇的精神，然而其傳播影響之所及，終遠在其他學派之下。

法家

法家是戰國末年最後起而且最進步的學派。因爲當時各派學說都已發達成熟，切磋精研，自易發生更合乎社會實際的學說。春秋時代的大政治家如管仲以及後來的商鞅，都非常注重法治，已開法家思想之端，到了荀卿之弟子韓非，就綜合擴大，使法家成爲很精密，自成一思想系統的學說了。法家學說主張以法治國，實與當時行將出現的統一集權的封建帝國之實際需要相適應，可惜後世師者不能加以更進步的演繹與擴充，徒重刑殺，流爲慘刻酷虐一流。

陰陽家

陰陽家的思想雖屬荒誕迷信且未成熟，但在戰國末年確曾風行一時，自成一派。陰陽家最盛行於齊燕兩地，以鄒衍爲最著名，當時談天雕龍之士，號稱三千，可見其盛。可惜這派學說並無可靠的典籍流傳後世，就偶然散見的一二殘缺的片斷看來，大約這派着重天文，與地等實際智識的探討。後來的末流，變爲方士，開東漢以後道教之端。

當時的經濟思想

因爲當時手工業與商業發達，已表現商業經濟對土地經濟的侵蝕作用，農民的失業與貧乏逐漸顯著，所以那時候的政治家與思想家對於解決民生的主張，大都以足食重農，調劑農商爲原則。除了儒家一致以足食爲爲政之本外，自成一種經濟思想或施諸實行成爲一種政策的，在當時則以管仲、李悝、商鞅、三氏最爲後世談治術者所重視。管仲相齊，其爲政之本以爲『民富則易治，民貧則難治』，同時『五穀食米爲民之司命』，故欲杜蓄賈之兼併，使不受操縱之大害，必需由政府制其輕重，時其斂散，以免甚貴甚賤之患而達到政府人民，均受其利的目的。這種政策，實爲後世調節民食的準繩。後來李悝亦本足食的原則，爲魏文侯定盡地力之策，對於調節糧食，作精密的規畫，實開後來常平倉制之先河。此外還有秦的商鞅，在變法強秦之時，實行開阡陌而急耕戰之賞，因爲農耕不勤，則軍實所出不豐。所以商君爲備戰而重農，重農則貴粟賤商，其實施辦法則爲加不農之征，重市利之租，貴境內之食，食貴則於農民有利，農民有利則勤農者多，由此，而達到政府墾殖大興，農事豐饒，軍實充足的目的。商鞅的這種主張，對於後世歷代的統治者，有根大的影響。

南方的新興文學

當戰國時代，中國思想界諸說畢呈，光輝燦爛之際，文藝界亦因時代動盪的影響而有更進步，更偉大的收穫。春秋末年，中國古代文學之偉大的結集——詩經出現。其中除了大雅和頌兩部無甚精采外，其餘的二南。國風和小雅大約俱是從盛周到春秋中葉的民間歌謠，雖然風格素樸，體製簡單，但其中却有不少的反映時代人生，彈奏當時平民的心曲的作品。到了春秋末年，長江一帶的楚吳越等民族開化以後，文學上亦由是而開墾出了新的園地。這一新園地之最成熟，超邁一切過去作品，對後世影響最大的便是屈原宋玉等楚辭一派，不但在體製上是一大革新，在內容上亦將江淮間幽窈纏綿，帶着感傷情調的思想充分滲入。楚辭在形式內容上的成功以及對後世影響的巨大，都在詩經之上。

社會科學之部

物觀中國文化史(上)

版權之證

中華民國二十年十二月出版

著者 陳國強

出版者 曾獻聲

發行者 神州國光社 上海河南路六十號 電話一二三九八號

印刷者 神州國光社印刷所 上海新閘路福康路 電話三一〇九〇號

分售處 各省神州國光社 各大書局

實價一角

社會科學之部

物觀中國文化史（下）

陳國強 著

神州國光社出版

第二章　帝權時代之文化

一　大帝國的出現及儒教中心

專制集權制度之成立

秦始皇滅六國，統一天下之後，即聚消兵刃，焚書坑儒，廢封建而立郡縣，創造絕端專制之中央集權的政治制度，實開此後二千餘年帝權政治之創局。因爲始皇統一中國之後，即廢封建而立郡縣，於是後世論者遂以爲自秦以後，中國即無封建制的存在，殊不知封建制度的存在與否，不決定於表面上的形式與名辭，而是決定於生產關係尤其是剝削關係；秦一統中國之後，僅只是土地所有權由封建貴族向封建地主的遞遭，既非生產力的根本變動，亦不是封建社會關係之實質——剝削關係的變動。同時當時已現發展的商業，亦為以自然經濟為主幹的生產力所限制，成為地主經濟的附庸。所以封建制與郡縣制在形式上的廢立，無關於封建制度之實際的存亡；同時專制集權制度，亦不是封建制以外的一種制度，卻是封建制度之最高，亦可以說是最後的一種政權形態。

暴政下的農民叛亂

強秦統一中國之後，為貫徹君主專制，造成子孫萬世之帝王基業起見，即聚財富，收兵刃，愚黔首，建阿房，征伐不絕，苛稅繁重；這種暴君統治的結果，遂造成廣大農民之流離失所及整個社會生活的動亂。於是吳廣陳涉之徒遂揭竿而起，廣大不堪壓迫的農民便成爲反抗暴秦的主要步隊；同時部分的封建貴族（所謂六國之後）和地主們亦起來參加這種抗秦運動。於是強秦的統治，僅四十餘年卽行顚覆。但是這次叛亂的結果，卽漢高滅楚卽位之後，政權却立卽轉變到地主階級的手中。這一歷史演變的原因就是由於當時秦雖倒而社會經濟之實權却還操在地主手上；這種僅只是農民不堪壓迫的叛亂而不是經濟制度的根本變動反映到政權上來，當然是地主階級的統治成爲歷史的主幹。漢初的重農抑商政策以及漢武的尊崇儒術，都是受着這種經濟條件的決定。

兩漢與在中國歷史和文化上，異民族對漢族的來侵和競爭，亦具有重大的推動和轉變的作用。兩漢之際，在中國四境與漢族競爭最烈，互有消長的異民族，以匈奴，西域，羌人爲最著。北方的匈奴，崛興於春秋末季。秦始皇時曾北敗匈奴並築長城以爲防禦。漢初自高帝平城被困之後，即長持退讓和親的政策。漢武帝東滅朝鮮，西通西域，然後遠征匈奴，其勢始衰，元帝時代，並降爲漢朝的屬國。東漢和帝時，又遠逐北匈奴於西方，繼續控制南匈奴。最後曹操將南匈奴人民遷入山西，遂伏後來五胡亂華的禍根。西域諸小國，位於天山南路，自漢武命張騫遠使後，即與漢族發生關係，宣帝時西域烏孫國曾與漢和親，共敗匈奴；此後班超遠鎮西域，各民族均臣服於漢。羌人所居，在今地青海甘肅一帶，東漢以來，即屢次來侵，漢末羌禍尤

各民族的競爭。

烈，漢朝竭全國的兵力，花了七千萬緡的軍費，苦戰數十年，結果光患雖平，但却將自身弄得民窮財盡，烽煙四起，成為顛覆的原因之一。此外，對於東南的各異民族在漢武時曾次第征服了甌越、閩越、南粵三國，教化移殖，並經過南粵伸張中國的勢力於安南，實為中國歷史文化上之一重大事件。

地主經濟之擴張與王莽改革的失敗

土地私有制度，至西漢而極盛；大地主對土地的集中與豪縱，以及農民生活的惡劣已屆峯極，誠如董仲舒所說：『富者連田阡陌，貧者無立錐之地。又顓山澤之利，管山林之饒，荒淫越制，踰侈以相高。邑有人君之尊，里有公侯之富，小民安得不困？』雖然漢文一朝竟有十餘年全免天下租稅之令，但實受其利還是地主，貧民終只是『常衣牛馬之衣，而食犬彘之食！』故自董仲舒以及西漢末年的孔光師丹等，都主張限制地主的田產，但均爲地主勢力所拒，未見實行。到了王莽篡漢，遂堅決實行過抑地主的改革政策，下令改天下的田爲公田，幷解放漢代最充斥的奴婢，改爲公有；此外王莽並令設六筦之制，將鹽鐵等公用之物收歸國有，由國家公賣。綜觀王莽的一切設施，誠不愧爲打擊私有制度之一個大胆的改革家，可惜當時豪紳地主勢力仍佔優勢，紛起打着興復漢室的旗幟來反抗新莽，結果王莽戰敗爲漢室後裔更始所殺；光武中興以後，中國統治的實權，仍盡反以地主階級爲中心的舊觀。

漢室的衰亡。兩漢除了王莽的失敗成爲歷史之一頁插話而外，實爲與天下三分。一以封建地主爲中心之絕端反動的統治。苛稅繁興，愈演愈烈，自然物租稅的剝削而外，還有口賦、更賦等花樣無窮的撤毀，更加上與外侵的遊牧民族連年不已的戰伐，以及外戚、宦官、黨錮等傾軋消長的變亂，終至弄得民不聊生，盜賊蜂起，原來封建社會經濟生活之固定的均衡爲之擾亂翻騰。於是另來一批新興的封建階級的代表者——主要的是曹操孫權劉備，起而誘致嘯聚當時不能聊生的農民，從新兼併侵吞，殺伐征攘，形成所謂三國的局面。

從學派之爭到儒教中心。東漢之初，儒家老莊以及法家之徒，互爭消長至烈，咸以爭奇鬬勝，博得人君之信寵爲能事。但這種學派爭持之實際的作用，却只在統治階級本藉以愚民爲出發點之取捨利用。儒家之講忠說孝，嚴辨尊卑，實爲封建統治階級之最有力的工具，老莊清靜無爲之說，亦易於加以曲解而使平民放鬆對現實壓迫的掙扎。文帝、竇太后，曹參等獎崇老莊，景帝武帝則崇尚儒術。漢武能黜百家，專崇孔子，使儒教思想宗教化成爲文人尊君干祿的敲門磚，尤爲封建階級巧於利用儒教之千古的典型。到了東漢，尊儒教、抑『邪說』的政策更甚，使儒術變成純粹的訓詁傳註之學，窮經摘字，杜撰曲解；就文人言，大都變成錄蠹書癡，就學術言，更晦暗迷離，全無本來面目了！

漢代的文學

漢代紀事說理之文都很發達，司馬遷的史記及班氏父子的漢書，不但爲中國史學的千古傑構，即其文章的體制，亦毫邁遒勁，成爲此後古文的遠祖。此外有從楚辭蛻化而成的賦體一種，以司馬相如、枚皋爲最著，但均過於堆砌雕斲，形似質非。古詩十九首以及孔雀東南飛，或者都是東漢末年之民間文學的傑構，就體制內容而言，均比賦體強勝；及曹氏父子和建安七子出，這種新體詩更光輝燦發，爲後世詩人所宗式。其他藝術，如音樂、繪畫、建築等，在漢代都很發達。漢宣帝畫功臣於麒麟閣，光武畫功臣二十八人於雲台，及佛教流入後，佛教畫亦隨之而興。漢代武梁石室及孝山堂石室的壁畫，迄今還有殘存。音樂在漢高時，曾命叔孫通制廟堂之樂，武帝時立樂府，幷命李延年司馬相如爲之調音論律。至於建築，在漢武時亦大營宮觀，樓台有高四十丈者，曹操曾建銅雀台，極壯麗輝煌之能事。

漢代　兩漢宗教之最流行的，以佛教道教爲最。西漢哀帝時，曾

的宗教

命博士弟子秦景憲向大月氏的使者學習佛經，爲佛教輸入中國之始。漢末佛教在民間漸多信者，道教在形式上亦有從佛教竊取的。漢代的帝王，如新莽光武，均常用符命讖緯爲愚民的工具，由是遂產生一種以神仙符籙愚民惑衆的方士和宗教。及張道陵講長生術，遂爲道教的濫觴。到了黃巾張角用符水經咒爲之治病，十年間竟有幾十萬的信徒，不但促成漢代的滅亡，且爲平民藉宗教叛亂的開端。

二　遊牧民族之來侵與印度文化之輸入

封建勢力的兼

晉代承三國喪亂之疲，民困財竭，統治基礎本極脆弱。晉初雖一度頒行『占田制度』，限制王公地主土地之發展並令農民併歲輸絹棉以承種土地。但有名無實，既不能限制王公地主之慘酷的剝削與無限制的兼併，同時稅役繁苛，阻滯了農產商業的發展。故自晉武而後，卽民生日益凋敝，王公地主兼併殘殺，於是八王之亂，五胡之禍以及南北朝統治的分立，均由茲而繼續演進，造成中國歷史上之一度黑暗時代。

遊牧民族之來侵 西晉內亂頻年，民不聊生，政治國防上的衰靡達於極點，所以一遇北方強悍的遊牧民族之來侵，卽遭慘敗，不得不退守偏安，以求苟延。遊牧民族的侵入擾亂以及對中國北部的統治，對於中國文化，政治，民族各方面的影響很大，差不多和日耳曼人對羅馬的統治蹂躪一樣，使中國政治，文化，均因之遲滯衰靡，直至隋唐統一，中國文化始復現光明。

五胡勢力之消長及南北分裂

照舊史所說。所謂五胡即匈奴，鮮卑，氐，羌，羯五個異民族。匈奴自漢末徙居山西，即感染漢人的文化，到了西晉末年，匈奴的首領劉淵更努力經營，統一黃河流域，建國稱漢，其子劉聰大舉侵晉，懷愍二帝相繼被擄北去。此後因不善振作，終與羯人一樣，為漢族所慘敗。陝南川北的氐人和陝西內部的羌人在西晉喪亂之際，遂乘間興起，建立了幾個小國，後來這兩部族的完全接受中國文化，同化成為漢人。對於復興西域交通和輸入印度文化這兩點上，氐羌二族盡力頗多。鮮卑本是一個小部落，自東漢北匈奴敗徙，南匈奴南遷歸漢後，鮮卑遂乘機侵殖於外蒙古空隙之地，又合併匈奴遺民十餘萬而成一大民族，到了晉孝武帝時（西曆四世紀末）即統一中國北部，建立北魏大帝國，由是而五胡亂華之局告一段落，開始鮮卑民族統治北方與南方漢族統治之南北朝對峙的局面。此後百餘年，北魏分裂為周齊兩國，不久齊又滅周，周又為隋滅；南朝則晉亡後，歷經宋、齊、梁、陳四朝的遞遭，至隋文帝南篡陳，北滅周後，中國始又由分裂而歸於一統。

文化上的轉變

自五胡亂華以迄於南北朝，中原板盪，民不聊生，在政治上是最混亂黑暗的時代，在文化上亦衰落萎靡，達於極點。在這一動盪喪亂的期間，中國文化由這種時代的激盪而發生的轉變，有三方面。一是鮮卑民族的同化，自北魏孝文帝勵行尊重儒術，改易漢人服色言語，並遷都洛陽以吸收漢人文化後，不但使鮮卑民族完全同化於漢人，且對於擴大調和中國民族內容，振挽文化衰頹並下啓隋唐文化之燦爛煥發上，都有很大的影響。二是印度文化因異族的侵入遷移而大規模的輸入，滲入中國文化之全部經絡而發生重大的影響。三是南中國之更加開化。在中國上中古歷史過程上，北方的黃河流域，所謂『中原之地』從來是文化、政治的中心。漢武時雖有南粵的征服，三國時長江流域雖有蜀吳兩大帝國的建立，但在文化的發展上，還敵不過北方。到了晉室南渡，北方的世家大族和一般平民紛紛南遷，由是南中國的文化日益發展，不在北方之下，同時開闢海道交通，經南洋而西達印度，對文化上的助益亦甚鉅大。到了宋代，南方的文化且駕凌北方而土之了。

佛教之發展及流行　印度文化之輸入，本於漢代佛教流入時已開其端，但印度文化在中國發生普遍的影響及佛教的興盛，卻以六朝時代爲最。自趙石勒提倡佛教以後，佛教信仰漸次由宮廷貴族進而普及於民間。適値當時政治黑暗，亂爭頻年，無論南朝北朝的思想界都充滿了厭世清談的風氣，一旦獲得這舶來的，有哲學基礎之放任現實、崇尚靜修的新宗教，自然要開風氣，趨之若鶩。對於佛教在中國傳播有最大之功績與影響的，當以東來的鳩摩羅什和西渡的法顯爲最著。鳩摩羅什本龜茲國人，受後秦國姚興的優遇，住往長安，翻譯佛教經典頗多，實爲介紹佛教之正確觀念到中國來的功臣。法顯著有佛國記一書，曾航行印度，尋取佛經。四世紀以後，這種東來傳佛和西渡取經的事業，仍持續不絕，由是而普遍深入，佛教成爲民間的信仰。至若上層的王室貴族，則北朝諸帝王十九信佛，南朝的梁武帝和陳武帝都幾度舍身於佛寺，可見當時佛教勢力之大。此外，在佛教流行之始，中國人信佛祗限於介紹翻譯，迄至鳩摩羅什對佛經廣爲翻譯，中國人對佛理了解較深之後，更進而有中國人自創的佛教出現。最初在北魏時代，曇鸞創淨土宗，陳隋之間，智顗創天台宗。

藝術上所受印度文化之影響

因爲印度文化的輸入，不但中國思想上受了很大的影響，就是藝術文學，亦在佛教影響之下，發生很大的轉變。中國的藝術，自秦漢以後，進化本極迂滯，自從六朝異民族侵入，佛教思想與藝術亦隨之而透入中國藝術，繪畫，音樂，建築，雕刻以至文學詩歌，無不受其影響而發生顯著之變化。

繪畫　兩漢繪畫傳流下來的只有體製樸素的武梁石祠畫像。迄至六朝，繪畫亦感染佛教的影響而大有發展，張僧繇，顧愷，陸探微諸人，都負盛名，尤擅畫佛像。

音樂　中國的樂器，在先只是琴瑟弦鼓之列，樂譜亦至單純，迄至六朝，中原與西域的交通由斷而復，纔有笙，笛，琵琶的輸入，由茲音樂曲譜都由簡而繁，後來盛唐音樂之極度發達，皆基於是。

建築與雕刻　中國的建築在周秦之際已經發達，但形式單調而少變化。迄至六朝，因爲佛教盛行，帶着印度風格的建築物如亭幢塔廟之類，就發達起來，同時中國人的居室，亦由是略變前此四方平正的形式。六朝的建築特別發達，窮極奢麗，都是受着西方文化的影響。至於中國的雕塑，除了周金中的鼎彝等物之純樸的製作外，向不發達，到了六朝，因爲佛教盛行，寺觀充斥，銅鐵土木偶像的冶鑄塑刻，亦由是而充分發達。

文藝詩歌之進步

兩晉文學，競尚辭賦駢儷，故浮靡雕砌，達於極點。後來因爲佛經翻譯的流行，筆調力求自然通俗，不加藻飾，遂影響當時文壇而一洗頹風，形成一種新體製的文學。六朝時代之第一流的詩人，當首推陶潛，不但一洗當時粉飾浮靡的惡習，而且淡遠沖和，一本自然，實開此後唐宋間自然詩人的先導。還有鮑照，亦天才俊逸，不隨流俗，遠在當時名家謝靈運顏推之之上。此外，在當時還有一種最流行於民間，通俗清麗的作品，就是樂府。蕭梁一代，樂府歌辭極盛；當時帝王如蕭衍（武帝），蕭綱（簡文帝）及陳叔寶（後主）等，均屬深受民歌影響，善作樂府歌辭的名手。六代末季，中國詩歌又受着譯經韻文的影響，而有四聲之區別發生，王融沈約，均爲聲律之最有力的鼓吹者，到了何遜陰鏗出來，更專重諧協工整，成爲盛唐律詩的創祖。復次，因爲佛經中不乏苦行修持，不着外魔的故事，影響所及，六朝時代乃有筆記體裁之神怪小說的發生。

三 隋唐帝國時代之文化

由分裂而重趨統一

自五胡亂華以迄南北朝的對峙，中國統治之陷於分裂者不下二百年。除了大勢上之南北對峙而外，北方又持續表現東西對立的局面；最初有前燕前秦的對立，而燕爲秦併，其次則有魏與夏之對立，魏滅夏後，又有東西魏及北齊北周的對立，而周則最後統一北方，建立一黃河流域之統一帝國統治。北朝對於調和民族文化，在統一中國事業上貢獻最大者，當首推魏孝文帝，其次，北周的始祖宇文泰亦努力改革，於制度文物上創造不少的統一的基礎。隋朝統一之速且易，實與有賴於北魏北周之統一的績業不少。

隋代的治績

隋朝享國甚短，却在文物制度上給與唐代很多的先例。隋朝治績之最大的，就是：

一，行科舉　漢魏以來，均以辟舉爲選拔人才的方法，即由地方長官採訪人才加以保薦，再由政府錄用，六朝時代，更設立九品中正的官職專管辟舉，結果媚豪勢，抑眞才，流弊滋多。到了隋煬帝時即廢除辟舉制而開進士科；凡讀書人皆可自由投考。這種制度在實行上利弊均有，就好的方面說，是開平民仕進之途，就壞的方面說，是以政府的好惡，控制士林，實爲以後八股取士的濫觴。此外，隋代仍一本前朝重農抑商的故智，曾於文帝開皇十六年，禁工商不得仕進。

二，對異民族的征服　六朝末年，北方新興一強悍的，常爲中國之患的民族，就是突厥。當時不但稱雄蒙古，而且勢力達於中亞細亞。迄至文帝統一中國後，即用計促成突厥的分裂，并加以降服。隋煬帝亦好大喜功，溺於征伐。曾南征林邑，西擊吐谷渾，並親自興師百萬遠伐高麗。這種舉動，雖然於遠播國威，擴大領域上有大助益，但當時却弄得民窮財盡，成爲隋代速亡的原因之一。

三，開鑿運河，隋煬帝實爲工於享樂，窮奢極慾的一大暴君。他爲了巡幸及盪舞龍舟起見，乃大興土木工程，發丁百萬開通濟渠，發民十萬開邗溝入江，又發河北諸軍百餘萬開永濟渠，更開鑿自京口到餘杭長八百多里的運河。這種浩大的工程，雖然對於後世文化的流通，農商業的便利上有偉大的利益，但在當時却弄得廣大農民困苦不堪，終是紛起叛亂，成爲隋朝覆滅的主因。

盛唐時代的政治

隋亡唐繼，因爲唐太宗的英明及國家財力的富裕，遂能維持統治垂三百年之久，實爲秦漢以後國威最盛之一大帝國。太宗高宗兩朝，均屬征服異族，向外發展的時代，武韋亂後，繼以開元天寶之三十餘年的太平盛世，均屬唐朝的全盛時代。盛唐政績之最重要而對於後世影響頗大者，約有三端：一是國勢的伸張，盛唐帝國的勢力，東達朝鮮，西達波斯，北達西北利亞，南及南洋羣島，同時日本印度，亦都仰望風采；因爲國威遠播，中國與西方各國海陸路的交通亦由是發達；同時因爲中西交通發達，海外貿易亦因之日趨發展。二是繼續歷代重農抑商的政策及施行租庸調的賦稅制度，唐高祖定工商雜類不得與於仕伍，唐肅宗遣鄭叔淸等攫括江淮蜀漢富商之財，十收其二，謂之「率貸」。所謂租庸調的稅法就是田稅力役(可用絹帛代繳)和戶稅的分類納稅制；初唐雖頒行班田法以利國稅收入，但行之不久，因貴族地主土地兼併的有加無已，班田法亦由是蕩然無存。三是政府對宗教藝術，均取提倡獎勵的政策，故終唐之世，宗教和藝術均有充分的發展。

封建藩鎮之兼併

唐朝封建藩鎮的割據與土地兼併的發展，至爲急劇，所謂十節度使，都是各統數州，手握土地甲兵財賦之權，儼然自成一獨立朝庭。這種獨佔兼併的日益發展，則所謂班田法亦遂等於具文，同時所謂租庸調的稅法，也難以實施。於是政府爲財政收入計，遂加重租稅，剝削貧農與商人，因此社會上自然又要重現四境騷然，民不聊生的現象。唐末黃巢之亂，就是因政府苛稅重壓而發生的原始農民叛亂。

商業之發展

一般唐代商業的發展，遠在漢魏六朝之上；此實由唐國富民殷，歷久不衰的原因之一。自隋煬以來，因爲運河的開鑿及海外貿易的興起，南方的經濟力已駕凌北方而上之。當時南方的經濟中心，主要的是四川、江淮及廣州三處。四川距長安最近，號稱天府之國；江淮一帶，尤其是揚州，因運河的開通及鹽利的發展而繁榮，安史亂後，唐室經濟，大半仰仗這些地方的財賦；廣州因爲與西方交通的關係，成爲海外貿易之中心，唐朝特設市舶使以徵取賦稅，亦爲國庫收入之大宗。但是這種飛速發展的商品經濟，雖然在盛唐時代，蒸蒸日上，却因爲種種原因，不但不能促成當時社會制度之根本變革，反之，却受着許多實際的摧殘而終歸於衰落。第一，就是因爲當時的生產方法並沒有什麼根本變動，商品經濟不過是從生產者和消費者之間施行削剝；同時在支配社會力量的比重上，仍不敵直接操縱生產的地主經濟之最深且鉅。第二，就是因爲唐朝仍一貫實施重農抑商的政策，苛稅繁重，阻滯了商業資本的發展，加以黃巢五代之長期的戰亂，廣州江淮間的商業，更爲之摧殘殆盡。

詩歌的黃金時代

唐朝文化之最大的成就是在文學和藝術，尤其在詩歌方面，燦爛光輝，構成一詩歌的黃金時代。唐朝因以詩賦取士，故文人學士之專攻歌詩的特多。初唐的沈佺期宋之問，均以工作律詩而享盛名。迄至開元天寶以後，更是人才輩出，超絕百代。王維孟浩然元結韋應物等，均以歌唱自然，嘯吟風月著稱。李白天才橫逸，飄妙若仙；杜甫詩包羅萬象，兼能道出時代人生的苦悶，實開以後重視社會問題、描寫民間疾苦的人生派詩人白居易元稹張籍等新樂府詩體的先河。還有以古文著稱的韓愈，喜歡作說話式的詩歌，這種作風，對於當時亦有很大的影響。

散文的變革

自魏晉以來，文體上大都採用駢體；初唐的楊王駱盧四傑，均以善作駢儷文著稱，不過文字已着重流暢明顯，可謂駢文中的革新派。此後有韓愈柳宗元出來努力提倡說理衛道，屏斥排偶的散文，實爲古文運動的前驅。此外還有些和尚儒者，用白話來作語錄，實開宋人白話語錄之風。

除了詩歌散文的盛極一時外，繪畫到了唐朝，亦極發達。

繪畫之進步

唐初有閻立本等以善畫人物佛像著名，開元中吳道子更集此派之大成。又有李思訓王維俱善畫山水。李畫設筆工細；人稱北派，王畫意境逼眞，爲南派之祖。王維畫派在中國文人學士之間流行甚遠，成爲中國畫的特色。還有書法，亦爲中國特有的一種美術，自晉朝衞夫人二王以書法名世後，唐代書家如褚遂良，歐陽詢，顏眞卿，柳公權等，均爲不朽的巨匠。

音樂

唐代承平日久，君主溺於聲色享樂，因是遂促成音樂之極

之發達

度的發達。不但政府有國樂，有宮庭之樂，有專奏樂曲的官伎，即私家所蓄的聲伎也非常之多，文人學士多精通音樂，發揮天才，製作樂府歌辭。唐玄宗於聽政之暇，曾教太常樂工子弟三百人爲絲竹之戲，號稱梨園弟子，又作龍池聖壽等樂，分樂部爲坐部立部兩伎，當時太常樂工竟多至萬餘戶，唐代的樂音之盛，由此可想而知。

各派宗教的興起

唐初對於宗教取崇獎放任的態度，因此各派宗教均得自由傳播而趨於發達。唐朝姓李，尊道教始祖老聃爲玄元皇帝，定道教爲國教，故道教在唐代流傳頗甚，但在勢力的廣被深入而言，仍敵不過佛教。太宗時有名僧玄裝西行赴印度求法，歷十九年始回，終身翻譯佛經，實爲歷史上傳播佛教的有名人物。此外，回教，妖教，摩尼教，景教，在唐朝均甚流行。

四　異族來侵與中原再陷時之文化

黃巢叛亂及黑暗的五代

唐代因爲長期承平，統治者溺於享樂，中葉以後，藩鎮的割據跋扈和社會經濟的枯竭已日益顯著。迄至末葉，三百餘年的統治基礎更腐蝕不堪，終至引起黃巢之廣大的農民叛亂而完結了唐室的命運。從黃巢起兵一直經過多年的爭奪屠殺，造成五代的局面。在這六七十年的戰亂期間，實爲中國文化史上的黑暗時代，除了南唐和後蜀的詩詞略有精采外，其他一切，均在遲滯衰頽的狀態。

牧畜民

在中國的歷史過程上，北方牧畜民族的侵擾甚至入主中

族的侵擾原，實爲數見不鮮，而且關係文化盛衰，民族消長的重大事件。自中唐以後，北方的回紇，西方的吐蕃以及東北的契丹，已紛紛南侵，時興邊患。到了後晉石敬塘將燕雲十六州割讓給契丹，由此藩籬盡失，更啓牧畜民族南侵的野心而開此後三百年中國民族屈辱之局。

宋朝統一後的政府

經過五代短期的分裂，到了宋太祖出來削平羣雄後，中國又復現統一之局。宋代政治的主要現象有三：一是對異族忍辱與苟安。自徽欽蒙塵，北方復淪於異族的統治以迄南渡偏安，上自君主，下至臣僚，均以苟且偷安，對遼金屈服忍辱爲能事，逐年致送子女玉帛與異族以求和平，終至殺岳飛以媚金人，每況愈下，直至亡國。二是苛稅重賦的病商殘農。宋代理學盛行，故一般士大夫均主張重本賤末，對商人的剝削，有加無已，到了熙甯十年以後，即小本商販之在農村貿易的，均指爲漏稅而科以重罰，遂至商旅裹足，衰頹不堪。對於農民，除沿襲唐朝的兩稅法，分夏秋二季徵收粟帛金錢物產外，又在徵收時加以『支移』，『折變』的方法，敲吸病民，達於極點。剝削旣甚，自然弄到民窮財盡，且構成不能抵抗外侮之一大原因。三是變法的失敗與新舊黨爭的激烈。北宋自太祖太宗以後，內政日非，外交更不堪言，有識之士，羣思改革。神宗時信任王安石，一意變法維新，力圖富強。但在當時苟安保守的空氣之下，障礙橫生，司馬光蘇氏父子等尤爲反對新法之最有力者，王氏終於失敗。此後新舊兩黨互相傾軋，各樹勢力，終致爲小人所假借，不但失去本來的意義，亦且促成宋室的衰亡。

理學的盛行

自惰唐以來，在文化上雖然於詩歌藝術方面有高度的成就，但在學術思想方面，却仍一本尊重君權，崇尙儒術的故轍，無大發展，北宋時有陳摶一派，開始將老莊思想與儒家結合，後來又滲入佛教的理論，當時稱爲理學或道學。北宋有名的道學家有周敦頤，張載，程頤，程顥等，到了南宋朱熹出來，更體系完整，集理學之大成。與朱熹同時的有陸九淵，在思想上與朱熹直接對立，還有呂祖謙陳亮等主張功利主義，亦與朱熹異趣，但在當時的勢力，均不敵朱熹，南宋末年朱熹一派理學的空氣，更普遍江南，到了元朝，更加普遍。朱子學說主敬存誠，近似西人哲學中的經驗派。但其末流則過於拘謹，忽略個性的發展與思想的創造。所以這種理學，在實際上不過是束縛人心才智，鞏固封建統治的工具；宋元帝王對朱熹學說之竭力提倡，原因就在於此。

散文詩歌的發展

說理載道的古文，雖在唐時經過韓柳的提倡，但這種古文運動在五代宋初時的影響並不甚大，駢儷文仍甚流行。到了北宋中葉，歐陽修又繼續這種古文運動，接着又有曾鞏，王安石及蘇氏父子出來，古文勢力遂日益普遍，駕凌駢文而被認爲是文章的正宗。詩歌自晚唐以迄五代宋初，作者大半溺李義山一派縟麗綺靡的風格，到了歐陽修出來，始力矯此風而另闢新境。此後梅聖俞，蘇舜欽，蘇軾，王安石，黃庭堅等，均屬大家。其中以蘇軾天才最高，成就最大，黃庭堅力學老杜而意境各殊，爲江西派所宗。此外，南宋有陸游，金有元好問，均屬大家。

詞的盛行

詞就是從律詩解放出來的長短句的新體詩，唐末已有創者，五代時後唐，南唐，後蜀的君主臣僚，都喜歡作詞，南唐後主李煜，尤爲中國文學史上有數的大詞人。北宋時代，作者更多。晏殊，歐陽修，柳永，蘇軾，秦觀，黃庭堅，都是各有特長的大家，尤以蘇軾的詞，奔放豪邁，迴絕百代。南宋時有大詞人辛棄疾，亦以悲壯蒼鬱著稱。宋詞十九均能譜入音樂，故普遍盛行於平民社會之間。

南宋的藝術

宋代的藝術，如音樂繪畫等都很發展。音樂與當時新興的詞結合，便成爲金元時代的戲曲。繪畫在五代時有荊浩，關仝等名家。到了北宋末年，宋徽宗創設畫院，集無數名手於其中，其成績之大，在中國實爲空前絕後。迄至南宋以後，文人學士只知很機械的師法王維，多只重意境而忽視結構描寫，遂日益衰頹。

蒙古民族之崛起

南渡以後，金宋對立了約一百年，兩方於征伐苟殘而外，兼襲北宋的苟安主義，後來北方的蒙古民族突然強大，其酋長特穆津統一了蒙古各部落，並西併花剌子模部族，南滅金人；此後英武野心的首領畢出，到了元世祖忽必烈出來，進而征服了歐亞許多小國，南滅宋朝，建設了一大帝國，四大汗國，這種武功盛況，在東方史上實爲絕後空前。

蒙古人與世界文化

蒙古民族併滅金宋，建國遼東，國土遼闊，威披歐亞，當時世界上幾個文化最盛的國家，如中國，波斯，阿剌伯，印度以及東歐諸小國均在他勢力之下。照理蒙古人大可珍重這優越的條件，對世界文化盡一翻融合發展的責任。但是蒙古乃是一個頑固而落後的民族，不但對文化上毫無成就，而且摧殘毀壞不遺餘力。阿剌伯帝國的文化，幾爲蒙古人蹂躪無餘，中國波斯的文化，亦受到他們嚴重的摧殘。所以在世界文化史上，蒙古人實爲一大彗星。不過這種北方的牧畜民族一旦脫離他們爲自然所困苦鍛鍊的環境而深入中原後，卽受農業壞境的轉移，加之以異族宰割中國，自然敲吸坐食，流於奢靡，遂逐漸失去其驃悍耐苦的民族性而趨於腐化衰頹，六朝的拓拔氏，元代的蒙古人以及清代的滿族，均深坐是弊而趨衰微。

元朝 元朝在中國文化上大體是蹂躪摧毀，殊少建樹。玆就元代的文化統治期間對文化上之至微的成就而言，約有兩端：一是東西交通的開闢，元代因爲領域遠闊，所以很重交通，又創驛站之制，頗稱便利。對外的海陸交通亦至發達，華人南下之經營南洋，亦始於元代。意大利人馬可波羅來遊中國，歸後大肆宣傳，由是歐洲人東來侵略的漸多。二是戲曲的發達，戲曲自宋代已具規模，金時雜劇盛行。到了元代，戲曲的作者更爲發展，名家輩出，馬致遠和關漢卿，尤爲秀拔；迄至明代的傳奇出來，更趨昌盛完備。

五　明代文化與中西交通的發達

元之　元朝以異族而宰割中國，對農民與商人的剝削苛斂，更較

滅亡前代為甚；商稅重至三分取一，苛勒可想。加以抱着異族皇統的偏見，縱令喇嘛教僧侶猖獗，肆行對漢人蹂躪虐待。終至引起社會的不安與漢人民族革命的決心。故到了元末白蓮教農民叛亂發生，羣雄並起，這一雄霸歐亞的帝國統治，終告破產。

明代的反動統治

朱元璋雖以平民出身，滅元而取得天下，但得了帝位以後，在政治措施上的反動專制，簡直是直追秦漢，達於極端。除了加重刑戮，殘殺功臣而外，明朝政治影響民生，阻滯文化之最大的，就是殘農賤商和禁錮思想兩項。明代因襲從前的封建制度，大封天潢貴族分據全國，土地制度則分為官田民田兩種，官田種類繁多，故土地的兼併侵吞，更較前朝加厲，農民因是失業破產的亦與日俱增。對於商人，則更力事『重本折末』，甚至禁止商人服用紬紗，壓制之烈，由玆可想。至於禁錮思想，尤其酷烈，一面創立遺害數百年的八股制義的取士制度，一面欽定考試制義，必須以朱熹的學說爲根據，於是思想學術，均被這種愚民政策所拘囿，而明代文化，亦由是而衰頽遲滯，少所發展。

航海事業的發達

明初即十五世紀之時，正值歐洲人航海熱狂熾的時候，中國航海事業，亦有相當的發展。明成祖時代，曾派宦官鄭和出使南洋，凡歷數次，行踪東至菲力濱羣島，西至非洲東岸，所到之處，宣揚國威，撫馭羣夷，替中國民族開了一條發展的路徑，此後華人往南洋貿易者漸多。

歐人東來與中國文化

自鄭和出使南洋後，約十年（即一四九八年）葡萄牙人發現繞南非洲到東亞的航路，歐亞交通，由此益便。葡萄牙人首先東來，略得印度的臥亞及南洋的馬剌加，以爲經營東亞的根據地，進而窺侵中國，由廣州登陸，寄居上川，電白，澳門三地。到了一五三五年（明世宗嘉靖十四年），向中國政府租得澳門島，是爲外人在華取得租借地的濫觴。此後歐人來中國的漸多，歐洲文化亦於此時開始輸入。綜計這一時期，歐人東來對於中國文化所發生的影響，約有二端。

一，耶穌教的輸入　在元初羅馬教皇已有遣派教士來華傳教之意，後因教會自身的不振而未實行；及至葡人租澳門後，羅馬舊教徒所組織的耶穌會便力圖向中國發展。到了一五八二年（明神宗萬曆十年），意大利教士利瑪竇來中國傳教，歷遊南北兩京，所至結交士大夫，以教育、學術及慈善事業爲傳教的工具，凡居中國三十年之久，就替耶穌教在中國樹立了一個基礎。此後傳教士紛至踏來，中國紳縉們信奉的很多；甚至明朝最後偏安的君主桂王由榔的母親也都信教，曾上表求援於羅馬教皇。

二，科學的介紹　耶穌教以教育、學術及慈善事業爲誘致人信教的工具，同時在初期來華的傳教士中，不乏苦行有學之士，因此對於中國頗有不少的新貢獻。最大的成績就是在各種科學的介紹。利瑪竇曾以歐洲的曆法（就是陽曆），傳授中國人，這種曆法，實較中國舊法準驗，故當時頗得一般人的信任。此外如機械學，礮術，地理學，醫藥學，在當時均賴教會而有很多的介紹。明末徐光啓翻譯幾何學原本，開中國數學界一條新路，尤爲很大的功績。

明代的學術思想

自宋元以迄明初，朱熹一派的理學因爲統治階級的利用崇獎而長期盛行，壓倒一切，但這種理學的本身價值既拘僅空疏，不切實用，加以行之既久，作僞百出，已漸爲一般有識之士所厭惡。到了十六世紀初，即明武宗時代，有一個大政治家而兼思想家王守仁出來，提倡一種進步而切實的哲學，世稱陽明學說或姚江學派。陽明學說以致良知爲綱領，類似西洋哲學的觀念論者，乃是變通儒家思想而參以佛教禪宗理論的學說。在當時雖能矯正朱學流弊而一新耳目，但其末流也與禪宗一樣，造出一些空談心性，狂蕩自欺的僞君子。後來陽明學派中又有劉宗周一派，思想較王氏略爲進步而具有實踐精神，但還是不免空談心性，忽略現實之弊。此外，除了講學而又兼重實際政治運動的一派，因爲其創者顧憲章、鄒元標等在江蘇東林書院聚徒講學，故稱東林學派；以敢於批評時政，氣節昭然著稱。東林學派因爲敢說敢行，遂與當時的權奸閹宦魏宗賢衝突，被貶放誅戮者非常之多，實乃不亞於西漢時代的黨爭和閹禍。後來魏忠賢伏誅，東林派勢力復又澎漲。東林派尙氣節，重視實際政治的精神非常偉大，但亦有空疏不切實際的缺點。

明代的文學與藝術

明朝政治黑暗，民生凋敝，但在文學方面，却因爲封建侯王的提倡及生活痛苦的反映而有很大的進步。扼要言之，有三方面：一是傳奇的發達，在金元時代，雜劇已經盛行，到了元末明初，更由這種短篇的雜劇演進而成爲一種較長較有組織的形式，就是傳奇。傳奇的發達，與音樂的演進有直接的關係，因爲從金元粗豪蒼壯的北方音樂轉變而爲宛轉纏綿的南方音樂，實爲崑劇發生的關鍵。明代崑劇傳奇的作家非常之多，而以玉茗堂四夢的作者湯若士爲最偉大的天才。二是長篇小說的發達，短篇小說始於唐代，宋朝則僅有流行於社會間的民間故事，元朝也少有進步，却因戲劇之普及，在材料和技術方面，給與小說以很大的助益。到了明代，便有幾部很好的小說產生。最大的傑作是結集宋元民間流行的梁山故事和雜劇材料而成的水滸傳；其次吳承恩所作的西遊記以及王世貞作的金瓶梅，以及三國演義，亦均流行。三是文學批評的發達，在中國文學史上，文學批評的著作向不發達，到了明朝就出了許多大批評家，如王世貞的批評詩文，梁伯龍的批評戲劇，金聖嘆的批評小說，都有很好的成績。

明朝統治的崩潰

明代政治反動，極病商殘氏，錮閉思想之能事。到了中葉以後，更是昏君，奸相，閹禍紛至踏來，更是弄得民窮財盡，民不聊生。此外，還有兩個很大的外在的，促成滅亡的原因，第一是東北新興的牧畜民族滿人的南侵和東鄰倭寇的作亂；第二是葡萄牙人、荷蘭人以及英吉利人紛紛東來經商，這些國家之初期發展的商業資本從南方侵入，腐蝕了封建社會的經濟基礎。在這些複而嚴重的原因之下，遂使明朝統治到了獻闖所代表的失業農民的叛亂發生後，即不能持續而陷於崩潰。

六　滿人入關及盛清時代的文化

插族之痛

東北新興的滿族，乘明室的內亂而侵入中國，陷掠兩京，夷戮明室殘餘，從此又開二百餘年異族宰割中國，民族淪辱的局面。滿人入關之始，對漢族屠殺蹂躪，無所不至，由是遂激起漢人恢復河山，還我自由的民族思想，醞孃激釀，與清代終始。自北京陷落後，一部分士大人學者如史可法等，卽奉了明室諸王，在東南半壁與滿人艱苦相持，此起彼仆，約二十年，終以大勢已去，無法挽回而次第慘敗。

盛清時代的治績

滿族入關，宰割中國有三百餘年之久，就清代統治命運而言，自以康熙，雍正，乾隆三世之一百三十多年爲極盛時代。

盛清時代的治績，實乃功罪參半。就好的方面言，約有兩端：其一是對蒙古各部族的征服，對天山北路準噶爾部、回部以及青海的征服，實爲開擴疆土，鎮壓邊患之偉大的功業。其二就是對於學術和文化事業的獎厲提倡，康熙時代曾編輯康熙字典，爲辭書中之空前巨製；乾隆時更集中全國積學之士，刊校四庫全書，尤爲包羅萬象，窮搜百家的偉大工作。至於清代的苛政，當以鋼蔽思想和窮極搜括爲最。清代帝王，仍一本歷代統治者利用封建思想以愚黔首的老法，除了崇尚最反動的宋儒理學及設博學鴻詞科以束縛士林外，並屢興文字之獄，歷代典籍之被認爲『犯禁』而施以消毀的達一萬四千部，可算秦政以後文化史上的第一浩刧。其次，清代賦稅，種類較前朝更爲繁苛，雖屢有減輕賦稅的詔令，但不過是形式上的一種欺騙，迄至乾隆時六下江南，更是窮極奢靡，民不堪命。

實踐學派的演化

自明代劉宗周提倡實踐哲學，矯正朱王拘謹空疏之弊後，繼起者頗不乏人。宗周的弟子黃宗羲著明夷待訪錄一書，鼓吹民主思想，開浙東一派。此外如顧亭林李顒等，雖學風不同，但均富實踐精神。顧亭林著日知錄及音學五書等書，精博週詳，首開考據學的風氣。但顧氏著書考據的初意，原在考究歷代政治社會的制度組織，以備實際政治運動的需要，並非爲考據而考據，到了顧氏死後，清朝統治穩定，漢人立志恢復者漸歸沉寂，於是在文人學者間，遂失去顧氏爲實際活動而考據的精神，成爲專爲學問而從事的考據學了。顧亭林以後著名的考據學家，頗不乏人。如著古文尚書考證的閻若璩，著禹貢錐指的胡渭，都用力闢僞說，有功文化很大的。惠棟戴震，均屬自成一派，在思想界有權威的考據大家。因爲這些考據學家排斥宋明儒者的空談而尊重漢儒，所以一般的人又稱之爲『漢學』。

史學的發達

盛清時代，史學成績非常之大。浙東派首領黃宗羲所著的明儒學案，實乃一部學術史的大創作。黃氏弟子萬斯同熟研明史，曾指導許多學者歷六十多年的努力，編纂明史；此外全祖望，畢沅，蔣良驥等，均以史學享名。後來有章學誠著文史通義，校讎通義等書，尤爲批評史學的名著。

數學的進步

自明末徐光啓譯幾何學原本後，中國人之研究數學的漸多。清帝康熙頗精數學，曾編輯數理精蘊一書，對於數學的理論與方法，頗多發揮。此後又有梅文鼎，實爲清代數學的第一大師，其他名家很多，阮元著疇人傳，詳敍諸家，可算一部唯一的數學史。

盛清時代的文學

盛清的文學，頗有一些享名的人物。清初的詩人有錢謙益，吳偉業，王士禎；乾隆時則有袁枚，蔣士銓，趙翼，號稱三大家。但這些人物，除錢詩略有佳構外，吳詩靡曼，王詩脆弱，袁蔣趙則更爲俗劣，實爲詩品下乘。詞則以納蘭若谷的飲水詞最爲佳構。戲曲則以孔尚任的桃花扇和洪昇的長生殿最享盛名。小說大家頗多，曹雪芹的紅樓夢和吳敬梓的儒林外史，尤爲千古傑構，其次李汝珍的鏡花緣，亦不失爲第二流的作品。至是以散文著稱的，則有方苞，劉大櫆，姚鼐等，號爲桐城派，但末流均失之於古拗做作，殊非文學佳品。

書畫

清初的畫家，以王翬惲格最負時望，王工山水，惲長花鳥。實際說來，清代的畫家多是因襲前人成法，殊少富於創作精神的偉大天才。

第三章　帝國主義勢力侵入後之中國文化

一　海通以後的文化轉變

清朝統治的衰頹　盛清到了乾隆時代，已因過於奢靡征伐、內政日益黑暗等原因而漸呈敗象。沿海各省，西人商業已開始侵蝕搾取，漏巵已甚，內地則因民生破產而發生白蓮教的叛亂。迄至嘉道之際，更是內憂外患，交相逼煎。內亂則白蓮教，天理教等形式的破產平民的叛亂，最後更引起洪楊太平天國的大叛亂，征伐連年，致將國富民生，摧毀幾盡。外患則帝國主義挾武力、經濟、宗教之大侵略政策以俱來，產業落後，文化遲滯的中國，一旦遇到這新來的大敵，更是手忙脚亂，使整個社會的組織，由是動搖起來。

鴉片戰爭

一八四二年的鴉片戰爭在中國政治文化史上實在是劃一時代，另開局面的重大事變。第一，因爲初次不平等條約——南京條約的締結，帝國主義獲得在華自由傳教、自由貿易的特權，實爲此後民族精神衰頹，農村經濟破產的關鍵。第二，五口通商以後，歐洲的文化由此充分輸入，給與中國文化思想以重大的刺戟，實爲此後國民思想轉變，政治改革運動勃興的導源。第三，從此中國交通及經濟的重心，漸由內地而向通商都市轉移，同時帝國主義在華產業的發展，以及中國產業的局部革新，均由此而開端。

洪楊革命及其失敗

道咸之際的太平天國革命，實由於不堪滿清苛壓的農民叛亂及民族革命思想燃熾兩大原因所促成。洪秀全楊秀清等以平民起兵，不數年而蓆捲長江，掩據中國之半，這種飛速的發展，幾令當時已臨末運的滿清政府無法應付，但是相持十餘年的結果，洪楊卻終陷於失敗。主要的原因就是：一，因爲太平天國當局雖以種族革命，驅逐滿人相號召，但又參以迷信的宗教方法，遂致參加的羣衆陷於盲從附和，失去鮮明、澈底的政治認識；二是因爲當時社會封建勢力的根蔕尙深，一時不易摧敗，所以後來竟有曾國藩，胡林翼這一批豪紳地主的代表起來組織湘軍，爲封建階級拚死力戰，終至將太平軍消滅。

封建思想的復興運動

清末因爲歐洲文化的輸入以及封建社會基礎之根本動搖，所以那鞏固封建社會的學說思想，至此亦失去憑藉而趨於衰頹。無論漢學或宋學，均逃不了這種命運。但是曾國藩這般人在削平洪楊，替清廷暫挽危局之後，又在學術思想方面努力做復興宋學，表章氣節以及振興古文的運動。然而大動盪的時代已來，封建社會的根基已腐，而曾羅這些人的努力，終只成爲迴光反照時的一種掙扎而已。

接受歐洲文化

自鴉片戰敗，洪楊亂起以後，一般眼光深遠之人士亦漸次懂得非接受歐洲文化，力圖富強不足以挽救這一嚴重的時代，於是策議紛紜，遂促成一種接收歐洲文化的運動。這一運動之主要的表現就是派遣留學生到歐美留學，翻譯西文書籍以及因僅只在皮毛上認識歐洲人堅甲利兵之可怕而發生的富國強兵的思想。此後中國的外患有加無已，藩屬喪失無餘，重要的軍港口岸被帝國主義者宰割殆盡，尤其是甲午中日一戰，國威掃地，於是大家更進而知道非師法歐美進步的政治制度，不足以挽救危亡，變法維新的運動，遂漸漸興起。

戊戌變法的失敗

甲午以後，主張變法維新的人漸多。有康有爲梁啓超等，在上海辦時務報幷在長沙辦時務學堂，努力鼓吹維新變法的思想，文筆奔放，議論動人，故頗得一般人的信仰，影響遂因是擴大而成爲新科主人的公車上書運動，風勢所播，全國震動。結果清光緒帝遂起用康梁及譚嗣同劉光第等，世稱新黨，銳意變法，廢除科舉，興辦學堂，革新詔命，一月數下。不料引起清廷保守派的忌視，於是有慈禧太后大殺新黨、打擊維新運動的戊戌政變發生。

憲政革命派之消長

在清朝末葉，談改革中國，力救危亡的，大體可分為兩派，一派是由變法維新失敗後轉變而為立憲派，仍以康梁為代表，主張保持清朝統治，確立憲政基礎；一派是主張根本推翻滿清統治，代以歐美民主制度的立憲派，以孫中山和國民黨為代表。當時兩派鬥爭頗烈，但孫中山一派的革命黨人，終因艱苦奮鬥，百折不撓，取得最後的勝利。

辛丑以後的維新建設

戊戌維新雖見厄於守舊派而失敗，但這種變法維新的思想卻已深入人心，不可遏抑。到了八國聯軍入寇，辛丑條約訂立以後，這種維新自強的潮流不但在平民間日益激增，就是反動的那拉皇后和清室亦爲時勢所迫，不得不下詔維新了。當時除了已見實行的停科舉，辦學堂而外，並有放足禁烟，派五大臣出洋考察憲政，預備立憲等措施。尤其重要的是交通產業的建設，銀幣銅元的鑄造，各種工廠的開辦以及湖北北洋新軍的創練。除了鐵路之初期的投資強半爲外人包辦，爲中國經濟命派被外人操縱之開端外，其餘的建設，實爲中國經濟開始工業化的發軔。

清末的文學

滿清末葉，因爲歐洲文化輸入及革新運動盛行的關係，故在文學上亦表現一種風格突變，吸收歐化的傾向。代表封建社會之精神內容的古文學家，到了曾國藩已成爲曙後孤星；此外康有爲在思想上祖述周孔，在文體上崇尊公羊，章炳麟雖亦鼓吹革命，但其思想文筆，均是十足的封建典型。上述三氏，實際上都是中國封建文學閉幕前的三大主角。在維新革命派的陣營內，梁啓超的散議論流暢，情感豐富，實爲清末明初在散文作風上影響最大的第一大家。在小說方面，以劉鶚著的老殘遊記，吳研人著的二十年目覩之怪現狀，李伯元著的官場現形記爲最風行。此外，在嚴復譯天演論及其他哲學名著，林紓對歐洲文學名著翻譯頗多；這兩人實爲清末介紹歐洲文化思想的大功臣。

清室的覆亡

清室自咸同以降，卽因內憂外患的交攻而呈岌岌可危之象。曾國藩等苦戰十年的努力，也只能對於垂亡的帝運打一救命針而苟延時日。到了宣統時代，遂因延宕立憲，阻遏商人與辦鉄路等導火線而燃燒了武昌的烽火。於是亘兩千餘年的帝權政治，至此與歷史永別。

二 政治文化上之反動時代

辛亥革命後之政治

辛亥革命後，滿清雖然退位，但是代替清室而統治中國的，却不是孫中山一派的民主勢力而是袁世凱一派北洋政統的封建餘孽。這些封建階級的官僚軍閥，在清朝皇統崩潰以後，又得着帝國主義之經濟的和政治的援助，反動專橫，幷不在滿清政府之下。所以不到兩年，就發生強迫大選，解散國會，毀壞約法，屠殺國民黨人……不一而足的反動事變。所以辛亥革命在實際上是一個流產的革命；此後十餘年來支配中國的仍是老牌封建勢力的統治，由袁氏而馮段曹吳，莫不如是。

列強侵略的急劇

自袁世凱舉行善後借款以爲樹植私黨，消滅異己之用，并承認二十一條以取媚日本帝國主義後，賣國媚外，祕密借款遂成爲北洋政府之傳統的政策。到了安福系和新交通系等當國，賣國政策更有登峯造極的發展。從此帝國主義列強侵略中國的形勢又有更深入一層的轉變，就是經濟侵略而外，又加以對中國政治之直接的操縱了。

文化的遲滯

當袁世凱政府時代，在政治上既是屠殺異己，殘民媚外的黑暗時代；在文化上亦因之反映成爲一種遲滯衰頹的狀態。許多封建社會之思想上的代表者，都因袁政府的援引而登庸騰達，成爲改制復古的擬議者和帝制運動的鼓吹者。同時因爲征伐戰亂，各級教育經費及文化事業費均被削扣，致使整個的教育事業，爲之停頓。所以這一期間的文化，是一個全盤停滯的靜止狀態，沒有什麼進步可言。

歐洲大戰與中國文化

歐戰發生，不但在世界政治經濟史上是一個重新劃一時代，結束過去，開闢將來的歷史劇變；同時又是對中國政治文化發生重大影響，促成許多轉變的歷史動力。在中國政治方面，因爲參戰問題的爭執，遂發生毀法護法的爭持而演進成爲南北分裂之局。在經濟方面，因爲歐戰一起，國際帝國主義者都捲入漩渦，這時候除了日本乘機對中國拼命侵略，造成暫時獨霸遠東之局外，其他英美德法，均忙於歐洲屠殺，無暇東顧，故一時略爲放鬆對中國經濟的侵蝕控制，於是給與中國工商業以乘隙發展的機會，民族資產階級的勢力，由此有一短期的茁長。因為中國工商業在這一期間有一些發展，所以在文化方面，亦由是促成中國資產階級之思想的自覺，尤其是政治意識的覺醒；同時在另一方面，因為俄國社會主義革命的成功，影響披及世界，遂促成社會主義思想及新俄政治思想流入中國，成為政治文化上之一大激盪。

新文化運動的崛興　民國六七年之際，帝制雖已失敗，但北洋政府的統治，仍是內亂不絕，愈鬧愈糟。這時遂有代表中國資產階級意識、開始從思想方面進攻舊勢力的新文化運動發生。這一運動之主要的代表是陳獨秀胡適，宣傳機關是新青年和新潮兩大雜誌。新青年當時的主要精神是反對封建思想中心的孔教，反對陳腐爛調的舊文學，提倡民主的政治思想，提倡科學和語體文學等。凡此這些，在實際上都是當時新興的中國資產階級將要躍登政治舞台時在精神生活上之迫切的需要。

五四運動及其影響

新文化運動當時在中國知識界護得了普遍的贊助和影響，封建階級的文化思想遇到這『科學』和『民主』兩大勁敵，即呈披靡潰裂，無法支持的狀態。到了民國八年，中國在巴黎和會失敗，這動新熾的革命火花遂突然爆發而成為反對帝國主義侵略、力求中國解放的五四運動。五四運動雖以不事生產的青年學生為主要部隊，但這一運動之主要的政治意識，却是以中國資產階級之排斥外貨，力圖鞏固中國市場的思想為骨幹。所以當時提倡國貨，開辦民族工業的運動非常發達。五四運動對中國政治文化上的影響非常之大。第一，促成整個民族反對帝國主義侵略、力圖中國自由解放的覺悟；此後的廢約運動及五卅革命，都是由自五四運動發源的革命激流演進綜匯而成。給與中國思想學術界以重大的刺戟，使大家更迫切的了解接受歐洲學術思想，適應時代潮流的重要；舉凡以後思想界研究主義的狂熱，翻譯西洋名著的努力，歡迎歐美學者來華講學，以及玄學科學的論戰，都莫不由於五四運動的影響。

三　大革命時代前後的文化

自五四以後，全國青年界與思想界更呈一空前偉大的刊物熱主義。

熱及思想分化

活躍，卽平時閉戶讀書，不談國是的『書獃子』，這時也爲勢所驅而起來談解放，談新文化了。由此遂在全國思想界形成一盛極一時的刊物運動的狂熱，當時各地大小不一的刊物，多至一千多種。同時歐美各家各派的政治學說，不管所謂『什麼主義』，也都被搬到中國來了。大多數的青年，都以一談某種『主義』爲榮。但是這種籠統的『主義』狂熱，不久就因各派自身階級意識的決定，而具體分化成爲許多的派別，主要的是：一，孫中山和國民黨所代表的三民主義派，以建設雜誌爲宣傳機關；二，陳獨秀李大釗等所代表的共產主義派，以改組後的新青年和嚮導週報爲宣傳工具；三，梁啓超張君邁等所代表的東方文化派，以共學社，時事新報，晨報爲宣傳機關；四，曾琦陳啓天等所代表的國家主義派，以醒獅週報爲喉舌。

反帝國主義革命之演進　自從五四打倒賣國賊，反對日本侵略的鬥爭展開後，接着全國民衆的反帝國主義運動卽再接再厲，成爲支配革命勢力之政治定向的南針。舉凡此後的全國反帝國主義大同盟運動，非基督教運動，海員罷工，孫中山所號召的廢除不平等條約運動，五卅全國罷工以及廣東國民政府的反英戰鬥，都是以反對帝國主義，解除中國束縛爲骨幹。到了國民政府北伐及武漢民衆直接收囘租界，乃成爲中國革命史上聯合戰線反帝國主義運動的極峯。

翻譯名著與整理國　五四以後，青年界的求知慾高達極點。但中國原有的學術文化既多被攻擊駁斥，而且缺乏科學的整理，歐洲名著之故被介紹到中國來的又非常之少。於是翻譯西書，介紹歐美學術的風氣乃發達起來。但是就這種翻譯工作之整個的成績而言，却是成效殊少的。陳獨秀等主辦的人民出版社翻譯新俄的政治書籍很多，但頗多潦草錯誤；共學社譯書的數量雖多，但亦失之雜而不精。次之，在整理國故方面，胡適用科學方法考證紅樓夢水滸等書，精詳充實，頗得好評。但是他對於中國古代哲學思想的整理，却與梁啓超一樣，有失之於主觀附會，綴拾觀念論殘餘之處。到了最近，亡命日本的郭沫若用辯證法整理中國古代的史料，很有幾本大書出來，考證精詳，頗見工力，日本學術界對之尤爲重視。

社會科學　最近三年來，一部分的學者和政治運動者鑒於中國知識界

學的介紹

理論水平的低落，往往在言論思想上發生常識上的錯誤。因之努力做闡揚社會科學，介紹歐美名著。結果歐洲和新俄許多哲學上和社會科學上的名著，都被介紹到中國來，這的確是文化之上有力的貢獻。

新文學運動的成績

自新文化運動崛興以後，在思想上政治上雖然蓬勃煥發，達到相當的成功。但是在文學上的成績而言，却是貧陋得可憐。在小說方面，只有魯迅的成就最大，所著吶喊和彷徨兩本短篇小說的結集，諷刺深刻，誠爲邁絕時流，中國自然主義的代表作。最近三年來，茅盾的動搖，幻滅，追求三部曲，描寫細緻，工力甚深，亦爲不可多得的作品。此外如冰心，郁達夫，張資平等，亦不失爲時髦的作家。郭沫若近數年來曾譯了辛克萊的幾本名著，最近又從事托爾斯泰長篇名著戰爭與和平的翻譯，郭氏在名著介紹上的成就，遠在他的小說創作之上。在詩歌方面，則二十年來，當推蘇玄英爲最大天才；郭沫若的女神，亦豪邁沉雄，堪稱浪曼主義詩歌的代表作。在散文方面，則陳獨秀的透闢，胡適的流利，魯迅的諷辣，周作人的淡遠，均屬各具特長的上選。還有郭沫若等創造社一派，後來努力於無產階級文學的提倡。這種運動，在理論上對文藝界頗有影響，但在作品方面，却沒有什麼成績。

今後應有之努力

我們綜觀中國文化之全部過程，總括一句就是滯遲落後，與歐美文化相距太遠。這自然有許多客觀的條件（如疆域遼闊，產業落後等），但我們決沒有引據這些客觀條件作爲辨護我們主觀上對文化工作怠工的理由。今後在文化上的主要任務應該是急起直追，從多方面促成中國文化的突飛邁進，追上世界進化的軌道，方能免於劣敗的淘汰。具體說來，就是實事求是，系統的介紹歐美各個時代，各個系派以及各階級的名著；同時對於中國文化，亦應該下一番艱苦的，科學的整理與檢剔的工夫。

社會科學之部

物觀中國文化史(下)

中華民國二十年十二月出版

著者 陳國強

出版者 曾獻聲

發行者 神州國光社
上海河南路六十號
電話一二三九八號

印刷者 神州國光社印刷所
上海新閘路福康路
電話三一〇九〇號

分售處 各省神州國光社
各大書局

實價一角